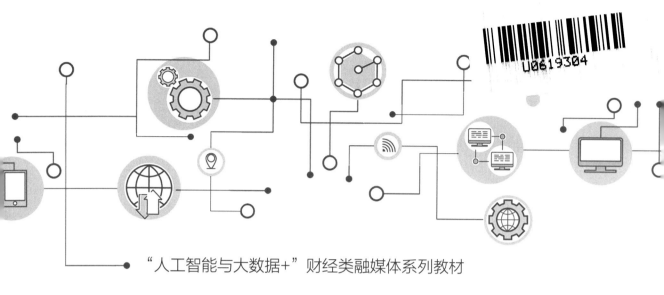

"人工智能与大数据+"财经类融媒体系列教材

Coursebook on
SPSS Statistical Analysis

SPSS统计分析教程

闫 杰 姜忠鹤 应 畅 ◎主编

顾许赟 王 毅 李 欢 蓝志清 陈晓冬 ◎副主编

ZHEJIANG UNIVERSITY PRESS
浙江大学出版社
·杭州·

图书在版编目（CIP）数据

SPSS 统计分析教程／闫杰，姜忠鹤，应畅主编．
杭州：浙江大学出版社，2025. 5. -- ISBN 978-7-308
-26290-3

Ⅰ. C819

中国国家版本馆 CIP 数据核字第 2025NZ3771 号

SPSS 统计分析教程
SPSS TONGJI FENXI JIAOCHENG

闫　杰　姜忠鹤　应　畅　主编

策划编辑	李　晨
责任编辑	沈巧华
责任校对	高士吟
封面设计	春天书装
出版发行	浙江大学出版社
	（杭州市天目山路 148 号　邮政编码 310007）
	（网址：http://www.zjupress.com）
排　　版	杭州星云光电图文制作有限公司
印　　刷	杭州高腾印务有限公司
开　　本	787mm×1092mm　1/16
印　　张	14.75
字　　数	314 千
版 印 次	2025 年 5 月第 1 版　2025 年 5 月第 1 次印刷
书　　号	ISBN 978-7-308-26290-3
定　　价	49.80 元

P R E F A E

前　言

在数字经济和大数据时代,数据已成为推动社会进步和行业变革的重要力量。作为主流统计分析工具之一的 SPSS,因其强大的数据处理能力、丰富的统计分析功能和友好的操作界面,被广泛应用于经济管理、社会科学、市场调研等多个领域。本教材旨在帮助学生系统掌握 SPSS 的核心功能,提升数据分析能力,使其能够在实际工作中高效运用统计方法支持科学决策。

本教材按照"理论讲解—案例分析—实践操作"的编写思路,结合实际应用场景,循序渐进地介绍 SPSS 的使用方法。内容涵盖描述性统计、方差分析、相关分析、线性回归、主成分分析和因子分析等核心统计方法,并通过详细的案例讲解,帮助学生在数据整理、建模分析、结果解读等方面建立系统的思维框架。

本教材立足统计学科特点,将数据诚信、科学理性、统计伦理、社会责任等思政元素融入教学全过程,使学生在学习统计知识的同时,培养正确的数据观、严谨的科学态度和良好的职业道德。

在数据诚信方面,通过统计调查、数据整理等任务,引导学生思考数据真实性、样本代表性和统计问题,强调诚信统计和规范化数据处理的重要性,防止数据造假带来的社会风险。在科学理性方面,结合假设检验、回归分析等分析方法,培养学生实事求是、严谨求证的科学态度,避免凭经验或片面数据得出结论。在统计伦理方面,教材探讨隐私保护、数据滥用、统计操纵等现实问题,使学生认识到统计伦理的必要性,培养其在数据分析岗位上的责任感。在社会责任方面,教材结合市场调研、社会经济指标分析等案例,展示统计方法在社会公平、公共政策、经济决策等领域的作用,增强学生的社会责任感,使其认识到数据分析对国家治理和行业发展的重要价值。

本教材注重实践性,每个任务均配备操作示范、任务驱动、课后作业等内容,帮助学生在"学中做、做中学"的过程中掌握统计分析方法,提高实战能力。希望本书能够为统计和数据分析领域的学习者提供有力支持,使其在未来的工作中能够运用数据思维,做出科学、理性的决策。

本书在内容、结构和体例等方面可能仍存在不足,恳请广大读者提出宝贵意见与建议,以便我们在后续修订中进一步完善。

编　者

CONTENTS

目 录

项目一　初识 SPSS ……………………………………………… 1

　　任务一　SPSS 简介 ……………………………………… 3

　　任务二　SPSS 26 的基本操作 ………………………… 5

　　任务三　SPSS 26 的工作窗口 ………………………… 8

　　任务四　SPSS 26 的菜单和输出格式 ……………… 15

项目二　数据的输入与整理 ………………………………… 19

　　任务一　数据的计量尺度与测量标准 ………………… 21

　　任务二　SPSS 26 的数据输入 ………………………… 23

　　任务三　SPSS 26 数据的合并与拆分 ……………… 33

　　任务四　SPSS 26 的数据标准化处理 ……………… 39

项目三　描述性统计分析 …………………………………… 45

　　任务一　集中趋势分析 ………………………………… 47

　　任务二　离散程度分析 ………………………………… 52

　　任务三　分布形态分析 ………………………………… 58

项目四　平均值分析与 t 检验 …………………………… 65

　　任务一　假设检验 ……………………………………… 67

　　任务二　平均值分析 …………………………………… 72

　　任务三　单样本 t 检验 ………………………………… 77

　　任务四　独立样本 t 检验 ……………………………… 82

　　任务五　配对样本 t 检验 ……………………………… 87

项目五　方差分析 …………………………………………… 91

　　任务一　认识方差分析 ………………………………… 93

任务二　单因素方差分析 ……………………………………… 95

任务三　双因素方差分析 ……………………………………… 106

任务四　协方差分析 …………………………………………… 116

任务五　多元方差分析 ………………………………………… 121

项目六　相关分析 ……………………………………………… 135

任务一　相关分析简介 ………………………………………… 137

任务二　Pearson 相关和偏相关 ……………………………… 145

任务三　Spearman 相关和偏相关 …………………………… 153

任务四　距离分析 ……………………………………………… 156

项目七　线性回归 ……………………………………………… 165

任务一　一元线性回归 ………………………………………… 167

任务二　多元线性回归 ………………………………………… 178

项目八　Logistic 回归 ………………………………………… 188

任务一　Logistic 回归简介 …………………………………… 190

任务二　二项分类 Logistic 回归 ……………………………… 190

任务三　有序 Logistic 回归 …………………………………… 199

任务四　多项分类 Logistic 回归 ……………………………… 204

项目九　主成分分析和因子分析 ……………………………… 211

任务一　主成分分析 …………………………………………… 213

任务二　因子分析 ……………………………………………… 220

参考文献 ………………………………………………………… 227

学习目标

知识目标

1. 了解 SPSS 软件的发展过程。
2. 了解 SPSS 最新版软件包的获取方法。
3. 了解 SPSS 26 的各个窗口和菜单。

技能目标

1. 会自主下载 SPSS 最新版软件包,并熟练安装。
2. 会在 SPSS 26 的数据窗口设置变量。
3. 熟练新建或打开某一个窗口。

素养(思政)目标

1. 培养创新意识和自主学习能力。
2. 激发学习 SPSS 的信心与兴趣。
3. 思政目标:强化数据分析责任意识与软件应用伦理观念,倡导合法使用软件,尊重并维护知识产权。

项目导图

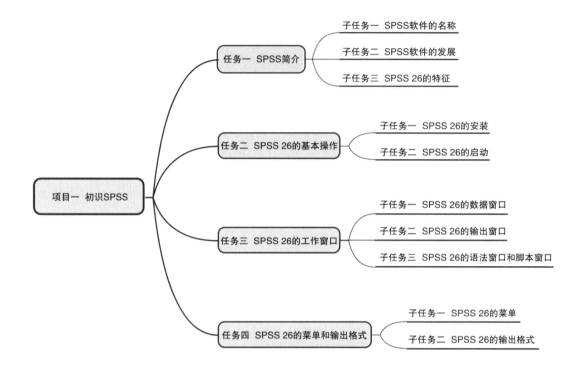

项目一 初识SPSS
- 任务一 SPSS简介
  - 子任务一 SPSS软件的名称
  - 子任务二 SPSS软件的发展
  - 子任务三 SPSS 26的特征
- 任务二 SPSS 26的基本操作
  - 子任务一 SPSS 26的安装
  - 子任务二 SPSS 26的启动
- 任务三 SPSS 26的工作窗口
  - 子任务一 SPSS 26的数据窗口
  - 子任务二 SPSS 26的输出窗口
  - 子任务三 SPSS 26的语法窗口和脚本窗口
- 任务四 SPSS 26的菜单和输出格式
  - 子任务一 SPSS 26的菜单
  - 子任务二 SPSS 26的输出格式

项目一课件

任务一 SPSS 简介

子任务一 SPSS 软件的名称

SPSS 是统计产品与服务解决方案软件的简称,是 Statistical Product and Service Solutions 的首字母缩写。

在 2000 年以前,SPSS 是统计软件 Statistical Package for the Social Sciences(社会科学统计软件包)的首字母缩写。随着 SPSS 产品服务领域的扩大和服务深度的增加,SPSS 软件不再局限于社会科学领域。为了适应软件服务范围的拓展,SPSS 公司于 2000 年将 SPSS 软件正式更名为 Statistical Product and Service Solutions(统计产品与服务解决方案),这是该软件战略方向的重大调整。

2009 年 4 月,SPSS 公司宣布重新包装旗下的 SPSS 产品线,将其定位为预测统计分析软件(Predictive Analytics Software),简称 PASW。同年 9 月,IBM 公司收购了 SPSS 公司,将 SPSS 软件的商品名改为 IBM SPSS Statistical。

现在 SPSS 软件的正式名称为 IBM SPSS Statistics。不过,广大用户都习惯简单地称其为 SPSS。

子任务二 SPSS 软件的发展

SPSS 是世界上最早的统计分析软件之一。

SPSS 软件在 20 世纪 60 年代末由美国斯坦福大学的三位研究生开发。他们以 SPSS 为核心产品成立了 SPSS 公司,于 1975 年在芝加哥组建了 SPSS 总部,将统计分析软件和数据分析服务作为公司的发展方向。

1984 年,SPSS 公司首先推出了世界上第一个个人计算机版本的统计分析软件 SPSS/PC +,扩大了 SPSS 的应用范围,由此开启了 SPSS 微机系列产品的开发。SPSS/PC + 4 版本实现了以图形菜单为操作界面,成了世界上首先采用图形菜单的统计软件,开创了统计软件现代操作框架体系的新时代。

1992 年,随着个人计算机迈入 Windows 时代,SPSS 公司率先推出了基于 Windows 操作系统的个人计算机版 SPSS/PC +统计分析软件,满足了市场的需求,迅速地扩大了 SPSS 软件的市场,从此 SPSS 公司进入了高速发展的快车道,在努力提高自有产品市场份额的同时,开始大举收购同类公司,例如先后陆续收购 SYSTAT、Jandel 等公司。1977 年以来,SPSS 公司先后收购或并购了 Quantime、ISI、ShowCase、NetGenesis、LexiQuest、NeyExs 等公司,SPSS 公司由原来的只有单一统计产品开发与销售业务的公司,迅速扩展为向企业、教育科研及政府机构提供全面信息统计决策支持服务的综合性统计分析服务公司,成了统计分析领域前沿的综合统计软件公司之一、一个具有现代意义的大型公司。随着 SPSS 公司的产品日益丰富,SPSS 软件在公司产品中的相对份额和在 SPSS 公司产品系列中的重要地位逐渐降低。不过,在公司并购的过程中,SPSS 软件得到了被并购软件技术和人才的支持,在此期间推出了著名的 SPSS 11 版,SPSS 11 版以其完备的统计方法配置和显著的系统稳定性,得到了用户的一致好评。

2003 年之后,SPSS 公司的产品重心逐步转向预测分析领域,SPSS 软件虽然也推出了经典的 SPSS 13 版、SPSS 17 版等优秀的产品,但是在公司高低搭配的产品体系中,其地位逐渐下降。

2009 年,IBM 公司成了 SPSS 软件的新东家。之后,SPSS 软件界面更换为 IBM 的蓝色色系,但 IBM 公司只对 SPSS 软件进行了有限的修改和补充,SPSS 软件的统计方法体系和数据处理框架依然保持了原有的内容和模式,依然是广大用户所熟悉和喜爱的风格。

本教材以 IBM SPSS Statistics 26 版软件(以下简称 SPSS 26)为基础,介绍 SPSS 软件在经济管理方面的应用。

子任务三　SPSS 26 的特征

一、易用性

SPSS 26 最突出的特点就是操作界面友好,输出结果美观。SPSS 26 使用 Windows 的窗口方式展示各种管理和分析数据方法的功能,使用对话框展示各种功能选择项。用户只要掌握一定的 Windows 操作技能,略懂统计分析原理,就可以使用该软件进行特定的数据处理,因此 SPSS 26 是非专业统计人员的首选统计软件。在众多用户对国际上常用的统计软件 sas、BMDP、GLIM、Genstat、EPILOG、Minitab 的总体印象分的统计中,SPSS 26 的多项功能均获得最高分。

SPSS 26 采用类似于 Excel 表格的方式输入与管理数据,数据接口基本上是通用的,能方便地从其他数据库中读入数据,其统计过程包括常用的、较为成熟的统计过程,完全可以满足非统计专业人士的工作需要。SPSS 26 还特别设计了语法生成窗口,用户只需在菜单中选好各个选项,然后按"粘贴"按钮,软件就可以自动生成标准的 SPSS 26 程序,极大地方便了各类用户。

SPSS 26 提供了 3 种基本运行方式,即完全窗口菜单方式、程序运行方式、混合运行方式。程序运行方式和混合运行方式是用户从特殊的分析需要出发,编写自己的 SPSS 26 命令程序,通过语句直接运行。在本教材中,只介绍完全窗口菜单方式,这种操作方式简单明了,除数据输入工作需要键盘外,大部分的操作命令、统计分析方法的实现是通过菜单、图标按钮、对话框来完成的。

SPSS 26 中使用的对话框主要有两类,一类是文件操作对话框,文件操作对话窗口操作风格与 Windows 应用软件操作窗口一致。另一类是统计分析对话框,统计分析对话框分为主窗口和下级窗口。在该类对话框中,选择参与分析的各类变量和统计方法是对话框的主要任务。

二、功能性

SPSS 26 的基本功能包括数据管理、统计分析、图形分析、输出管理等,具体内容包括描述统计、列联表分析、总体的均值比较、相关分析、回归模型分析、聚类分析、主成分分析、时间序列预测、非参数检验等多个大类,每个大类中还有多个专项统计方法。SPSS 26 设有专门的绘图系统,可以根据用户的需要将给出的数据绘制成图形,满足用户的不同需求。

三、兼容性

SPSS 26 可以在两种模式下工作,即单机模式和作为网络系统的用户界面模式。用户可以直接将 SPSS 26 数据文件保存为 Excel 工作表,也可以直接打开一个 Excel 工作表,因此,为了方便数据录入,可在操作系统下安装一个 Excel 软件。另外,SPSS 26 还可以与其他软件和数据库进行集成,如 SQL Server、Python 等,同时也支持扩展性,用户可以根据需要添加自定义功能和算法。

SPSS 26 的界面主要包括数据编辑窗口和结果输出窗口。数据编辑窗口与 Excel 类似,不同的是 SPSS 26 的统计功能更多、更强大;SPSS 26 的结果输出窗口显示统计分析的结果,此窗口的内容可以结果文件(∗.spo)的形式保存。对数据编辑窗口和结果输出窗口的详细描述可在有关 SPSS 26 的数据文件建立的内容中查到。

任务二 SPSS 26 的基本操作

子任务一 SPSS 26 的安装

SPSS 26 的安装文件一般放置在光盘介质中,分为 32 位和 64 位两种,用户应根据计算机操作系统进行选择。

在 Windows 系统下安装 SPSS 26 的方法与一般软件安装类似。用户可前往 IBM SPSS Statistics 的官方网站下载相应版本的安装程序。下载完成后,双击安装文件,根据提示逐步完成安装过程。安装过程中可选择安装路径、许可协议等选项,按照向导操作即可。

在 SPSS 26 初始安装完毕之后,还必须对其激活。运行 SPSS 许可证向导,选择注册软件的类型和序列号进行激活。只有在按照相关提示进行激活操作之后,才算最终完成 SPSS 26 的安装,才可正常使用所购买的 SPSS 26 的相应模块。

用户在同一台计算机中可以安装不同版本的 SPSS 软件。例如,可以在已经安装了 SPSS 26 的计算机上,再安装 SPSS 24、SPSS 25 等其他版本的 SPSS 软件。只要将不同版本的 SPSS 软件安装在不同的目录之下即可,同一台计算机中所安装的不同版本的 SPSS 软件,均可以正常使用,不会发生冲突。

子任务二　SPSS 26 的启动

启动 SPSS 26,一般有三个途径。

(1)在计算机的"开始"菜单中找到"IBM SPSS Statistics 26"的图标,用鼠标左键双击该图标,即可启动 SPSS 26,如图 1-1 所示。

图 1-1　开始菜单中的"IBM SPSS Statistics 26"

(2)在计算机的"开始"菜单下的"所有应用"菜单中找到"IBM SPSS Statistics"组,在该组中找到"IBM SPSS Statistics 26",再用鼠标左键双击,即可启动 SPSS 26,如图 1-2 所示。

1-2　"所有应用"菜单中的"IBM SPSS Statistics 26"

（3）通过使用鼠标左键双击计算机中存储的 SPSS 26 的数据格式（＊.sav）文件，直接启动 SPSS 26。

SPSS 26 启动之后，会出现闪屏图案，用户初次使用时，系统还会出现"使用向导"，如图 1-3 所示。用户可以在"使用向导"中选择自己所需要的操作选项。假如用户不需要"使用向导"的帮助，则单击"使用向导"界面右上角的关闭图标"×"，即可退出"使用向导"。

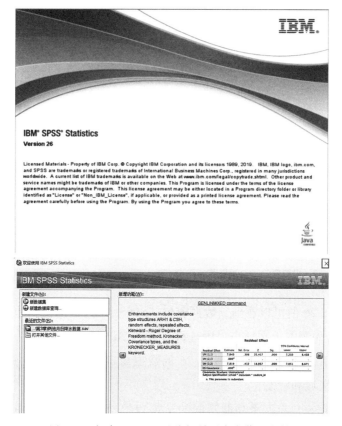

图 1-3　启动 SPSS 26 后的闪屏图案和使用向导

要退出 SPSS 26,可以选择"文件"下拉菜单中的"退出";也可以使用鼠标左键单击 SPSS 26 界面右上角的关闭图标"×",直接退出,如图 1-4 所示。

图 1-4　SPSS 26 退出

任务三　SPSS 26 的工作窗口

SPSS 26 的工作窗口主要有数据窗口、输出窗口、语法窗口和脚本窗口。

子任务一　SPSS 26 的数据窗口

用户启动 SPSS 26 便可以看到其数据窗口。SPSS 26 的数据窗口也称为数据编辑器,处理数据的主要操作基本上在该窗口中进行。SPSS 26 的数据窗口是一个典型的 Windows 界面,具体要素与 Excel 非常相似。SPSS 26 的数据窗口从上到下依次是标题栏、菜单栏、工具栏、数据编辑区域和状态栏。

SPSS 26 的数据窗口有两个功能不同的子窗口,分别称为数据视图和变量视图,这是 SPSS 软件与其他统计分析软件显著不同的一个重要特点。

在 SPSS 26 的数据窗口的左下方有"数据视图"和"变量视图"两个按钮,单击鼠标左键可在数据视图和变量视图之间进行切换,如图 1-5 和图 1-6 所示。

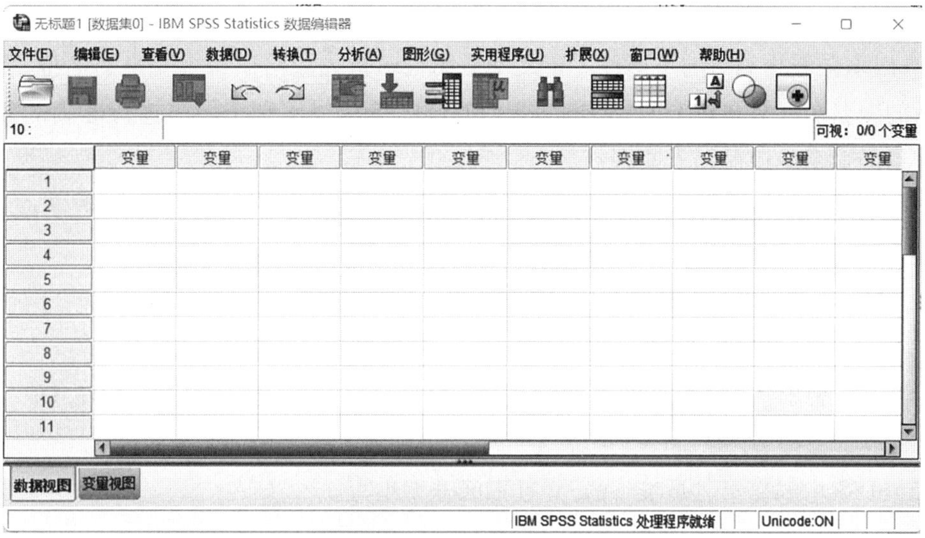

图 1-5　SPSS 26 数据窗口的数据视图

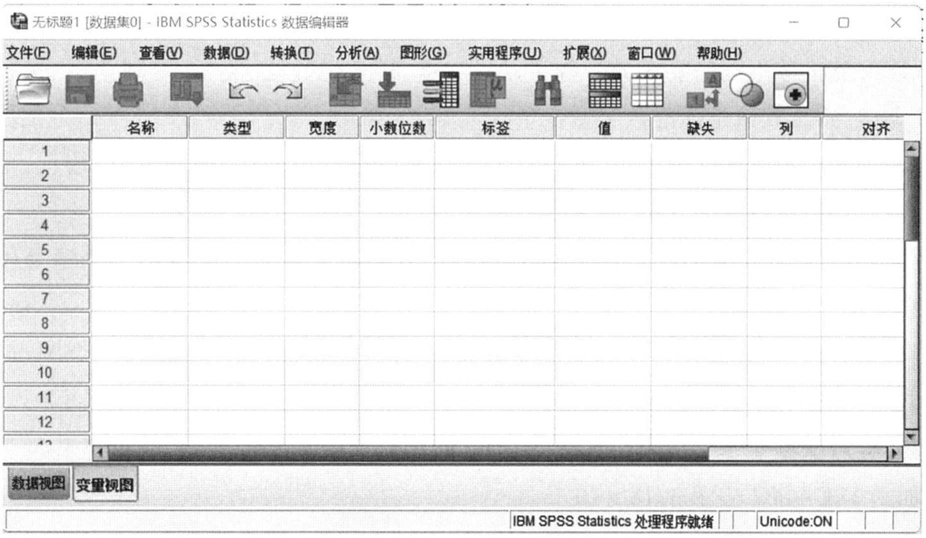

图 1-6　SPSS 26 数据窗口的变量视图

在 SPSS 26 数据窗口的数据视图中,用户可以直接输入数据并存放数据,数据视图左边显示的是个案的序号,上方显示的是变量的名称。数据视图的每一行对应一条记录,每一列对应一个具体变量。由于图 1-5 中 SPSS 26 的数据视图中尚未输入任何数据,所以行与列的标号均为灰色。输入数据之后,数据视图中有数据的行和列的对应标号会转换为黑色。

SPSS 26 数据窗口的变量视图主要是用来设置变量属性的,变量属性主要包括名称、类型、宽度、小数位数、标签、值、缺失、列、对齐、测量和角色等。

1. 名称

名称,指变量的名称。变量名是变量参与分析的唯一标识,并在最终的统计分析结果中输出,以增强输出结果的可读性。定义变量结构时首先应给出每个变量的名称,否则系统默认的变量名 VAR00001、VAR00002、VAR00003 等可能不利于用户进行准确的数据分析。变量的命名应遵循以下原则:

(1)首字符必须是字母、汉字或@,不能是数字,后面可以是任意字母、数字或除“!”“?”“ * ”以外的任意符号;

(2)变量名称最多可以有 64 个字符(32 个汉字);

(3)不能用下划线“_”、句号“。”和圆点“.”作为变量名的最后一个字符;

(4)变量名不能与 SPSS 的保留字相同,包括 ALL、GT、LE、LT、NE、NOT、OR、TO 和 WITH 等;

(5)SPSS 中的变量名是唯一的,并且不区分大小写。

2. 类型

SPSS 的变量类型有数值型、日期型和字符串型三种,如图 1-7 所示。

1)数值型变量

数值型变量按不同的要求分为数字、逗号、点、科学记数法、美元、定制货币、受限数字等 7 种类型,系统默认是标准数字型变量。

第一种数值型变量为标准型,即数字,系统默认宽度为 8 位,即整数、小数点、小数位的总位数。小数点默认为 0 位,并用圆点表示。

第二种数值型变量为逗号,在显示时整数部分自右向左每隔三位用一个逗号作分隔符,小数点用圆点表示。

第三种数值型变量为点,在显示时整数部分从个位开始,每隔三位以一个圆点分隔,将逗号作为整数和小数部分的分隔符。

第四种数值型变量为科学记数法,适用于数值很大或很小的变量,变量值显示为指数形式,如 3.18E + 002 表示 3.18×10^2。

第五种数值型变量为美元,是在逗号数值型变量前加上美元符号 $ 的数值型变量。

第六种数值型变量为定制货币,SPSS 提供了 5 种不同的货币格式,并默认命名为 CCA、CCB、CCC、CCD 和 CCE,如图 1-8 所示。这些格式可分别设置不同的货币符号、千位分隔符、小数位数和负数显示方式。

第七种数值型变量为受限数字,它对可输入的数值设置了最大值和最小值限制,通常用于对取值区间有严格限定的情况,如年龄(0 ~ 120)、评分(1 ~ 5)等。

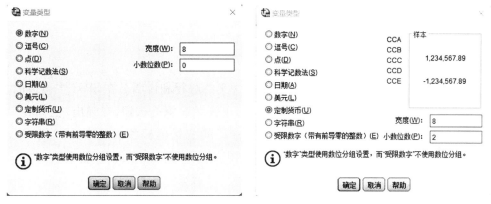

图 1-7　"变量类型"对话框　　　　　图 1-8　定制货币变量格式

2）日期型变量

日期型变量适用于表示日期和时间的数值，SPSS 提供了 35 种日期型变量的格式，如图 1-9 所示。

3）字符串型变量

字符串型变量的值由字符组成。定义时可设置"字符数"以指定最大输入长度，默认为 8 个字符，如图 1-10 所示。字符数大于 8 为长字符串型变量，小于或等于 8 为短字符串型变量。字符串型变量不能参与计算，且区分大小写。

图 1-9　日期型变量格式　　　　　图 1-10　字符串型变量

3．宽度

宽度是指变量取值所占用的宽度，可以由用户设置。

4．小数位数

变量的小数位数，可以由用户设置。

5．标签

变量名标签，是对变量含义的进一步解释和说明。在 SPSS 主窗口的变量视图中，用户可在相应变量名所在行的"标签"单元格处添加变量名标签,例如变量名为"sex",变量名标签为"性别"。

6. 值

变量的值标签,是对数值型变量各个取值含义的解释和说明。在SPSS主窗口的变量视图中,选择某一变量名所在行的"值"单元格,单击其右侧的按钮,在弹出"值标签"对话框中可输入变量值标签的内容。例如,变量"sex"的变量值标签有两个,在"值"中填入"0",在"标签"中填入"女",单击"添加"按钮;在"值"中填入"1",在标签中填入"男",单击"添加"按钮,完成对变量值标签的定义,如图1-11所示。

7. 缺失

缺失属性用于定义变量缺失值。例如,在问卷调查中,被调查者没有回答调查表要求回答的某些数据,这类数据即为缺失值;或者因为某种原因使所记录的数据失真,这类数据在统计分析中无法使用,需剔除,这就要用到变量缺失值定义。

在SPSS主窗口的变量视图中,选择某一变量名所在行的"缺失值"单元格,单击其右侧的按钮,即可弹出"缺失值"对话框,如图1-12所示。该对话框有三个选项:一是无缺失值;二是离散缺失值,这里最多可以填写三个缺失值;三是缺失值范围,这里可设置上限和下限以确定缺失值范围,还可以附加该范围之外的一个离散的缺失值。

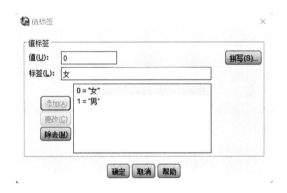

图1-11　SPSS 26 变量视图中"值"标签的设置　　图1-12　"缺失值"对话框

8. 列

列是指在SPSS数据窗口的数据视图中对应列表格本身的宽度。"宽度"指的是相应数据的宽度,而"列"指的是这个列表格本身的宽度。当"列"大于"宽度"的数值时,对应数据的实际宽度为"宽度"的数值;否则对应数据的实际宽度为"列"的数值。即对应数据的实际宽度为"宽度"和"列"数值的较小者。

9. 对齐

数据在对应表格中对齐的方式,有"左""右""居中"三种。

10. 测量

测量,即数据的度量标准,有标度、有序和名义三种,对应于数字变量、非数字变量中的定序变量和定类变量。详细解释请参阅项目二任务一的相关内容。

11. 角色

这个属性主要是为满足数据挖掘的需要而设置的,进行统计分析可以暂时不考虑。

子任务二　SPSS 26 的输出窗口

用户运用 SPSS 26 进行数据分析,便可以得到统计计算的结果。这个分析的结果以输出窗口的形式呈现,如图 1-13 所示。

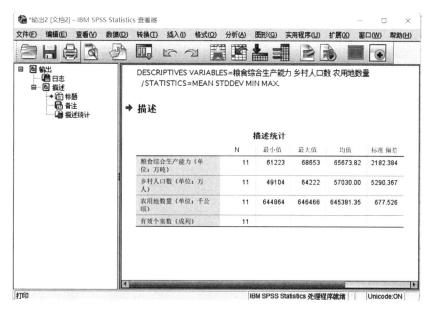

图 1-13　SPSS 26 的输出窗口

SPSS 26 输出窗口的左侧为输出结果的目录区,采用树状结构,与 Windows 的资源管理器非常相似。通过输出窗口的目录,可直接跳转至对应的 SPSS 26 分析结果,这极大地方便了用户对分析结果的检索。

SPSS 26 输出窗口的右侧为输出结果的内容区,其逐一给出了 SPSS 26 分析的结果。用户可以使用鼠标选中所需要的图表,然后单击右键,在弹出的菜单中选择“复制”“复制为”等,可将对应的图表拷贝到诸如 Excel、Word 等文件中,进行进一步分析、加工和应用等。

在 SPSS 26 中,可以将输出窗口的全部信息,用一个后缀为 . spv 的 SPSS 文件保存,以便今后调用。

子任务三　SPSS 26 的语法窗口和脚本窗口

SPSS 26 的语法窗口也称为语法编辑器。用户可以在 SPSS 26 的语法窗口中,采用简单的菜单式操作,完成复杂的语法编辑。依次单击数据编辑窗口中的"文件"→"新建"→"语法"或"文件"→"打开"→"语法"即可打开语法窗口,如图1-14所示。

图1-14　SPSS 26 的语法窗口

SPSS 26 的脚本窗口为用户构建和运行 SPSS 宏提供了便利,用户利用 SPSS 26 的脚本窗口,可以实现 SPSS 内部操作自动化,将 SPSS 与 Python2、Python3、VB 和 VBA 等兼容应用程序有机连接起来。依次单击数据编辑窗口中的"文件"→"新建"→"脚本"或"文件"→"打开"→"脚本"即可打开脚本窗口,如图1-15所示。

图1-15　SPSS 26 的脚本窗口

SPSS 26 的语法编辑器和脚本编辑器对用户有较高的要求,适用于高级专业分析人员。

任务四　SPSS 26 的菜单和输出格式

子任务一　SPSS 26 的菜单

该部分主要介绍 SPSS 26 数据窗口中数据视图和变量视图菜单栏中的菜单选项。

1. 文件

该菜单一般又称为文件管理菜单,用于对 SPSS 26 有关文件进行调入、存储、显示和打印等操作。因此该菜单主要有文件的"新建""打开""保存""打印"选项。

除了"新建""打开""保存""打印"选项之外,文件菜单还有将文件标记为只读、重命名数据集、显示数据文件信息、停止处理文件、缓存数据等特殊功能。

2. 编辑

该菜单也称为编辑处理菜单,用于对 SPSS 26 有关文件进行选择、拷贝、粘贴、寻找和替换等操作。编辑菜单的相关选项,一般还可以通过单击鼠标右键快速调出。

3. 查看

该菜单也称为视图管理菜单,用于对 SPSS 26 有关文件进行显示、编辑、切换等操作,还可以设定快捷键,定制工具栏。

4. 数据

该菜单也称为数据管理菜单,用于对 SPSS 26 有关数据进行变量定义、数据格式选定、观察对象计算、选择、排序、加权,以及对数据文件进行转换、连接、汇总等操作。

5. 转换

该菜单也称为数据转换处理菜单,用于对 SPSS 26 有关数值和变量进行计算、重新赋值、缺失值替代等操作。

6. 分析

该菜单也称为分析管理菜单,是 SPSS 26 统计分析功能的核心部分,几乎所有的统计分析都通过分析菜单相关模块提供的各类统计分析功能来完成。

7. 图形

该菜单也称为作图菜单,提供 SPSS 26 有关统计图的制作功能,可以用于制作面积图、饼图、箱图、误差条形图等图形。

8. 实用程序

该菜单也称为实用程序管理菜单,为用户提供了一系列便利的数据文件管理功能和界面编辑功能,可以帮助用户提高数据分析效率,简化软件操作。

9. 扩展

通过该菜单,用户可以轻松地下载使用基于 R、Python3、Java 或 SPSS Statistics 语法开发好的组件。

10. 窗口

该菜单也称为窗口管理菜单,主要用于对各个窗口进行切换和管理,可以将整个窗口拆分为 4 个部分。

11. 帮助

该菜单也称为窗口管理菜单,可用于调用、查寻、显示 SPSS 26 的相关帮助文件。

子任务二　SPSS 26 的输出格式

SPSS 26 提供 4 种格式的统计分析结果:枢轴表、文本格式、统计图表和模型。

1. 枢轴表

枢轴表又称数据透视表,是统计学中的统计表。在 SPSS 26 中,统计分析结果主要采用专用的枢轴表格式展示,这些枢轴表有一维表、多维表。图 1-16 中的表格就属于多维表。

对 SPSS 26 的枢轴表可以进行复制、粘贴、格式设定等操作。用户通过鼠标右键快捷菜单,可方便地进行复制、粘贴,将对应的表格拷贝到其他应用软件中。

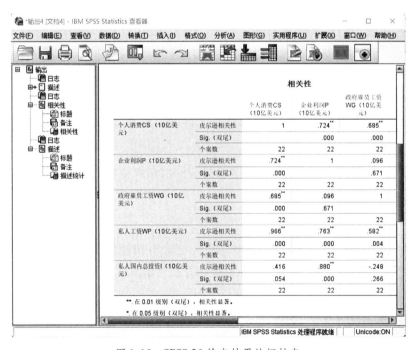

图 1-16　SPSS 26 输出结果的枢轴表

2. 文本格式

SPSS 26 还会采用文本格式对一些不便于用表格和图形表达的统计分析结果进行补

充说明,如图 1-17 所示。

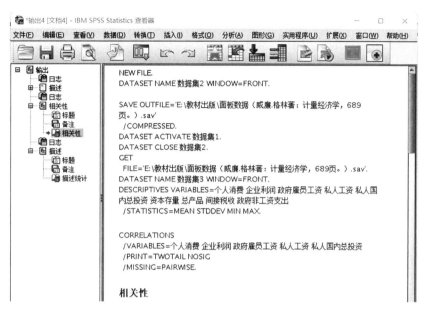

图 1-17　SPSS 26 输出结果的文本格式

SPSS 26 输出结果的文本格式是与 Office 完全兼容的 RTF 格式,因此支持文本格式与 Office 软件的连接。用户可以非常方便地在 SPSS 26 和 Word、Excel 之间进行复制、粘贴、格式设定等操作。

3. 统计图表

SPSS 26 具有强大的统计绘图功能,可进行各类统计图的绘制,可将统计数据和分析结果用专业的统计图展示出来。图 1-18 是使用 SPSS 26 统计绘图功能绘制的直方图。

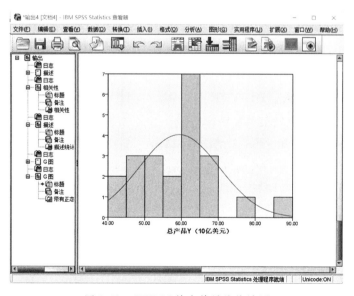

图 1-18　SPSS 26 输出结果的统计图

4. 模型

在 SPSS 26 中,非参数检验、树模型、最邻近元素分析等特殊分析方法,其分析结果在输出浏览器中会以特殊的输出格式呈现,这种格式被称为模型。图 1-19 为使用模型功能后 SPSS 26 呈现的系统聚类树状图。

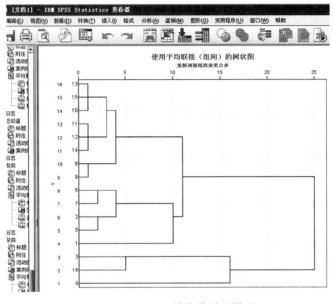

图 1-19　SPSS 26 输出结果的模型

知识总结

本项目主要内容包括 SPSS 简介、SPSS 26 的基本操作、SPSS 26 的工作窗口,以及 SPSS 26 的菜单和输出格式等。

课后作业

1. 安装并激活 SPSS 26。

2. 熟悉 SPSS 26 的窗口、菜单和输出格式。

3. 熟悉有关统计分析和 SPSS 应用交流的网站。

4. 登录"经管之家(http://bbs. pinggu. org/)",下载与 SPSS 相关的文献,参与有关 SPSS 的学习交流。

项目二 数据的输入与整理

　　数据是进行统计分析的基础,没有数据,统计分析将无从谈起。因此,数据输入是使用统计软件进行数据分析的第一步,包括定义变量的名称、界定度量标准和录入数据。数据录入之后,还要对录入的原始数据进行整理,包括检查数据的完整性、初步分析数据的分布特征等基础处理,为数据分析做好准备。

◎ 学习目标

知识目标

1. 了解 SPSS 各类数据计量尺度与测量标准的差异。
2. 掌握 SPSS 数据的录入、编辑与保存方法。
3. 掌握 SPSS 读取其他数据文件的方法。
4. 熟悉 SPSS 数据文件合并过程。

技能目标

1. 会根据研究需要设置 SPSS 数据的计量尺度和测量标准。
2. 会在 SPSS 26 中录入、编辑与保存数据。
3. 能够利用 SPSS 26 读取其他数据文件。
4. 会利用 SPSS 26 合并、拆分数据文件。

素养(思政)目标

1. 培养认真细致的学习态度。
2. 提升数据整理技能,提高数据处理效率。
3. 思政目标:树立数据质量观念,弘扬求真务实和勇于探索的精神,培植统计情怀,培养统计精神,提高个人素养。

🔍 项目导图

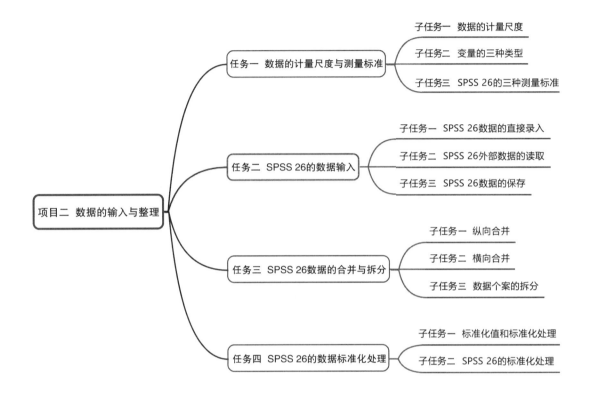

项目二 数据的输入与整理

- 任务一 数据的计量尺度与测量标准
  - 子任务一 数据的计量尺度
  - 子任务二 变量的三种类型
  - 子任务三 SPSS 26的三种测量标准
- 任务二 SPSS 26的数据输入
  - 子任务一 SPSS 26数据的直接录入
  - 子任务二 SPSS 26外部数据的读取
  - 子任务三 SPSS 26数据的保存
- 任务三 SPSS 26数据的合并与拆分
  - 子任务一 纵向合并
  - 子任务二 横向合并
  - 子任务三 数据个案的拆分
- 任务四 SPSS 26的数据标准化处理
  - 子任务一 标准化值和标准化处理
  - 子任务二 SPSS 26的标准化处理

项目二课件

任务一 数据的计量尺度与测量标准

子任务一 数据的计量尺度

数据(data)是对客观现象进行登记和计算的结果,是统计分析的基础。由于客观事物及其现象的特征不同,进行统计资料搜集时采用的具体量表不同,所得到的观测数据的精确程度也不同,对此可用数据计量尺度来区分。由粗略到精细,由初级到高级,可将数据计量尺度分为定类尺度、定序尺度、定距尺度和定比尺度四个层次。

1. 定类尺度(nominal scale)

定类尺度又称为分类尺度或名义尺度,基于其构建的量表一般称为名义量表或分类量表。定类尺度是较粗略、计算层次较低的计量尺度。定类尺度只能按照事物及其现象的某种属性对事物进行平行分类或分组,例如身份证号码、学号、籍贯、职业、企业类别等。定类尺度精确到"一一变换是唯一的",具有传递性,即当 $a=b,b=c$ 时,有 $a=c$。

由定类尺度计量形成的定类数据,表现为不分顺序的类别,只能进行 = 和 ≠ 的运算,也就是只能区分事物是同类还是不同类,进行分类统计。定类尺度可以计算频率或频数、众数,进行列联分析。

2. 定序尺度(ordinal scale)

定序尺度又称为等级尺度或顺序尺度,基于其构建的量表一般称为顺序量表或评价量表。定序尺度精确到"单调变换是唯一的",变换不改变定序尺度中的信息,即当 $a>b$,$b>c$ 时,有 $a>c$。定序尺度是用于测量事物之间等级差别或顺序差别的计量尺度。它不仅可以将事物分成不同的类别,还可以确定这些类别的优劣或顺序,例如军衔、学历、职称、行政区划级别、产品质量等级等。

由定序尺度计量形成的定序数据,表现为有顺序的类别,可以比较大小、优劣,能进行 =、≠、<、> 的运算,可以计算中位数,但不能测量出类别之间的准确差距,不能进行加减乘除的运算。

3. 定距尺度(interval scale)

定距尺度又称为间隔尺度,基于其构建的量表一般称为间隔量表或间距量表。定距尺度精确到"线性变换是唯一的"。定距尺度没有确定的"零点",但是可以准确地指出事物类别之间的距离是多少。定距尺度的特征可以用公式表示为 $y=a+bx$,例如温度、考试成绩等。

由定距尺度计量形成的定距数据,表现为数值,通常以自然单位或度量衡单位为量纲。间距量表是一个真正意义上的"定量"量表,可以进行加减运算,可以计算平均数、标准差、相关系数、t 检验量、F 检验量等统计指标。

4. 定比尺度(ratio scale)

定比尺度又称为比率尺度,基于其构建的量表一般称为比例量表。定比尺度精确到"乘以一个正常数的变换是唯一的"。定比尺度不仅可准确地界定事物类别之间的距离,而且存在一个绝对固定的"零点"。

由定比尺度形成的定比数据,也表现为数值,并且是等级最高的统计数据,可以进行加减乘除的运算。

子任务二 变量的三种类型

变量(variable)是说明现象某种特征的概念。变量最基本的特点是在同一总体的不同单位上可取不同的数值,以及同一总体相同单位在不同时间上可取不同的数值,即变量的变异性或差异性特征。例如城镇居民可支配收入、人口数、不同职业的年均收入水平等,均呈现典型的变量特征。

根据计量尺度的不同,一般变量可分为以下三种类型。

1. 定类变量(nominal variable)

定类变量是由定类数据来登记的变量。例如,居住地属于定类变量,其变量值为农村、城市、县乡镇。

2. 定序变量(ordinal variable)

定序变量是由定序数据来登记的变量。例如,考试成绩可以分为优秀、良好、中等、及格、不及格等级别,属于定序变量。

定类变量和定序变量都是对事物质的属性的界定,所以又称为定性变量,或者非数字变量,其数值只是对类型进行标注的代码,不具有可加性。

3. 数字变量(numerical variable)

数字变量是由定距数据或定比数据来登记的变量,例如固定资产总额、投资总额、总产值、新能源汽车总产量、国土面积、高铁里程、手机持有量、消费价格指数、新房成交量等。数字变量的取值是对客观事物数量特征的具体测定和数值表述,具有可加性。经济管理中的变量基本上是数字变量。

由于由定距数据或定比数据来登记的变量可以满足一般参数统计的要求,因此在统计分析实践中将这两类数据归并为同一类,将其称为数字变量。

数字变量根据其取值特征,又可以分为离散变量和连续变量。

离散变量(discrete variable)指其数值只能用自然数或整数单位计算的变量,在离散变量的两个取值之间只能插入整数数值,具有可以一一列举的特征,例如企业个数、职工人数、设备台数等。

连续变量(continuous variable)指在一定区间内可以任意取值的变量,其数值是连续不断的,相邻两个数值之间可取无限个数值,例如生产零件的规格尺寸,人的身高、体重、胸围等。

子任务三　SPSS 26 的三种测量标准

SPSS 26 对应于变量的三种类型,设定了标度、有序和名义三种测量标准。其中标度对应于数字变量,有序和名义对应于非数字变量。其中有序对应于定序变量,名义对应于定类变量。

数据输入的关键一步,就是要正确确定所输入数据的计量尺度,即在 SPSS 26 中正确选定所录入数据的测量标准和类型。例如,在图 2-1 中只有年份的测量标准为"名义",其他变量均为"标度";在图 2-1 中所录入数据的类型,除年份为"日期"外,其他变量的类型均为数字。

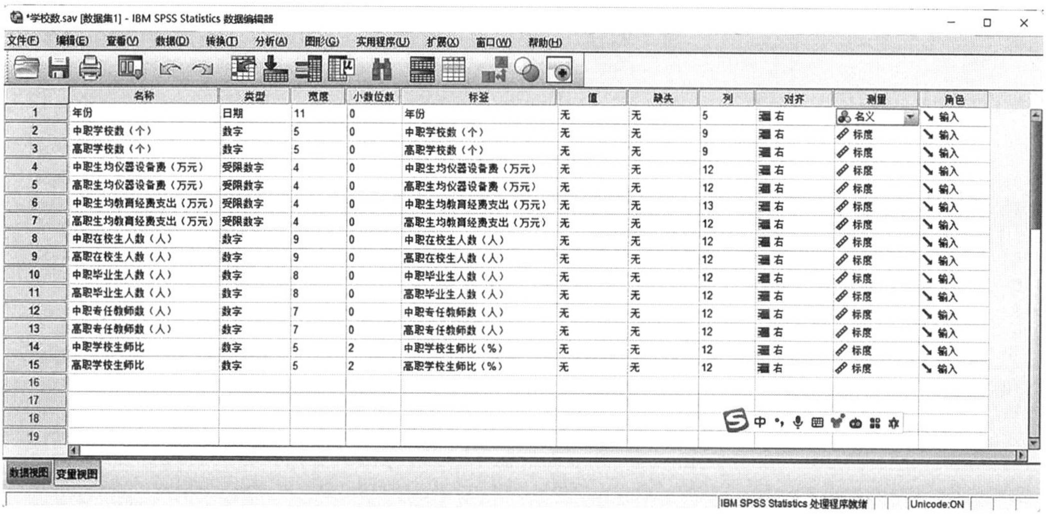

图 2-1　SPSS 26 数据度量标准选定

任务二　SPSS 26 的数据输入

导入案例

2-1　SPSS 26 的数据输入

某大学 2022 级应用统计专业共 40 名女生的体测数据,因使用了两种不同的测试仪器,分别存储为 Excel 文件和 txt 文件,如图 2-2 和图 2-3 所示。为了便于后续的统计分析,请完成以下操作:一是将体测数据直接录入 SPSS 中;二是分别将 Excel 和 txt 两种格式的数据导入 SPSS,并转存为"data2.1.sav"文件。

A	B	C	D	E	F	G	H	A	B	C	D	E	F	G	H
学生编号	BMI(千克/米²)	50米跑/秒	引体向上/次	一分钟仰卧起坐/次	立定跳远/米	坐位体前屈/厘米	肺活量/毫升	学生编号	BMI(千克/米²)	50米跑/秒	引体向上/次	一分钟仰卧起坐/次	立定跳远/米	坐位体前屈/厘米	肺活量/毫升
1	21.4	10.2	8	39	183	3	2787	21	15.9	8.5	8	39	159	12	2249
2	23.1	10.6	6	24	152	9	2766	22	29.2	9.3	4	67	126	13	3601
3	19.8	10.9	2	39	118	16	2407	23	26.4	8.6	2	48	171	10	1975
4	16.2	7.3	9	44	213	25	3483	24	17.1	8.4	7	60	170	24	3308
5	28.1	7.3	7	20	225	12	3600	25	20.0	9.0	3	63	201	13	3713
6	28.0	7.3	3	50	115	4	3306	26	21.5	11.2	3	20	147	8	2330
7	23.3	9.4	3	59	170	22	3789	27	16.9	7.7	6	15	184	23	3129
8	26.1	7.5	7	67	145	11	2277	28	23.5	10.6	3	39	189	15	2822
9	17.7	9.9	9	21	163	24	3088	29	25.1	10.2	6	22	184	19	2273
10	26.0	7.8	2	46	223	25	1843	30	16.9	10.6	4	16	123	13	3483
11	26.5	10.3	2	46	230	6	1989	31	16.6	8.9	3	67	198	7	1908
12	18.5	8.8	8	29	163	12	3370	32	24.4	7.9	2	56	133	2	3617
13	27.6	11.1	8	49	213	4	1880	33	28.0	9.7	2	42	159	19	2900
14	25.6	9.7	6	45	153	4	2381	34	21.2	9.8	6	44	221	23	3030
15	16.1	11.0	3	43	126	4	2443	35	18.2	9.5	2	44	181	19	3387
16	21.6	9.2	5	33	188	23	3808	36	27.5	10.5	3	17	217	8	2880
17	15.4	9.6	8	22	116	26	2694	37	28.7	9.6	3	64	124	6	2436
18	28.6	8.3	3	59	199	21	3702	38	17.3	11.1	1	38	124	10	2688
19	24.0	9.0	2	18	169	19	2176	39	22.0	9.6	9	52	212	8	3698
20	28.1	7.4	6	32	125	6	2247	40	25.6	9.9	2	44	163	20	2980

图 2-2　Excel 格式的体测数据

1	21.4	10.2	8	39	183	3	2787	21	15.9	8.5	8	39	159	12	2249
2	23.1	10.6	6	24	152	9	2766	22	29.2	9.3	4	67	126	13	3601
3	19.8	10.9	2	39	118	16	2407	23	26.4	8.6	2	48	171	10	1975
4	16.2	7.3	9	44	213	25	3483	24	17.1	8.4	7	60	170	24	3308
5	28.1	7.3	7	20	225	12	3600	25	20.0	9.0	3	63	201	13	3713
6	28.0	7.3	3	50	115	4	3306	26	21.5	11.2	3	20	147	8	2330
7	23.3	9.4	3	59	170	22	3789	27	16.9	7.7	6	15	184	23	3129
8	26.1	7.5	7	67	145	11	2277	28	23.5	10.6	3	39	189	15	2822
9	17.7	9.9	9	21	163	24	3088	29	25.1	10.2	6	22	184	19	2273
10	26.0	7.8	2	46	223	25	1843	30	16.9	10.6	4	16	123	13	3483
11	26.5	10.3	2	46	230	6	1989	31	16.6	8.9	3	67	198	7	1908
12	18.5	8.8	8	29	163	12	3370	32	24.4	7.9	2	56	133	2	3617
13	27.6	11.1	8	49	213	4	1880	33	28.0	9.7	2	42	159	19	2900
14	25.6	9.7	6	45	153	4	2381	34	21.2	9.8	6	44	221	23	3030
15	16.1	11.0	3	43	126	4	2443	35	18.2	9.5	2	44	181	19	3387
16	21.6	9.2	5	33	188	23	3808	36	27.5	10.5	3	17	217	8	2880
17	15.4	9.6	8	22	116	26	2694	37	28.7	9.6	3	64	124	6	2436
18	28.6	8.3	3	59	199	21	3702	38	17.3	11.1	1	38	124	10	2688
19	24.0	9.0	2	18	169	19	2176	39	22.0	9.6	9	52	212	8	3698
20	28.1	7.4	6	32	125	6	2247	40	25.6	9.9	2	44	163	20	2980

图 2-3　txt 格式的体测数据

子任务一　SPSS 26 数据的直接录入

先要开启 SPSS 26 数据窗口的数据视图和变量视图,可以通过两种方法开启。

一是通过开启 SPSS 26,打开数据窗口的数据视图和变量视图。在计算机的"开始"菜单中找到"IBM SPSS Statistics 26"的图标,用鼠标左键双击该图标,启动 SPSS 26。也可以在计算机的"开始"菜单下的"所有程序"菜单中找到"IBM SPSS Statistics"组,在该组中找到"IBM SPSS Statistics 26",再用鼠标左键双击,启动 SPSS 26。

二是在已经开启的 SPSS 26 数据窗口中,打开新的 SPSS 26 数据窗口的数据视图和变

量视图。用户在已经开启的 SPSS 26 数据窗口的菜单栏中,依次选择"文件"→"新建"→
"数据"便可以打开新的、空白的 SPSS 26 数据窗口的数据视图和变量视图,如图 2-4 所示。

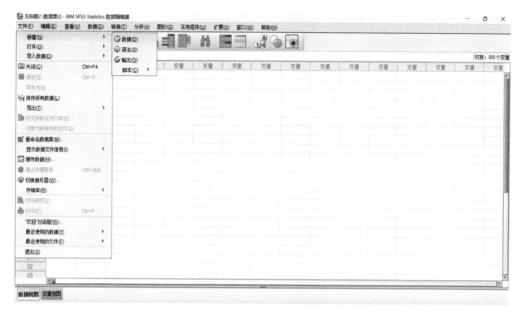

图 2-4 在 SPSS 26 打开一个新的数据窗口

单击主页面左下方的"变量视图"按钮,切换到变量视图。用户需要在该视图中设置
各个变量的属性,包括变量名称、类型、宽度、小数位数、标签、缺失、列、对齐、测量和角色
等。这些设定为后续数据录入和分析打下基础。完成变量属性设定后,可以切换到"数据
视图",在此视图中,每一列对应一个变量,每一行为一条观测记录。用户可在数据单元格
中通过键盘逐项输入,实现原始数据的直接录入。

子任务二 SPSS 26 外部数据的读取

1. SPSS 格式数据的读取

若外部数据为 SPSS 格式(即. sav 格式)的数据,不论是哪个版本的数据,一般均可以
通过打开该数据文件实现对 SPSS 格式数据的读取。SPSS 格式数据的读取有三种具体方式。

第一种方式是,使用鼠标左键双击 SPSS 格式的数据文件,SPSS 即可读取数据。

第二种方式是,使用鼠标右键单击所选中的 SPSS 格式的数据文件,并在弹出的快捷
菜单中选择"打开方式",再选中"IBM SPSS Statistics 26.0",SPSS 即可读取数据。这种方
式适用于同一台计算机上安装了多个版本的 SPSS 软件的场合。

第三种方式是,在正在运行的 SPSS 26 的数据窗口的菜单栏中,依次选择"文件"→
"打开"→"数据",打开"打开数据"对话框。先在"文件类型"选项栏中,选择"SPSS Statis-
tics(∗ . sav, ∗ . zsav)",然后选择 SPSS 格式数据文件所在的文件夹,同时选中需要打开的
SPSS 格式数据的文件,并使得该 SPSS 格式数据文件的文件名出现在"文件名"的选项栏

中,如图 2-5 所示,单击"打开"按钮,SPSS 读取数据。这种方式也适用于同一台计算机上安装了多个版本的 SPSS 软件的场合。

图 2-5　打开 SPSS 数据文件的对话框

2. Excel 格式数据的读取

本部分以导入案例中的体测数据为例,展示 Excel 数据读取方法。

第一步,从 SPSS 26 的数据窗口的菜单栏中依次选择"文件"→"打开"→"数据",打开"打开数据"对话框。在"打开数据"对话框的"文件类型"选项栏中,选择"Excel(＊.xls、＊.xlsx 和 ＊.xlsm)"作为将要打开的数据文件类型。同时选择 Excel 格式数据文件所在的文件夹,选中需要打开的 Excel 格式的数据文件,并使得该 Excel 格式数据文件的文件名出现在"文件名"选项栏中,如图 2-6 所示。

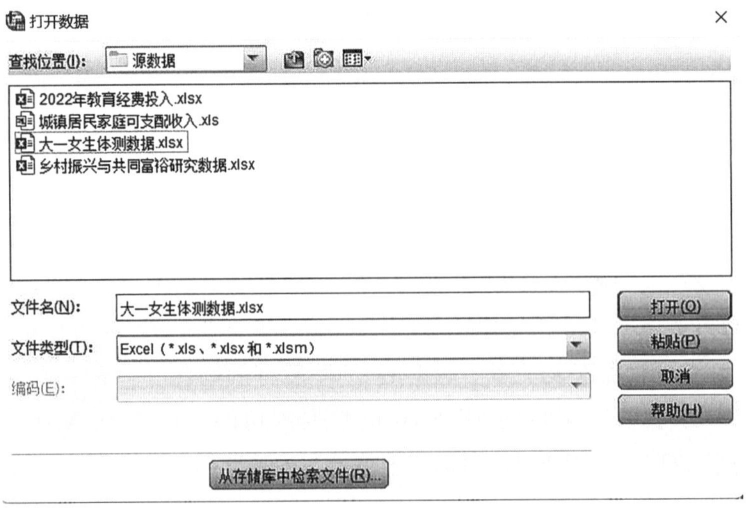

图 2-6　打开 Excel 数据文件的对话框

第二步,单击"打开"按钮,打开"读取 Excel 文件"对话框,在该对话框中可以指定 Excel 工作表、设置读取范围、选择是否忽略隐藏的行和列等。单击"读取 Excel 文件"对话框的"确定"按钮,SPSS 26 即可读取对应的 Excel 文件数据,如图 2-7 所示。

图 2-7　"读取 Excel 文件"对话框

对于 Excel 格式的数据文件,还可以采取"复制"和"粘贴"的方式进行 SPSS 26 数据的输入。先打开对应的 Excel 数据文件,在其工作表中选定需要输入 SPSS 26 中的数据,并进行复制;再打开 SPSS 26 数据窗口的"数据视图",通过粘贴的方式,便可以完成相关数据的输入。若拷贝的数据中存在非数字变量,则应事先在"变量视图"对应的位置,对变量属性进行相应的设定,以免数据丢失。

3. 纯文本格式数据的读取

纯文本数据格式在科学研究与商业领域均广泛存在。有一些专业的数据录入软件只提供文本格式的数据,为了能让 SPSS 使用这些数据,必须对它们进行读取,并保存为 .sav 格式的数据文件,这样才能进行统计分析。

本部分仍以导入案例中的体测数据为例,展示自由格式纯文本数据的读入方法。该案例的纯文本数据共包含 40 个学生的体测数据,包括学生编号、BMI(千克/米^2)、50 米跑(秒)、引体向上(次)、一分钟仰卧起坐(次)、立定跳远(厘米)、坐位体前屈(厘米)、肺活量(毫升)等 8 个变量,各变量之间用 Tab 键分隔。上述文本数据结构符合 SPSS 数据结构的要求,即每一行代表一个学生的数据,每一列代表一个变量,所以可以由 SPSS 直接读入。如果数据结构不符合 SPSS 的要求,则需要预先整理。

第一步,在 SPSS 26 的数据窗口的菜单栏中依次选择"文件"→"打开"→"数据",打开"打开数据"对话框。在"打开数据"对话框的"文件类型"选项栏中,选择"文本(*.txt、*.dat、*.cvs 和 *.tab)"作为将要打开的数据文件类型,这里以 txt 文件为例,选择 txt 格式数据文件所在的文件夹,选中需要打开的 txt 格式的数据文件"大一女生体测数据(自由格式).txt",并使得该文件的文件名出现在"文件名"选项栏中,如图 2-8 所示。

图 2-8   打开 txt 数据文件的对话框

第二步,单击"打开",打开"文本导入向导"对话框。文本数据导入的引导窗口显示数据读入过程分为 6 步,用户只需要根据提示依次单击"下一步"按钮即可顺利完成数据导入工作,如图 2-9 至图 2-14 所示。

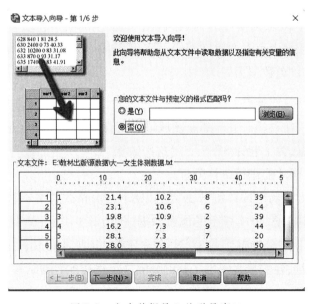

图 2-9   文本数据导入的引导窗口

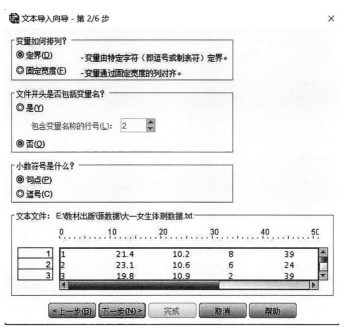

图 2-10 变量区分：分隔符

图 2-11 个案编号

图 2-12　选择分隔符的类型

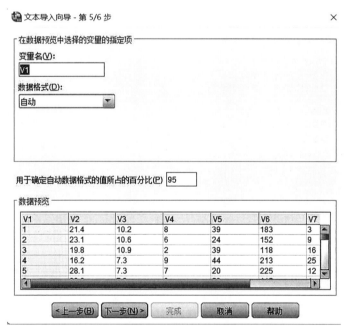

图 2-13　数据预览

图 2-14　完成文本数据的导入

在 SPSS 26 中成功导入数据后,进入变量视图窗口进行进一步处理。首先,重新定义变量名以确保其清晰且具有描述性,便于后续分析。其次,调整部分变量的小数位数,确保显示精度适当。最后,添加变量标签,以使各变量的含义更直观地呈现。图 2-15 展示了经过这些操作后,数据在变量视图窗口中的呈现情况。

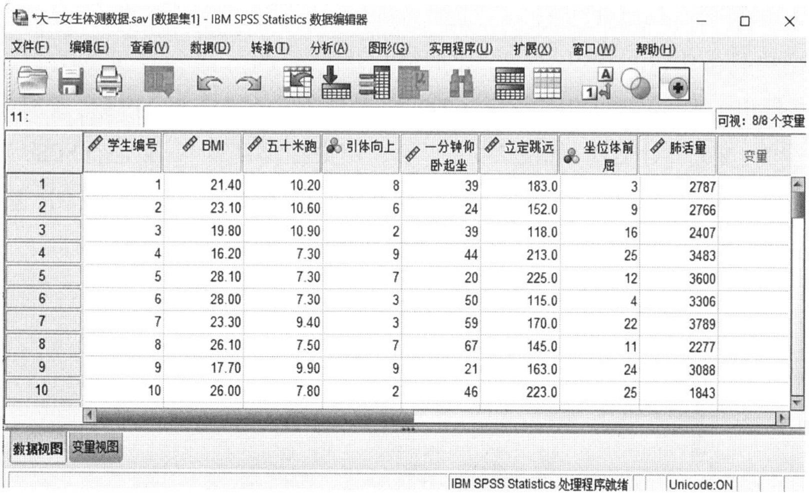

图 2-15　显示导入的数据

子任务三　SPSS 26 数据的保存

在 SPSS 26 中录入数据、分析数据的过程中,要时刻注意随时保存数据,以防出现意外情况,导致数据和分析结果丢失。要养成随时保存数据文件的习惯。

虽然 SPSS 26 具有将其数据保存为多种格式的数据文件的功能,但是一般以保存为 SPSS 格式的数据文件为宜,即保存为后缀为".sav"的数据文件,便于 SPSS 直接调用数据。

在 SPSS 26 的菜单栏中依次选择"文件"→"保存",如果该数据文件曾经保存过,则系统会按照原名自动保存数据;假如该数据文件未曾保存过,则系统会弹出"将数据另存为"对话框。或者,若用户依次选择"文件"→"另存为",则将直接打开"将数据另存为"对话框,如图 2-16 所示。

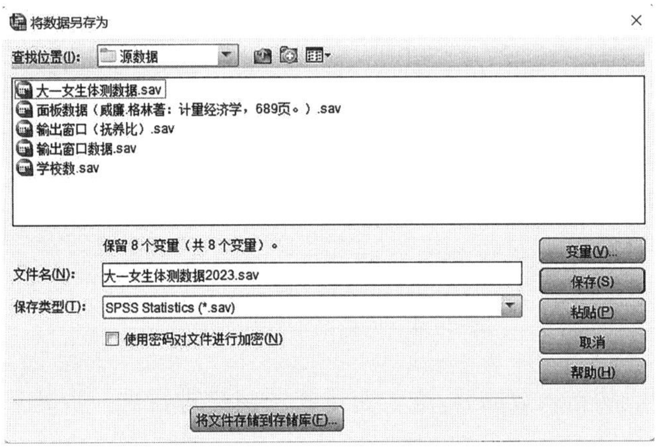

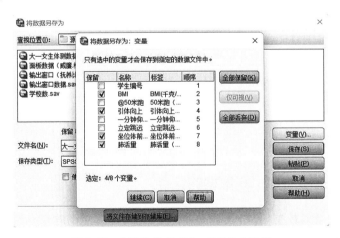

图 2-16 "将数据另存为"对话框

用户需要在"将数据另存为"对话框中,选择所要保存的数据文件和保存的路径,单击"保存"按钮,即可保存该数据文件。

假如,用户只希望将当前 SPSS 26 数据窗口中已有的一部分变量的数据保存在某个 SPSS 数据文件里,则可以单击"将数据另存为"对话框中的"变量"按钮,这时系统会弹出"将数据另存为:变量"对话框,如图 2-17 所示。用户在需要保存到某个 SPSS 数据文件中的变量前打"√",则该变量被保存到该数据文件中。然后单击"继续"按钮,返回"将数据另存为"对话框,单击"保存"按钮,完成对该数据文件中变量的选择和保存。

图 2-17 "将数据另存为:变量"对话框

任务三　SPSS 26 数据的合并与拆分

当数据量很大时,通常需要将一份大的数据分成几个小部分,由不同的人对数据进行录入,以提高录入效率。这样就会出现一份大的数据分别存储在几个不同的数据文件中的情况,将这些小的数据文件合并成一个大的数据文件,是进行各种统计分析的前提。SPSS 26 数据文件的合并方式有两种:纵向合并和横向合并。在 SPSS 系统中,进行合并的文件必须存储为.sav 格式。

2-2　SPSS 26 数据的合并与拆分

💬 导入案例

根据国家统计局发布的官方数据,1978 年至 2022 年期间,我国城镇人口、城镇居民人均可支配收入、城镇居民人均消费支出、乡村人口、农村居民人均可支配收入、农村居民人均消费支出等相关指标发生了显著变化。特别是,城镇居民人均可支配收入自 1978 年至 2022 年增长约 143 倍。

为了分析以上这些指标 1978 年至 2022 年的变化趋势,某统计调查小组搜集了 1978—2022 年的数据。为提高工作效率,这些数据由两名学生分别负责收集并录入 SPSS 26 中,数据保存为.sav 格式文件。现在需要将这两个.sav 格式的数据文件合并成一个新的数据文件,以便进一步分析。

📊 子任务一　纵向合并

纵向合并指的是几个小数据文件中的数据纵向相加,组成一个新的数据文件,新数据文件中的记录数是原来几个小数据文件中记录数的总和,也就是将两个小数据文件的变量列,按照各个变量名的含义,一一对应进行首尾连接合并。合并的两个数据文件的变量相同,合并的目的是增加分析个案。

使用 SPSS 26 进行数据文件纵向合并时应满足两个条件:第一,两个待合并的.sav 格式的数据文件,其内容合并是有意义的;第二,为方便 SPSS 数据文件的合并,在不同数据文件中,数据含义相同的列,最好定义相同的变量名,变量类型和变量长度也要尽量相同。这样,可方便 SPSS 对变量进行自动对应和匹配。

在进行数据合并之前,必须先打开一个主数据文件,该文件将作为合并的基础,后续的数据文件会被添加到该主文件中。例如,在本案例中,首先打开"1978—2000 城乡居民可支配收入情况"并将其作为主数据文件。然后,依次选择"数据"→"合并文件"→"添加个案",系统弹出添加个案文件选择对话框,如图 2-18 所示。

"打开数据集"文本框用于从当前打开的数据集中选出合并文件,框中显示了当前打开的可用数据集名称。"外部 SPSS Statistics 数据文件"表示读取外部的数据文件进行合并,单击"浏览"按钮,指定文件路径和文件名,如图 2-19 所示。单击"继续"按钮,系统弹出纵向合并变量选择对话框,如图 2-20 所示。现将"1978—2000 城乡居民可支配收入情况"和"2001—2022 城乡居民可支配收入情况"合并。

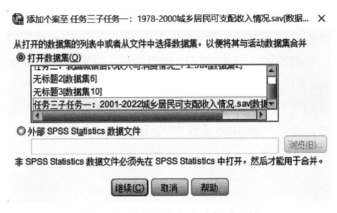

图 2-18　添加个案文件选择对话框

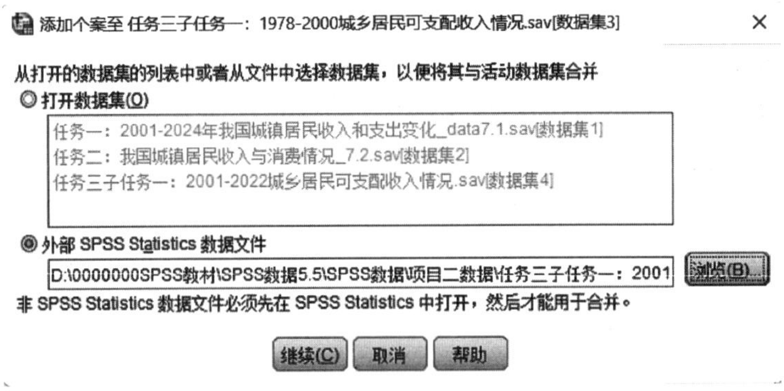

图 2-19　选中外部数据文件

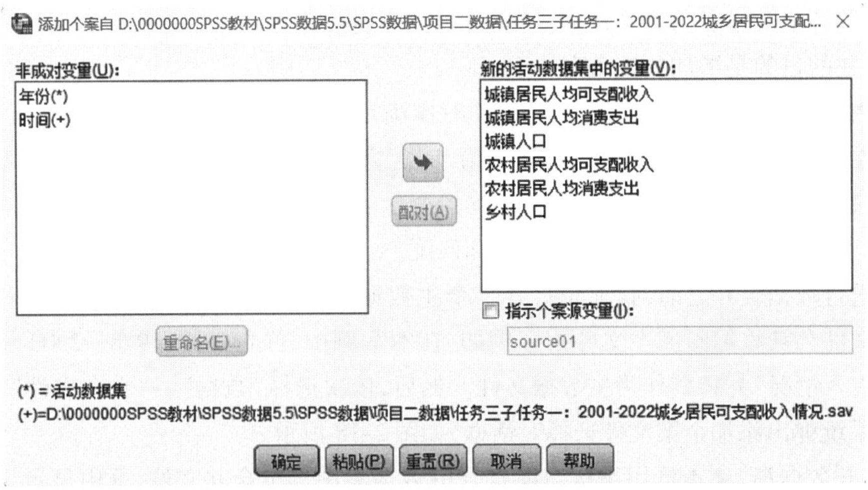

图 2-20　纵向合并变量选择对话框

以下作几点说明：

（1）"新的活动数据集中的变量"框中的是能够自动匹配的变量。"非成对变量"框中的是不能自动匹配的变量。单击"重命名"按钮可修改"非成对变量"框中的变量名，使它们的变量名相同，进而合并，例如将"年份"重命名为"时间"，单击"继续"，即可将非成对的两个变量转变为成对变量，如图 2-21 所示。

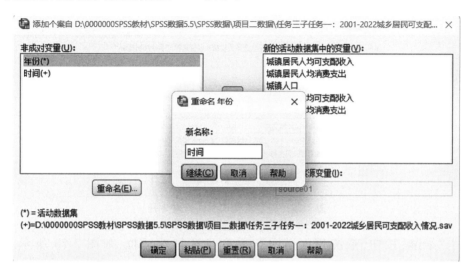

图 2-21　修改"非成对变量"框中的变量名

（2）勾选"指示个案源变量"，则在合并后的数据文件中将自动出现一个名为"source01"的新变量，取值为 0 或 1。0 代表来自源文件，1 代表来自被合并的文件。

（3）变量名后面的"（∗）"表示此变量来自源数据文件，"（＋）"表示此变量来自被合并的文件。单击"确定"按钮，系统将弹出合并的数据编辑窗口。

子任务二　横向合并

横向合并指的是按照记录的次序，或者某个关键变量的数值，将不同数据集中的不同变量合并为一个数据文件，新数据文件中的变量数是所有原始数据集中不重名变量的总和，也就是将两个数据文件的记录，按照记录对应，一一进行左右对接。合并的两个数据文件的变量不同，但个案数相同。

使用 SPSS 26 进行数据文件的横向合并时应满足三个条件：第一，如果不是按照记录号对应的规则进行合并，则两个数据文件必须至少有一个变量名相同的公共变量，这个变量是两个数据文件横向对应合并的依据，称为关键变量，如时间、学号等，关键变量可以是多个；第二，如果是使用关键变量进行合并的，则两个数据文件都必须事先按关键变量进行升序排列；第三，为方便 SPSS 26 数据文件的合并，在不同数据文件中，对数据含义不相同的列，变量名不应取相同的名称。

与纵向合并类似，在进行横向合并之前，也必须先打开一个主数据文件，该文件将作

为合并的基础,后续的数据文件会被添加到该主文件中。例如,在本案例中,首先打开
"2001—2022城镇居民可支配收入情况"作为主数据文件。然后,依次选择"数据"→"合
并文件"→"添加变量",系统弹出添加变量文件选择对话框,如图2-22所示。该对话框的
作用与纵向合并的添加个案文件选择对话框类似,此处不再赘述。该对话框的意义与纵
向合并的添加个案文件选择对话框相同,在此不再重复。

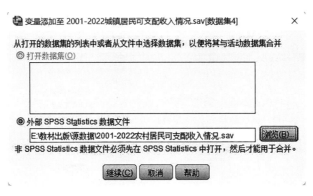

图2-22　添加变量文件选择对话框

单击"继续"按钮,系统弹出横向合并变量选择对话框,如图2-23所示。现将
"2001—2022城镇居民可支配收入情况. sav"与"2001—2022农村居民可支配收入情况.
sav"合并。

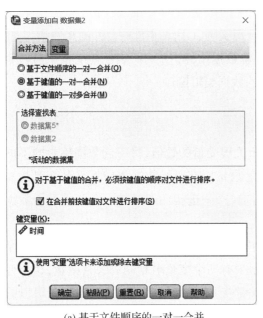 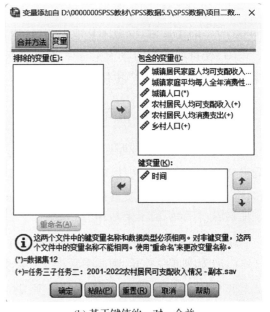

(a) 基于文件顺序的一对一合并　　　　　　(b) 基于键值的一对一合并

图2-23　一对一合并

以下作几点说明:

（1）"包含的变量"框中显示的是待合并的所有变量。"排除的变量"框中显示的是两个待合并文件中相同的变量。

（2）"键变量"用来标识和匹配不同文件的记录行，在对不同文件的变量进行合并时，可以在"排除的变量"框中指定关键变量。

（3）"基于文件顺序的一对一合并"是指按照两个数据文件中观测单位的排列顺序逐行对应合并记录，不依赖任何键变量，因此要求两个文件中的数据行数相同、顺序一致，否则合并结果会出现错位。

（4）"基于键值的一对一合并"是指以一个或多个公共变量（如年份、编号、地区等）作为匹配键，根据键值对两个文件中对应记录进行合并，即使顺序不同也能正确匹配，适用于数据来源不一或排序不一致的情况。本案例中的键值为时间，如图 2-23（b）所示。

（5）"基于键值的一对多合并"是指以一个或多个键变量（如 ID、地区、年份）为依据，将主文件中每条记录与另一个文件中所有匹配该键值的记录合并，实现一个匹配多个的合并方式，常用于主表与明细表之间的数据整合。

子任务三　数据个案的拆分

在进行统计分析时，需要对具有某种特性的数据进行分析，因此涉及分组分析。分组分析可通过拆分数据集来实现，即将原始数据集按照分组变量进行划分，从而使数据分析能够以分组为单位独立进行，最终获得各个分组的详细分析结果。通过拆分功能，还可以实现对原始数据的重新排序，使某个变量取值相同的个案集中在一起，以便观察和比较。

在 SPSS 26 中，依次选择"数据"→"拆分文件"，系统弹出"拆分文件"对话框，如图 2-24 所示。本任务采用的数据为"统计 1 班期末考试成绩"。

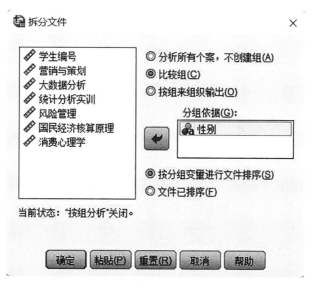

图 2-24　"拆分文件"对话框

以下作几点说明：

(1)“分组依据”框用于选择要拆分的变量，可以是一个或多个变量。

(2)选择拆分方式。

①分析所有个案，不创建组：是系统的默认方式，表示分析所有的个案，若取消拆分，则可恢复分组前的状态。

②比较组：分组分析，按组间比较的形式输出结果。

③按组来组织输出：分组分析，分别显示各组的结果。

(3)选择排序方式。

①按分组变量进行文件排序：拆分时将数据按所选的拆分变量排序，这是系统默认选项。

②文件已排序：表示数据已经按分组变量排序了，不需要重新排序。

选中要拆分的变量后，单击“确定”按钮，即可完成数据拆分，拆分后的数据视图如图2-25所示。其中，前面20个个案是男生的成绩，后面28个个案是女生的成绩。

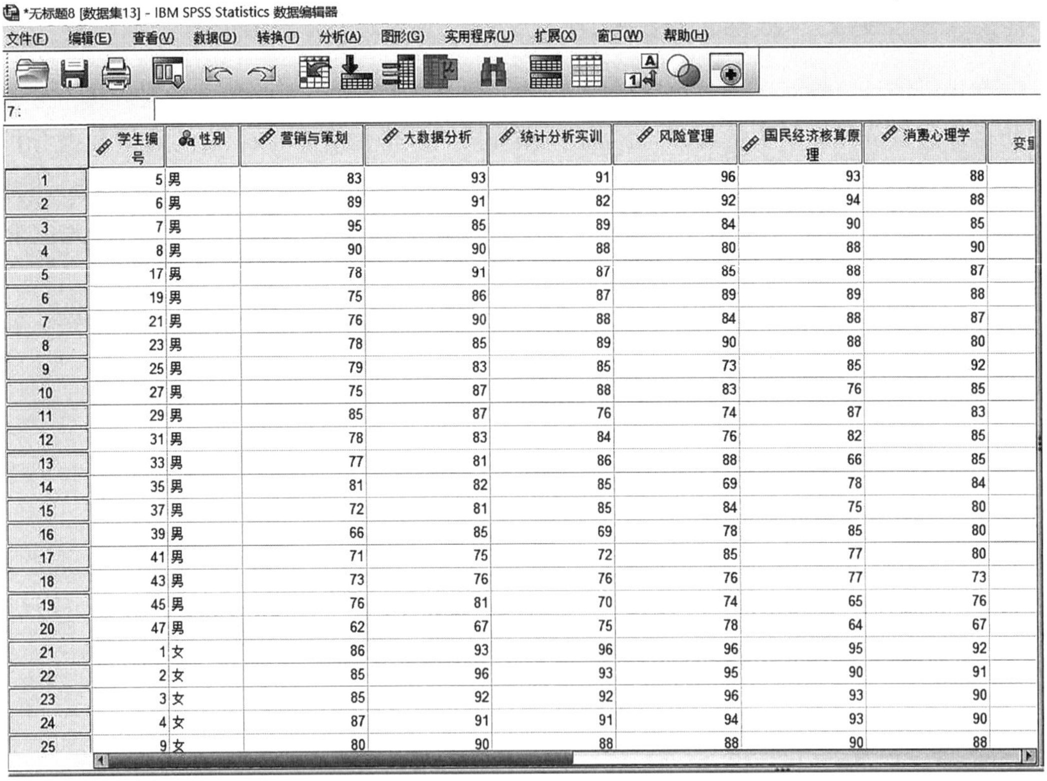

	学生编号	性别	营销与策划	大数据分析	统计分析实训	风险管理	国民经济核算原理	消费心理学	变量
1	5	男	83	93	91	96	93	88	
2	6	男	89	91	82	92	94	88	
3	7	男	95	85	89	84	90	85	
4	8	男	90	90	88	80	88	90	
5	17	男	78	91	87	85	88	87	
6	19	男	75	86	87	89	89	88	
7	21	男	76	90	88	84	88	87	
8	23	男	78	85	89	90	88	80	
9	25	男	79	83	85	73	85	92	
10	27	男	75	87	88	83	76	85	
11	29	男	85	87	76	74	87	83	
12	31	男	78	83	84	76	82	85	
13	33	男	77	81	86	88	66	85	
14	35	男	81	82	85	69	78	84	
15	37	男	72	81	85	84	75	80	
16	39	男	66	85	69	78	85	80	
17	41	男	71	75	72	85	77	80	
18	43	男	73	76	76	76	77	73	
19	45	男	76	81	70	74	65	76	
20	47	男	62	67	75	78	64	67	
21	1	女	86	93	96	96	95	92	
22	2	女	85	96	93	95	90	91	
23	3	女	85	92	92	96	93	90	
24	4	女	87	91	91	94	93	90	
25	9	女	80	90	88	88	90	88	

图2-25　拆分后的数据视图

任务四 SPSS 26 的数据标准化处理

 导入案例

　　某高校为了实现对教学过程的监督与管理,全方位提升教学质量,在学期末开展了学生评教工作。统计教研室有 7 位老师负责 3 个班级 14 门课的教学,3 个班对这 7 位授课老师不同课程教学的评教结果如表 2-1 所示。要求对统计教研室的这 7 位老师 14 门课的评教情况进行综合评价。

表 2-1　学生评教分数

老师	班级		
	1 班	2 班	3 班
A	90	85	
B	80	76	
C	75		82
D	82		88
E	78		81
F		79	85
G		72	75
平均分	81	78	82.2

子任务一　标准化值和标准化处理

　　标准化值(standard score)是以变量值与其均值的差除以同一数据的标准差的值,也称为标准分数,或 Z 分数。其计算公式为

$$Z_i = \frac{X_i - \bar{X}}{\sigma} \tag{2-1}$$

式中,Z_i 表示第 i 个变量的标准化值。

　　标准化值的分子 $X_i - \bar{X}$ 为变量第 i 个数值与该变量均值的差,一般称为数据的中心化,表现为变量值与其均值的绝对距离。标准化值的分母为该变量的标准差 σ。用该变量的标准差 σ 除中心化后的数据,剔除不同变量在离散程度上的差异,同时消除标准化值的量纲和绝对水平,可使离散程度不同的变量之间具有普遍可加性和直接可比性。

　　统计上计算标准化值的过程,是将平均数不等于 0 且标准差不等于 1 的系列数值(非标准化数据)转换成平均数为 0 且标准差为 1 的系列数值的过程,其目的是消除不同计量的影响。通过标准化处理之后的变量趋于服从标准正态分布。

在导入案例中,不同学生所给出的评教结果是不可比的。如果把参与评教的学生看成评委,那么评委心目中的标准就相当于分制,如果中等标准评委给出的分是 100 分制的,则高标准评委给出的分可能是 90 分制或 80 分制的,低标准评委给出的分就相当于是 110 分制的,甚至是更高分制的。这就是不同班级对不同老师的打分不可比的原因。标准化处理的意义是消除评委打分标准的主观差异,确保不同评委对教师评分的平均分趋于一致。在假设任教各班级老师的总体教学水平无显著差异的前提下,只有统一评委的评分标准,才能使不同评委对不同老师的评价结果具备可比性。

以表 2-1 数据为例,对其进行标准化处理。

【第 1 步】计算各班授课老师的平均得分

三个班级的授课老师的平均得分分别为 81 分、78 分、82.2 分(见表 2-2),14 门课的平均得分为 80.7 分。计算过程如下:

$$\bar{X} = \frac{\sum xf}{\sum f} = \frac{81 \times 5 + 78 \times 4 + 82.5 \times 5}{5 + 4 + 5} = 80.7(分)$$

【第 2 步】计算各班授课老师得分的标准差

三个班级的授课老师得分的标准差 σ 分别为 5.06 分、4.74 分、4.35 分,三个班级授课老师得分的标准差的平均值为总标准差,为 4.72 分(见表 2-2)。计算过程如下:

$$\frac{5.06 \times 5 + 4.74 \times 4 + 4.35 \times 5}{5 + 4 + 5} = 4.72(分)$$

表 2-2　学生评教分数

老师	班级				
	1 班	2 班	3 班	原始分平均	原始分排名
A	90	85		87.5	1
B	80	76		78	6
C	75		82	78.5	5
D	82		88	85	2
E	78		81	79.5	4
F		79	85	82	3
G		72	75	73.5	7
平均分	81	78	82.2	80.7	
标准差	5.06	4.74	4.35	4.72	

【第 3 步】计算各班授课老师得分的标准化值

计算过程如下:

$$Z_i = \frac{X_i - \bar{X}}{\sigma} = \frac{授课老师的原始得分 - 授课老师得分的平均分}{授课老师得分的标准差}$$

计算结果如表 2-3 所示。

表2-3　统计教研室7位老师的学生评教分数的标准化值计算结果

老师	班级				
	1班	2班	3班	标准分平均	标准分排名
A	1.779	1.477		1.628	1
B	−0.198	−0.422		−0.310	4
C	−1.186		0.046	−0.616	6
D	0.198		1.333	0.766	2
E	−0.593		−0.276	−0.434	5
F		0.211	0.644	0.427	3
G		−1.266	−1.655	−1.461	7

因此,采用标准化值的方法对统计教研室7位老师评教得分进行直接比较,进而给出综合评价。显而易见,标准化处理方法消除了数值水平和离散程度的差异,可以广泛用于各类多测度评价的综合分析场合。

计算变量的标准化值,对数据实施标准化处理,使得变量统一地趋于服从数学期望为0、方差为1的标准正态分布,具有可以进行直接比较的基础,具有直接可加性,为综合评价、比较分析以及进行进一步数据处理、计量建模和统计分析奠定了科学的基础。对数据实施标准化处理是许多统计分析方法的一项基本要求。

子任务二　SPSS 26 的标准化处理

运用SPSS 26 可以非常方便地实现数据的标准化处理。

第一步,进入标准化处理的相关对话框。在 SPSS 26 的菜单栏中依次选择"分析"→"描述统计",如图 2-26 所示,选中"描述"并用鼠标左键单击,系统弹出"描述"对话框。这里以"统计1 班期末考试成绩"为例。

图 2-26　SPSS 26 进行标准化处理的第一步

第二步,完成"描述"对话框的设置。在"描述"对话框的左侧方框中,会显示数据文件中的所有变量,例如,"统计1班期末考试成绩"数据集包含的变量如"学生编号""营销与策划""大数据分析"等。在"描述"对话框右侧的"变量"框中,可以选择需要进行标准化处理的变量。在本例中,选择"营销与策划""大数据分析""统计分析实训"等6个变量进行标准化处理,如图2-27所示。在左侧方框中选择变量时,按住"Ctrl"键,用鼠标左键进行多选,然后将选中的变量一次性调入右侧的"变量"框中。

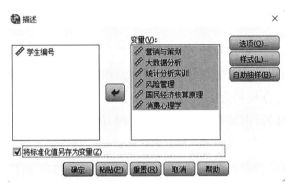

图 2-27　选择需进行标准化处理的变量

在"描述"对话框的左下方有一个选项"将标准化值另存为变量(Z)"。勾选该选项后,SPSS 26 将对右侧"变量"框中的变量进行标准化处理,并将标准化值以新的变量名保存在原数据文件中。

第三步,完成 SPSS 26 的标准化处理。单击"确定"按钮,即完成了 SPSS 26 的标准化处理。可得到相关变量的标准化处理结果,如图2-28 和图2-29 所示。

	学生编号	营销与策划	大数据分析	统计分析实训	风险管理	国民经济核算原理	消费心理学	Z营销与策划	Z大数据分析	Z统计分析实训	Z风险管理	Z国民经济核算原理	Z消费心理学
1	1	86	93	96	96	95	92	1.13710	1.13663	1.88241	1.74893	1.42849	1.21391
2	2	85	96	93	95	90	91	.99750	1.55523	1.42836	1.60294	.86921	1.06017
3	3	85	92	92	96	90	90	.99750	.99709	1.27701	1.74893	1.20478	.90643
4	4	87	91	91	94	90	90	1.27669	.85756	1.12566	1.45694	1.20478	.90643
5	5	83	93	91	96	93	88	.71832	1.13663	1.12566	1.74893	1.20478	.59895
6	6	89	91	82	92	94	88	1.55587	.85756	-.23648	1.16494	1.31664	.59895
7	7	95	85	89	84	90	85	2.39343	.02035	.82296	-.00304	.86921	.13773
8	8	90	90	88	80	88	90	1.69547	.71802	.67161	-.58703	.64550	.90643
9	9	80	90	88	88	90	88	.29954	.71802	.67161	.58095	.86921	.59895
10	10	80	90	89	84	87	89	.29954	.71802	.82296	.72695	.53365	.75269
11	11	80	90	88	87	90	88	.29954	.71802	.67161	.43495	.86921	.59895
12	12	80	91	88	90	88	86	.29954	.85756	.67161	.87295	.64550	.29147
13	13	86	90	88	83	90	83	1.13710	.71802	.67161	-.14904	.86921	-.16976
14	14	81	88	88	86	91	85	.43913	.43895	.67161	.28895	.98107	.13773
15	15	81	92	85	82	88	89	.43913	.99709	.21756	-.29504	.64550	.75269
16	16	80	90	86	86	89	89	.29954	.71802	.36891	.28895	.42179	.75269
17	17	78	91	87	85	88	87	.02036	.85756	.52026	.14296	.64550	.44521

图 2-28　SPSS 26 标准化处理后的数据视图

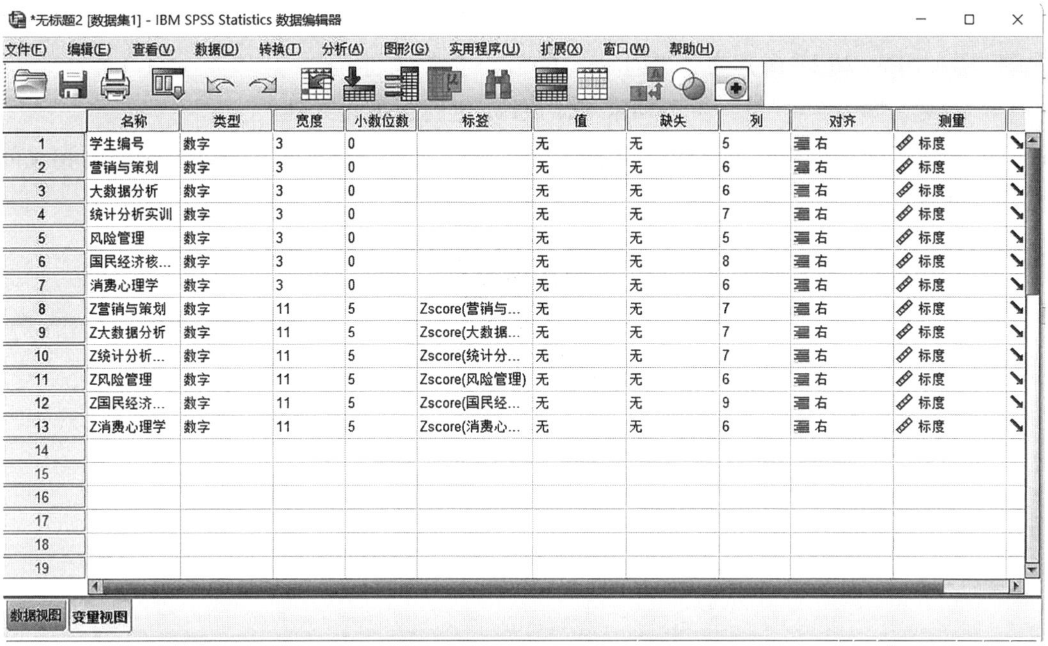

图 2-29 SPSS 26 标准化处理后的变量视图

在运用 SPSS 26 标准化处理后的数据视图中,出现了 6 个新的变量,即"Z 营销与策划""Z 风险管理"等,这 6 个新的变量就是对原有变量"营销与策划""风险管理"进行标准化处理之后,所得到的 6 个标准化值对应的新变量。

在运用 SPSS 26 标准化处理后的变量视图中,同样出现了 6 个新变量,即"Z 营销与策划""Z 风险管理"等,并且"标签"栏专门注明了这 6 个新变量是标准化得分,即"Zscore(营销与策划)""Zscore(风险管理)"等。

知识总结

SPSS 数据有四种计量尺度,分别为定类尺度、定序尺度、定距尺度和定比尺度。用户可以在 SPSS 26 中直接录入数据,也可以让 SPSS 26 从外部读取数据。输入数据后,可以对数据做标准化、纵向合并、横向合并等处理,提高数据处理效率,为后续数据处理、计量建模和统计分析奠定基础。

课后作业

1. 什么是数据的计量尺度?

2. 在 SPSS 26 中录入数据时,如何选定所录入数据的度量标准和类型?

3. 使用 SPSS 26 直接录入数据。创建一个新的数据文件,并手动输入至少 5 条记录,包含 3 个变量(例如,学生姓名、年龄、成绩)。

4. 什么是数据的标准化处理?

5.分别采取直接录入、Excel 数据文件读取和直接拷贝的方式,将"统计 1 班期末考试成绩"输入 SPSS 26,并保存为后缀为.sav 的 SPSS 数据文件。

6.使用 SPSS 26 对"统计 1 班期末考试成绩"进行标准化处理。

7.采用标准化处理的多指标综合得分分析方法,使用 SPSS 26 对经济管理中的相关问题进行分析。

项目二数据

项目三 描述性统计分析

描述性统计分析是指从数据分布的集中趋势、离散程度和分布形态三个方面,用统计图表和数字特征量揭示样本所在总体的特征,从而选择正确的统计推断方法。其中,集中趋势的测度指标主要是众数、中位数、均值;离散程度的测度指标主要是极差、四分位差、方差、标准差、离散系数;分布形态的测度指标主要是偏态系数和峰度系数。

◎ 学习目标

知识目标

1. 了解数据的描述性统计分析基本要求。
2. 掌握 SPSS 26 计算集中趋势测度指标的方法。
3. 掌握 SPSS 26 计算离散程度测度指标的方法。
4. 掌握 SPSS 26 计算分布形态测度指标的方法。

技能目标

1. 会计算用于集中趋势分析的各项指标。
2. 会计算用于离散程度分析的各项指标。
3. 会计算偏态系数和峰度系数。
4. 会结合案例解释 SPSS 26 的描述性统计分析输出结果。

素养(思政)目标

1. 培养数据洞察力。
2. 培养运用统计知识解释中国现实经济问题的意识。
3. 思政目标:深化对中国特色社会主义的认同和道路自信、理论自信、制度自信、文化自信,厚植家国情怀。

⌖ 项目导图

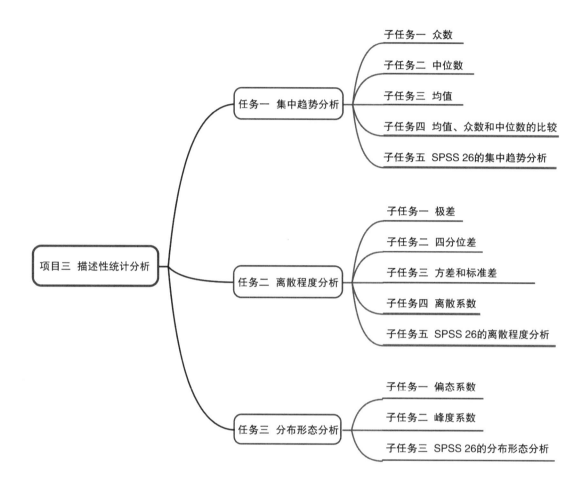

项目三课件

任务一　集中趋势分析

集中趋势是指一组数据所趋向的中心数值。对集中趋势的度量就是采用具体的统计方法和统计测度方法对这一中心数值进行测量和计量,用一个综合数值来表述数据所趋向的这一中心数值的一般水平。

导入案例

为了使学生树立正确的劳动观,形成良好的劳动态度,培养学生热爱劳动和劳动人民的情感,养成良好的劳动习惯,统计与大数据分析专业开设了劳动教育课程。现有统计1班劳动教育课程的考试成绩的原始数据,试计算劳动教育考试成绩的众数、中位数、均值等集中趋势分析指标。

92,96,95,81,86,82,89,80,76,73,71,74,70,97,84,86,92,83,81,79,91,85,86,87,88,83,80,81,83,76,75,89,78,83,75,81,79,83,74,81,80,83,91

子任务一　众数

众数是一组数据中出现频次最高的变量值,它直观反映了数据的集中趋势。众数是度量定类数据集中趋势的测度指标,一般用 M_o 表示。

将43名学生劳动教育考试成绩的原始数据按照从小到大(或者从大到小)的顺序排列,得到有序数据,从而可计算出其众数。

70,71,73,74,74,75,75,76,76,78,79,79,80,80,80,81,81,81,81,81,82,83,83,83,83,83,83,84,85,86,86,86,87,88,89,89,91,91,92,92,95,96,97

依据有序数据可知,83分在这43名学生的劳动教育考试成绩的原始数据中出现了6次,是出现频次最高的变量值,根据众数定义,可以确定众数为83分,即 M_o =83分。

基于计量尺度向下兼容的性质,众数也可以用于度量由层次更高的计量尺度界定的定序数据和数值型数据的集中趋势。

子任务二　中位数

中位数是将一组数据按照从小到大的顺序排列后,位于正中间的变量值。中位数以其特殊的位置属性直接体现了集中趋势的中心数值特征,是度量定序数据集中趋势的测度指标,一般用 M_e 表示。中位数是一种位置型代表数值,是一种顺序统计量,因此,计算中位数要求数值至少具备定序数据的性质。一旦确定中位数,就可以根据中位数的具体数值,将全部数据分成数量相等的两个部分,一半数据都小于或等于中位数,另一半数据都大于或等于中位数。由此可得出中位数的计算公式。

当数据的个数为奇数时,有

$$M_e = X_{\frac{N+1}{2}} \qquad\qquad (3\text{-}1)$$

当数据的个数为偶数时,有

$$M_e = \frac{X_{\frac{N}{2}} + X_{\frac{N}{2}+1}}{2} \qquad\qquad (3\text{-}2)$$

式(3-1)和式(3-2)中,X 表示变量的观察值,N 表示变量观察值的总数。

将 43 名学生劳动教育考试成绩的原始数据进行排序之后,可以计算出其中位数。

70,71,73,74,74,75,75,76,76,78,79,79,80,80,80,81,81,81,81,81,82,83,83,83,
83,83,83,84,85,86,86,86,87,88,89,89,91,91,92,92,95,96,97

数据的个数为 43,因此采用式(3-1)计算。第 22 位的变量值为 83,因此该班 43 名学生的劳动教育考试成绩的中位数为 83 分,即

$$M_e = X_{\frac{N+1}{2}} = X_{22} = 83(\text{分})$$

根据计量尺度的向下兼容性质,中位数也可以用于度量层次较高的量表中的数值型数据的集中趋势。

子任务三　均值

均值符合人们对集中趋势的一般认知,广泛应用于各个领域。作为参数统计的一部分,均值仅适用于度量数值型数据的集中趋势,不能用于度量非数值型数据的集中趋势。均值包括算术均值和几何均值两种类型。

1. 算术均值

算术均值,简称均值,是一组数值型数据之和与数据个数的商,即同一组数据的总值与频数的商。由于均值是采用算术平均方法计算的,所以也称为算术平均数。

均值是一个数值型的集中趋势测度指标,因此要计算均值的数据需要具备数值型属性。首先,均值通过计算所有数据的平均值,反映数据的总体趋势;其次,均值忽略了总体规模差异,反映的是一个具有代表性的水平,便于不同规模的总体间进行比较,并可跨越不同的空间和时间进行应用。

$$\bar{X} = \frac{\sum X}{N} \qquad\qquad (3\text{-}3)$$

式中,$\bar{X}$表示均值。

仍以统计 1 班 43 名学生的劳动教育考试成绩的原始数据为例,计算该班 43 名学生的劳动教育考试成绩的均值。采用式(3-3)计算,有

$$\bar{X} = \frac{\sum X}{N} = \frac{3559}{43} = 82.77(\text{分})$$

均值具有一些重要的数学性质,其中两个常用的是:

（1）各个变量值与均值的离差和为零，即 $\sum (X - \bar{X}) = 0$。

均值是一组数据的中心点，各个变量值与均值的离差和为零。均值的这一数学性质可以用简单均值的计算公式(3-3)证明。

（2）各个变量值与均值的离差平方和为最小值，即 $\sum (X - \bar{X})^2 = \min$。

当均值作为集中趋势的测度指标时，各个变量值与集中趋势测度指标的离差平方和为最小值。均值的这一数学性质是度量离散程度、进行误差分析和最小二乘估计等的基础。

设 $f(\lambda) = \sum (X - \lambda)^2$，则

$$f'(\lambda) = -2\sum X + 2N\lambda$$

令 $f'(\lambda) = 0$，解得 $\lambda = \dfrac{\sum X}{N} = \bar{X}$；并且有 $f''(\lambda) = 2N > 0$，所以，当且仅当 $\lambda = \bar{X}$ 时，

$$f(\lambda) = \sum (X - \lambda)^2 = \min$$

2. 几何均值

几何均值用于计算等比资料或对数正态分布资料的平均值。其计算方法是所有变量 x 相乘，然后开 n 次方，其中 n 是变量 x 的个数。

$$G = \sqrt[n]{x_1 x_2 \cdots x_n} \tag{3-4}$$

子任务四　均值、众数和中位数的比较

在均值、众数和中位数这三种集中趋势统计量中，均值是唯一的数值型统计量。均值通过算术平均方法计算得到，对极端值较为敏感，尤其在数据分布偏倚时，受极端值的影响最大。与之不同的是，众数和中位数是位置型统计量，其取值不受极端数值的影响。众数对应于出现频次最高的数值，而中位数则是有序数据中处于中间位置的数值。

因此，若数据的分布是对称的，如图 3-1 所示，则均值、众数和中位数取值必相等，即 $\bar{X} = M_e = M_o$，这三个集中趋势统计量都处在数据分布的峰顶位置，既是最大频数所对应的数值，又是居于有序数据中间位置的数值，还是数据的算术平均所对应的数值。

一般而言，若数据的分布是非对称的，众数仍然处在数据分布的峰顶位置上，均值和中位数则偏向数据分布所偏倚的一方，均值偏倚程度往往要大于中位数。当数据分布呈左偏态时，如图 3-2 所示，一般均值的取值最小，其次是中位数，众数的取值最大。在频数分布图中，众数始终对应于峰顶，均值和中位数在峰顶的左边，均值在中位数左边。当数据分布呈右偏态时，图形如图 3-3 所示，这时与左偏态恰好相反，一般均值的取值最大，其次是中位数，众数的取值最小。在频数分布图中，众数还是处在对应于峰顶的位置，均值和中位数在峰顶的右边，并且均值在中位数右边。

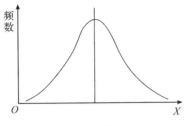

图 3-1 对称分布($\overline{X} = M_e = M_o$)

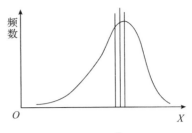

图 3-2 左偏分布($\overline{X} < M_e < M_o$)

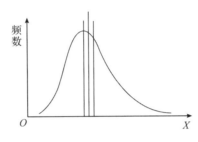

图 3-3 右偏分布($\overline{X} > M_e > M_o$)

通过比较均值、众数和中位数的具体取值,可以看出数据的分布状态是否存在偏态,是左偏还是右偏,并粗略估计偏态的程度。

根据统计 1 班 43 名学生的劳动教育考试成绩的均值、众数和中位数,简要分析数据的分布状况。

由该班 43 名学生劳动教育考试成绩均值、众数和中位数的具体取值,可得出三者之间的大小关系:

$$\overline{X} = 82.77 \text{ 分} < M_e = 83 \text{ 分} < M_o = 83 \text{ 分}$$

由此可知,该班 43 名学生的劳动教育考试成绩呈左偏态分布,偏倚的程度不是很大,从均值角度来说,该班高分(超过均值 82.77 分)的学生较多,超过了半数。因为按分数排序处在中间位置的分数为中位数 83 分,高于均值 82.77 分。

子任务五 SPSS 26 的集中趋势分析

类似于计算标准化值,运用 SPSS 26 可以非常方便地对数据集中趋势进行描述性统计分析。操作步骤如下:

3-1 SPSS 26 的集中趋势分析

(1)在 SPSS 26 的菜单栏中依次选择"分析"→"描述统计"→"频率",系统弹出"频率"对话框,将"劳动教育成绩"导入右侧"变量"框中,如图 3-4 所示。这里仍以统计 1 班劳动教育成绩为例。

(2)单击"频率"对话框的"统计"按钮,在弹出的"频率:统计"对话框中勾选"平均值""中位数""众数",如图 3-5 所示。单击"继续",返回"频率"对话框,单击"确定"按钮。这时,SPSS 26 的输出窗口给出集中趋势测度值的计算结果,输出的统计表格中,将"均值"称为"平均值",如图 3-6 所示。

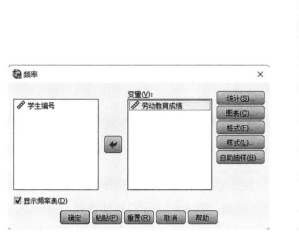

图 3-4 "频率"对话框   图 3-5 "频率:统计"对话框

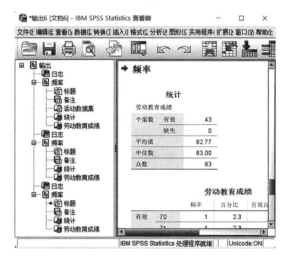

图 3-6 SPSS 26 的集中趋势分析结果

SPSS 26 输出窗口给出的计算结果包括"劳动教育成绩"变量的均值、中位数和众数这三个集中趋势统计量和数据个数。

可以通过"复制"和"粘贴",将 SPSS 26 输出窗口的相关图表和文字,拷贝到 Word、Excel 等格式的文件中。将图 3-6 中 SPSS 26 输出的统计表格,先拷贝到 Excel 中,剔除分析意义不大的数据,并对表格中给出的数据的小数位数、表格的样式等做一些调整,再拷贝到 Word 中,结果如表 3-1 所示。这种借助 Excel 对表格修整,在统计分析中是经常要使用到的技巧。经过修整之后,拷贝到 Word 中的表规范简洁,符合统计分析的一般规范。

表 3-1　劳动教育成绩的集中趋势分析结果

指标	劳动教育成绩
均值	82.77
中位值	83
众数	83

任务二　离散程度分析

任何事物都是个性与共性的对立统一体。集中趋势衡量数据分布所趋向的中心数值的一般水平,反映的是事物的共性特征;离散程度则是差异分析,它度量数据分布的离散程度,反映的是事物的个性特征。因此,集中趋势和离散程度是分析事物基本特征的两个重要指标,也是统计分析中两个最基本的指标。

导入案例

"千村示范、万村整治"工程,是"绿水青山就是金山银山"理念在浙江农村的成功实践。为了更好地了解美丽乡村建设的实际效果,2022 年,统计 2 班的学生组织了美丽乡村建设满意度调查活动。班级成员分为甲、乙两组,每组 10 人,前往湖州市长兴县开展实地调研,收集当地居民对美丽乡村建设的意见和建议,旨在为进一步推动乡村振兴和改善提供有价值的反馈。两组学生完成的问卷数量(单位:分)如下:

甲组:43,46,56,61,62,70,80,85,87,90

乙组:60,62,64,65,68,70,71,72,73,75

试计算各组离散程度分析指标值。

 子任务一　极差

极差为全体数据中最大数值与最小数值之差,反映了数值变量取值的变动幅度。极差也称为取值范围或全距,一般用 R 表示,计算公式为:

$$R = \max\{X\} - \min\{X\} \tag{3-5}$$

由均值的计算公式,可计算出甲、乙两个小组的均值都为 68 份。为了比较甲、乙两组调查数据的分散性,计算甲、乙两组各自的极差:

甲组:$R = 90 - 43 = 47$(份)

乙组:$R = 75 - 60 = 15$(份)

甲、乙两个调查小组的个人调查问卷数的均值都为 68 份,但是甲组的极差为 47 份,乙组的极差为 15 份,表明 68 份的均值对于乙组个人调查问卷数的集中趋势更具有代表性,或者说乙组个人调查问卷数的离散程度小,集中趋势更显著。从企业管理的角度来说,则

乙组的调查活动较甲组更加均衡,更加容易控制。

极差计算时只使用数值变量中的最大值与最小值两个数值,具有计算简洁、意义明确、易于理解的特点,但是没有充分利用数据的全部信息,是一个粗略的、简单的指标,而且容易受到极端数值的影响,往往不能全面、准确地反映数据分布的真实离散程度。

子任务二 四分位差

四分位差为上四分位数与下四分位数的绝对离差,也称为四分间距,用 Q_d 表示。计算公式为

$$Q_d = Q_u - Q_l \qquad (3-6)$$

式中,Q_u 和 Q_l 分别为上四分位数与下四分位数。

将原始数据按照由小到大排序,得到的有序数据。在这个有序数据中,上四分位数是处在后四分之一位置上的数值;下四分位数是处在前四分之一位置上的数值。

当 $N+1$ 能被 4 整除时,将原始数据由小到大排序得到有序数据,上四分位数和下四分位数的计算公式分别为 $Q_u = X_{\frac{3(N+1)}{4}}$ 和 $Q_l = X_{\frac{N+1}{4}}$,即上四分位数为处在 $\frac{3(N+1)}{4}$ 位置上的变量值,下四分位数为处在 $\frac{N+1}{4}$ 位置上的变量值,其中 N 为样本数据个数。

当 $N+1$ 不能被 4 整除时,四分位数的位置值通常会带有小数。在这种情况下,四分位数由小数位置附近的两个整数项的加权平均值计算得出。权重的大小由两个整数位置的距离决定,距离越小,权重越大;距离越大,权重越小。且两个权重之和必须为 1。

以甲调查小组完成的问卷数量为例,经过排序的数据为:

43,46,56,61,62,70,80,85,87,90

计算四分位差的过程如下:

下四分位数 Q_l 所在的位置为 $(10+1)/4 = 2.75$

中位数 M_e 所在的位置为 $2 \times (10+1)/4 = 5.5$

上四分位数 Q_u 所在的位置为 $3 \times (10+1)/4 = 8.25$

数列中的第 2.75 项、第 5.5 项和第 8.25 项分别为下四分位数、中位数和上四分位数,即:

$Q_l = 0.25 \times$ 第 2 项 $+ 0.75 \times$ 第 3 项 $= 0.25 \times 46 + 0.75 \times 56 = 53.5$;

$M_e = 0.5 \times$ 第 5 项 $+ 0.5 \times$ 第 6 项 $= 0.5 \times 62 + 0.5 \times 70 = 66$;

$Q_u = 0.75 \times$ 第 8 项 $+ 0.25 \times$ 第 9 项 $= 0.75 \times 85 + 0.25 \times 87 = 85.5$;

$Q_d = Q_u - Q_l = 85.5 - 53.5 = 32$。

按照相同的方法,也可以计算出乙组的四分位差。

首先将乙调查小组完成的问卷数量排序,得到以下有序数据:

60,62,64,65,68,70,71,72,73,75

下四分位数 Q_l 所在的位置为 $(10+1)/4 = 2.75$;

中位数 M_e 所在的位置为 $2 \times (10+1)/4 = 5.5$；

上四分位数 Q_u 所在的位置为 $3 \times (10+1)/4 = 8.25$。

数列中的第 2.75 项、第 5.5 项和第 8.25 项分别为下四分位数、中位数和上四分位数，即：

$Q_l = 0.25 \times 第2项 + 0.75 \times 第3项 = 0.25 \times 62 + 0.75 \times 64 = 63.5$；

$M_e = 0.5 \times 第5项 + 0.5 \times 第6项 = 0.5 \times 68 + 0.5 \times 70 = 69$；

$Q_u = 0.75 \times 第8项 + 0.25 \times 第9项 = 0.75 \times 72 + 0.25 \times 73 = 72.25$；

$Q_d = Q_u - Q_l = 72.25 - 63.5 = 8.75$。

四分位差是一种衡量数据离散程度的指标，比极差更稳定。然而，在计算四分位差时，仅依赖上四分位数和下四分位数来反映整组数据的离散程度，可能忽视了样本容量对数据的影响，这样容易得出片面结论。

子任务三　方差和标准差

方差是指全部变量值与均值的离差的平方的均值。方差将均值作为基准数值来度量数据分布的离散程度，同时用平方的方式消除了变量值与均值离差的正负抵消问题，解决离差之和为零的问题。方差是正态分布等概率分布的重要参数，是度量变量取值离散程度的基本指标。总体方差一般用 σ^2 表示；方差的样本估计量，即样本方差一般用 s^2 表示。

总体方差和样本方差的计算分别如下：

$$\sigma^2 = \frac{\sum (X - \bar{X})^2}{N} \tag{3-7}$$

$$s^2 = \frac{\sum (x - \bar{x})^2}{n-1} \tag{3-8}$$

仍然采用统计 2 班调查问卷数据，已知均值为 68 份。计算甲、乙两个小组调查问卷数的方差，如表 3-2 所示。

表 3-2　甲、乙小组的个人调查问卷数及其方差

变量	甲组	乙组
问卷数	43	60
	46	62
	56	64
	61	65
	62	68
	70	70
	80	71
	85	72
	87	73
	90	75
总和	680	680

续　表

变量	甲组	乙组
$(X-\bar{X})^2$	625	64
	484	36
	144	16
	49	9
	36	0
	4	4
	144	9
	289	16
	361	25
	484	49
总和	2620	228

由式(3-6)有：

$$甲组：\sigma^2 = \frac{2620}{10} = 262(份^2)$$

$$乙组：\sigma^2 = \frac{228}{10} = 22.8(份^2)$$

方差虽然考虑每个数据的离散程度,消除了负号和样本量的影响,但采用平方去除负号,导致离差程度被夸大,经济意义不直观,不符合人们的习惯,在实际使用时不方便。因此,常常采用具有与变量一致的量纲的指标,即方差的算术平方根——标准差。

标准差为方差的算术平方根,即全部变量值与均值的离差的平方的均值的算术平方根。

总体标准差和样本标准差计算公式分别如下：

$$\sigma = \sqrt{\frac{\sum(X-\bar{X})^2}{N}} \tag{3-9}$$

$$s = \sqrt{\frac{\sum(x-\bar{x})^2}{n-1}} \tag{3-10}$$

将方差的数值开平方取其算术平方根即可得到标准差。例如,通过开平方就可以直接计算出统计2班甲、乙小组的调查问卷数的标准差分别为16.19份和4.77份。

子任务四　离散系数

离散系数为同一总体的标准差与均值的比值。

在以上介绍的数值变量离散程度的测度中,极差为绝对数,方差、标准差为特殊的均值,都是具有具体量纲和具体数值水平的指标,但具体量纲不同的变量之间,以及量纲相同但均值相差较大的变量之间不具有直接可比性。

例如,某班级学生月生活消费额均值为2000元,标准差为100元,身高数据均值为165厘米,标准差为6厘米,请问月生活费和身高数据离散性哪个大? 此时单位元和厘米是无法比较的。

标准差具有与变量相同的量纲,不同量纲的标准差的数值不能直接进行对比。另外,标准差的取值还受到中心数值——均值水平的制约,均值水平不等的标准差之间,即使量纲相同也不具有可比性。

为解决上述不可比问题,可用标准差除以同一数据的均值,分子、分母量纲相同则可以相互约去,同时利用均值作为变量数值水平集中趋势的代表性数值,剔除均值数值水平,可得到一个没有具体量纲的相对数指标,这就是离散系数。因此,计算离散系数的主要目的就是消除标准差的量纲和数值水平的差异,使其成为一个抽象的、纯粹反映数据分布离散程度的指标,一个具有广泛的、直接的、有可比性的离散程度指标。从形式上看,离散系数是一个相对数。

离散系数的计算公式为

$$V_\sigma = \frac{\sigma}{\overline{X}} \tag{3-11}$$

离散系数可以用百分数表示。

例如,已知某公司 A、B 两种产品的日产量及其标准差数据。试计算 A、B 两种产品日产量的离散系数,并对该公司 A、B 两种产品生产过程的均衡性进行比较分析。

如表 3-3 所示,该公司两种产品的计量单位是相同的,但是均值水平相差 160 倍,差异明显,这时的标准差不具有直接可比性。例如,A 产品的标准差数值仅为 B 产品的 1/80,不能就此认为 A 产品日产量的离散程度小,生产过程均衡性优于 B 产品。需要计算出两个产品日产量的离散系数,剔除均值水平的差异。计算得 A 产品离散系数为 60%,B 产品为 30%,说明 B 产品日产量的离散程度小,生产过程均衡性优于 A 产品。

表 3-3 某公司产品的日产量的离散系数

产品	均值/吨	标准差/吨	离散系数/%
A	5	3	60
B	800	240	30

由本例可以看出,标准差的数值水平是纯粹的数据分布离散程度(可用离散系数表示)和数据分布集中趋势的中心数值(一般用均值表示)两者共同作用的结果。例如,A 产品日产量的标准差 3 吨,等于离散系数 0.6 乘以均值 5 吨。

基于离散系数,两个产品的离散程度可以通过标准差之比与均值之比的组合来解释。例如,本例中 A 产品的离散程度为 B 产品离散程度的 2 倍,可以视为 A 产品的标准差为 B 产品标准差的 1/80 和 A 产品均值为 B 产品均值的 1/160,这两个因素共同作用的结果。

📊 子任务五 SPSS 26 的离散程度分析

SPSS 26 的离散程度分析类似于集中趋势分析。这里采用美丽乡村调查问卷数据,进行如下操作。

3-2 SPSS 26 的离散程度分析

（1）在 SPSS 26 的菜单栏中依次选择"分析"→"描述统计"，单击"频率"按钮，系统弹出"频率"对话框，将"甲组"和"乙组"导入右侧变量框中。

（2）单击"频率"对话框的"统计"按钮，在弹出的"频率：统计"对话框中勾选"四分位数""标准差""方差""范围"，如图 3-7 所示。单击"继续"，返回"频率"对话框，单击"确定"按钮。这时，SPSS 26 的输出窗口给出相应的计算结果，如图 3-8 所示。

图 3-7 "频率：统计"对话框

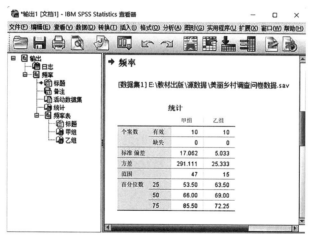

图 3-8 SPSS 26 的离散程度计算结果

SPSS 26 的输出窗口给出的计算结果包括"甲组""乙组"两个变量的四分位数、标准差、方差和取值范围这四个离散程度指标数值，以及数据个数等数据。

在 SPSS 26 的输出窗口给出的计算结果中，四分位数采用百分位数表述，25 和 75 这两个百分位数分别为下四分位数和上四分位数，50 这个百分位数为中位数。

可以通过"复制"和"粘贴"，将 SPSS 26 输出的统计表格，先拷贝到 Excel 中，剔除分析意义不大的数据，并对小数位数等做一些调整，再拷贝到 Word 中。

由于 SPSS 26 没有直接给出离散系数和四分位差,因此我们引入均值,如表3-5 所示,通过计算标准差与均值的商,得出离散系数的具体数值;同时利用四分位数的上四分位数和下四分位数,计算出四分位差的具体数值。SPSS 26 输出的方差和标准差均为自由度是 $n-1$ 的样本方差和样本标准差。由此得出美丽乡村调查问卷数据的甲、乙组的样本标准差分别为 17.062 和 5.033,如表3-4 所示。

表3-4　美丽乡村调查问卷数据的离散程度分析

指标	甲组	乙组	比值
均值	68	68	1
标准差	17.062	5.033	3.390
方差	291.111	25.333	11.491
取值范围	47	15	3.133
四分位数	53.5	63.5	0.843
	66	69	0.957
	85.5	72.25	1.183
四分位差	32	8.75	3.657
离散系数	0.25	0.07	3.571

由表3-4 可知,乙组各调查成员问卷完成数的差异程度要小于甲组。为了更加直观,我们还专门计算了甲组与乙组的比较相对数,描述了不同离散程度测度值下,甲、乙两组问卷完成数的差异程度。结合 Excel 来使用 SPSS 26 是进行统计研究和数据处理的有效手段。

任务三　分布形态分析

要进一步描述数据分布的形态是否偏倚,偏倚的方向和程度,分布是尖耸还是扁平,尖耸或扁平的程度,以及数据分布形态与正态分布的差异等,则需要对数据的分布形态进行度量。

 导入案例

长江三角洲地区是中国经济发展最活跃、开放程度最高、创新能力最强的区域之一。近年来,上海市、江苏省、浙江省、安徽省等地认真贯彻落实党中央"着力扩大国内需求,把恢复和扩大消费摆在优先位置"的精神,持续深化"满意消费长三角"行动,提升消费环境。现有 2005—2023 年长三角地区各省(直辖市)全体居民人均消费支出数据,如表3-5 所示。试用 SPSS 26 分析长三角地区各省(直辖市)全体居民人均消费支出数据的分布形态。

表 3-5　长三角地区各省(直辖市)全体居民人均消费支出　　　　　　　单位:元

年份	上海	浙江	江苏	安徽
2005	14135	9740	6451	3742
2006	15284	10780	7416	4290
2007	18001	11695	8487	5045
2008	20345	12794	9621	5887
2009	22230	13943	10717	6510
2010	24758	15634	12266	7297
2011	26858	17874	14635	8683
2012	28152	18931	16500	9878
2013	30400	20610	17926	10544
2014	33065	22552	19164	11727
2015	34784	24117	20556	12840
2016	37458	25527	22130	14712
2017	39792	27079	23469	15752
2018	43351	29471	25007	17045
2019	45605	32026	26697	19137
2020	42536	31295	26225	18877
2021	48879	36668	31451	21911
2022	46045	38971	32848	22542
2023	52508	42194	35491	23607

数据来源:国家统计局网站(https://data.stats.gov.cn/)。

子任务一　偏态系数

偏态是指数据分布偏倚的方向和程度。偏态系数是度量数据分布偏离对称分布的方向和程度的指标。

在任务一的子任务四中,我们利用均值、中位数和众数的数值特征和它们之间的关系,判断数据分布的偏倚方向,并粗略地分析偏倚的程度,但不能对数据偏倚程度进行综合性度量,得出一个具有普遍意义和可比性的数值。偏态系数就是对数据分布偏倚程度进行规范度量的专门指标。

偏态系数一般采用三阶中心矩与标准差三次方的比值来度量数据分布的偏倚。偏态系数计算公式为

$$\mathrm{SK} = \frac{\sum (X - \bar{X})^3}{\sigma^3 \cdot N} \tag{3-12}$$

由于一阶中心矩为变量值与均值的离差和的均值,按照均值的数学性质,一阶中心矩为 0,不具备度量数据分布偏倚的功能。二阶中心矩为变量值与均值离差的平方的均值,二阶中心矩为方差。在二阶中心矩计算中,变量值与均值离差通过平方运算后,不存在负值,也不能度量数据分布的偏倚。三阶中心矩为变量值与均值离差的三次方的均值,在数据完全对称时,变量值与均值离差的三次方正好正负相抵,三阶中心矩为 0,在数据分布存在

偏倚时,变量值与均值离差的三次方正负相抵之后还有余数,这个余数的均值即为三阶中心矩的取值,可反映数据分布偏倚的方向和程度,所以三阶中心矩是度量数据分布偏倚的基础。

类似于二阶中心矩的方差,三阶中心矩也具有量纲,其量纲为变量量纲的三次方。此外,三阶中心矩的数值会受到均值水平的影响,因此直接使用三阶中心矩进行比较时存在困难。为了消除这些影响,我们可以通过将三阶中心矩除以标准差的三次方来进行标准化处理。这样,得到的指标将不再依赖于量纲和均值水平,是一个无量纲的指标,能够广泛地比较不同数据分布的偏倚方向和程度。这一标准化的指标正是偏态系数,它可有效描述数据分布的偏斜程度。

偏态系数的取值为 0 时,表示数据分布为完全对称分布;偏态系数的取值为负数时,表示数据分布为负偏态,或左偏态;偏态系数的取值为正数时,表示数据分布为正偏态,或右偏态。偏态系数的绝对数值越小,表示数据偏倚的程度越小;偏态系数的绝对数值越大,表示数据偏倚的程度越大。

在图 3-9 中,"——"表示对称分布;"┅┅"表示正偏态,或右偏态;"----"表示负偏态,或左偏态。

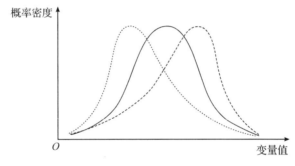

图 3-9　数据分布偏态

子任务二　峰度系数

峰度系数是度量数据分布的平峰或尖峰形态偏离正态分布的程度的指标。

峰度系数一般采用四阶中心矩与标准差四次方的比值来度量数据分布平峰或尖峰形态偏离正态分布的程度,其计算公式为

$$K = \frac{\sum (X - \bar{X})^4}{\sigma^4 \cdot N} \tag{3-13}$$

四阶中心矩为变量值与均值离差的四次方的均值。在四阶中心矩计算中,变量值与均值离差通过四次方运算后,不存在负值,可以用离差的四次方的累计数值来反映数据分布平峰或尖峰的形态。由于四阶中心矩也具有量纲,其取值也受到均值水平的影响,所以,我们采用标准差的四次方数值除四阶中心矩的方法,消除四阶中心矩在具体量纲和均值水平上的局限性。

峰度系数的取值为 3 时,表示数据分布的峰度与正态分布相一致;峰度系数的取值小

于 3 时,表示数据分布为平峰分布;峰度系数的取值大于 3 时,表示数据分布为尖峰分布。峰度系数偏离 3 的绝对差异越小,表示数据分布的峰度偏离正态分布的程度越小;峰度系数偏离 3 的绝对数值越大,表示数据分布的峰度偏离正态分布的程度越大。

在图 3-10 中,"——"表示正态分布,"·······"表示尖峰分布,"----"表示平峰分布。

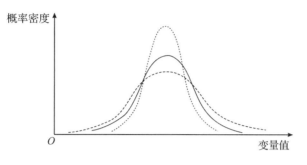

图 3-10　数据分布峰度

子任务三　SPSS 26 的分布形态分析

3-3　SPSS 26 的分布形态分析

SPSS 26 的分布形态分析类似于离散程度分析。这里以 2005—2023 年长三角地区各省(直辖市)全体居民人均消费支出为例,进行如下操作:

(1)在 SPSS 26 的菜单栏中依次选择"分析"→"描述统计",单击"频率"按钮,系统弹出"频率"对话框。将"上海""浙江""江苏""安徽"四个变量移入右侧的变量框。

(2)单击"频率"对话框的"统计"按钮,在弹出的"频率:统计"对话框中,勾选"偏度"和"峰度",如图 3-11 所示。

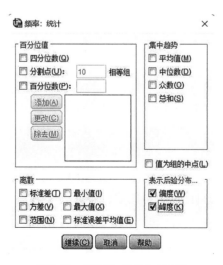

图 3-11　"频率:统计"对话框

(3)单击"继续",返回"频率"对话框,单击"确定"按钮。这时,SPSS 26 的输出窗口给出相应的计算结果,如图 3-12 所示。

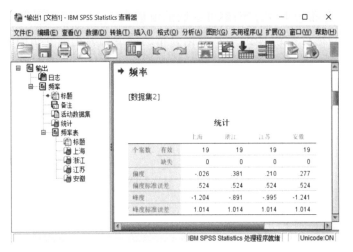

图 3-12　SPSS 26 的分布形态分析结果

SPSS 26 的输出窗口给出的计算结果包括"上海""浙江""江苏""安徽"四个变量的偏度和峰度这两个分布形态测度数值,以及数据个数、偏度和峰度的标准误差等数据。SPSS 26 的输出窗口给出的计算结果将"偏态系数"称为"偏度",将"峰度系数"称为"峰度"。

通过"复制"和"粘贴",将 SPSS 26 输出的统计表格,先拷贝到 Excel 中,做一些调整之后,再拷贝到 Word 中,如表 3-6 所示。

表 3-6　长三角地区各省(直辖市)全体居民人均消费支出数据的分布形态分析

统计量	上海	浙江	江苏	安徽
偏度系数	− 0.026	0.381	0.210	0.277
峰度系数	− 1.204	− 0.891	− 0.995	− 1.241

SPSS 26 的峰度系数计算公式,在一般的计算公式即式(3-13)的基础上,减去了 3,即有

$$K = \frac{\sum (X - \bar{X})^4}{\sigma^4 \cdot N} - 3 \tag{3-14}$$

这样一来,对于 SPSS 26 计算的峰度系数而言,其取值为 0 时,表示数据分布的峰度与正态分布相一致。其取值小于 0 时,表示数据分布为平峰分布;其取值大于 0 时,表示数据分布为尖峰分布。式(3-14)由于把 0 作为与正态分布相一致的判别标准,用正值和负值判别是尖峰分布还是平峰分布,直观明了,符合人们进行比较判别时的一般习惯,所以许多其他统计软件中的峰度系数计算也采用式(3-14)这种方法。

由表 3-6 可知,浙江、江苏和安徽的全体居民人均消费支出数据均呈现正偏态分布,且偏态系数分别为 0.381(浙江)、0.210(江苏)和 0.277(安徽)。其中,浙江的偏态系数最大,表明浙江的消费支出数据分布比其他两个省份的分布更偏右,即数据分布的长尾主要位于右侧,存在一些高消费值;而江苏的偏态系数最小,说明其消费支出数据分布相对较对称。上海的全体居民人均消费支出数据呈现负偏态分布,偏态系数为 − 0.026,表明上海的消费支出数据分布稍微偏左,数据分布的长尾主要位于左侧,即存在少数较低的消费

支出值。还可知,这四个地区的全体居民人均消费支出数据的峰度系数均小于0,表明它们具有平峰分布特征。具体来说,峰度系数分别为 − 1.204(上海)、− 0.891(浙江)、− 0.995(江苏)和 − 1.241(安徽)。这些负值峰度系数表明各地的消费支出数据分布较平坦,相比于正态分布,其峰值较低,尾部较厚,说明数据分布较分散,且极端值较少。

利用 SPSS 26 进行描述性统计分析,可以通过"图表"按钮来绘制相关的统计图。这里以长三角地区各省(直辖市)全体居民人均消费支出数据为例绘制直方图。

(1)在 SPSS 26 的菜单栏中依次选择"分析"→"描述统计",单击"频率",在弹出的"频率"对话框中单击"图表"按钮,便会弹出"频率:图表"对话框。

(2)SPSS 26 的"频率:图表"对话框中有"条形图""饼图""直方图"三种统计图。根据本案例的要求,我们选择"直方图",并勾选"在直方图中显示正态曲线",以通过与正态分布的比较,更好地把握数据分布形态的特征,如图 3-13 所示。

图 3-13 绘制直方图

(3)单击"继续"按钮,回到"频率"对话框,再单击"确定"按钮,完成 SPSS 26 绘制直方图的设置。

图 3-14 和图 3-15 是 SPSS 26 绘制的直方图,分别呈现了上海和浙江的全体居民人均消费支出数据分布。

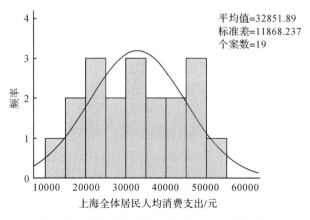

图 3-14 上海全体居民人均消费支出数据分布

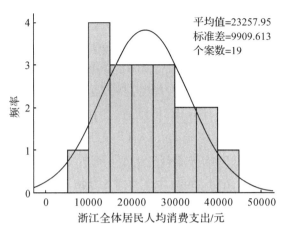

平均值=23257.95
标准差=9909.613
个案数=19

浙江全体居民人均消费支出/元

频率

图 3-15　浙江全体居民人均消费支出数据分布

知识总结

SPSS 26 提供了众多描述性统计分析方法,本项目主要介绍了集中趋势分析、离散程度分析和分布形态分析等常用的方法。各类操作均配套具体案例,以真实数据为基础,使用 SPSS 26 分析案例数据的集中趋势、离散程度以及分布形态,并结合案例解释输出结果。

课后作业

1. 什么是数据的集中趋势? 集中趋势有哪些基本的统计测度指标?

2. 什么是数据的离散程度? 离散程度有哪些基本的统计测度指标?

3. 什么是数据的分布形态? 分布形态有哪些基本的统计测度指标?

4. 计算长三角地区各省(直辖市)全体居民人均消费支出数据的标准差,并判断哪个地区的消费支出差异较大。

5. 对比不同地区的消费支出数据,你认为长三角地区的各省(直辖市)间消费支出的差异如何? 这些差异背后可能存在哪些经济、社会或文化因素?

项目三数据

项目四 平均值分析与t检验

假设检验是现代统计理论的基础,t检验是常用的差异性统计分析方法之一,其基于t分布的统计理论,比较两个总体间的计量资料的差异。本项目主要介绍假设检验的基本原理、平均值分析,以及单样本t检验、独立样本t检验和配对样本t检验三种常用的t检验类型,为后续有效运用 SPSS 26 进行统计分析奠定基础。

◎ 学习目标

知识目标

1. 了解假设检验的基本原理和常用的检验统计量。
2. 掌握平均值分析的原理。
3. 熟悉三种t检验的计算原理和使用前提条件。
4. 掌握运用 SPSS 26 进行各类t检验的方法。

技能目标

1. 会对样本的统计量进行假设检验。
2. 会使用 SPSS 26 进行平均值分析。
3. 会使用 SPSS 26 进行单样本t检验。
4. 会使用 SPSS 26 进行独立样本t检验。
5. 会使用 SPSS 26 进行配对样本t检验。

素养(思政)目标

1. 增强对乡村振兴、杭州亚运会等国家战略的认识。
2. 增强分析与综合、抽象与具体的辩证思维。
3. 思政目标:强化国家认同感和社会主义核心价值观。

📍 项目导图

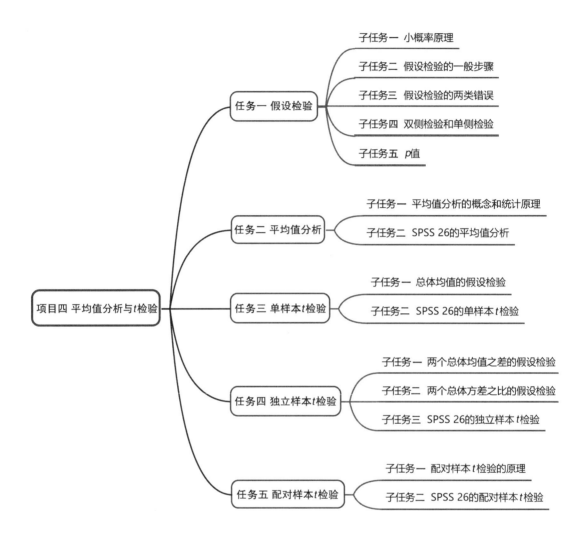

项目四 平均值分析与t检验

- 任务一 假设检验
  - 子任务一 小概率原理
  - 子任务二 假设检验的一般步骤
  - 子任务三 假设检验的两类错误
  - 子任务四 双侧检验和单侧检验
  - 子任务五 p值
- 任务二 平均值分析
  - 子任务一 平均值分析的概念和统计原理
  - 子任务二 SPSS 26的平均值分析
- 任务三 单样本t检验
  - 子任务一 总体均值的假设检验
  - 子任务二 SPSS 26的单样本t检验
- 任务四 独立样本t检验
  - 子任务一 两个总体均值之差的假设检验
  - 子任务二 两个总体方差之比的假设检验
  - 子任务三 SPSS 26的独立样本t检验
- 任务五 配对样本t检验
  - 子任务一 配对样本t检验的原理
  - 子任务二 SPSS 26的配对样本t检验

项目四课件

任务一　假设检验

在很多情况下,对事物和现象进行全部观测是比较困难的,这就需要用部分数据估计全部数据情况,这就是推断统计。推断统计是指通过样本的数据所提供的信息,来推断样本所属的总体的情形。在推断统计中,假设检验是应用极为广泛的一种统计形式。假设检验是指先对总体参数提出某种假设,然后利用样本信息来判断假设是否成立。

导入案例

某商店为了吸引消费者,推出一项游戏,在一个不透明的箱子中有 100 个小球,其中 5 个是黄色的,95 个是白色的,请 100 名顾客每人交 1 元钱,然后随机抽取一个球,如果抽中黄球奖励 10 元,抽不中就没有奖励。请问你要不要参与?

子任务一　小概率原理

小概率原理是指发生概率很小的随机事件在一次实验中几乎是不可能发生的,而一旦真发生了,一定有其特殊的原因。若重复无限次实验,则小概率事件一定会发生。

小概率原理是统计假设检验判定接受或拒绝假设的标准和依据。由于概率很小的随机事件在一次实验中几乎是不可能发生的,假如概率很小的随机事件,在一次实验中发生了,那么认为假设条件不正确,将原先设定的假设推翻,即拒绝原先设定的假设。

例如,某企业对外宣布其生产的 A 产品不合格率已经降到 1‰以下。这个产品不合格率小于 1‰,可以视为该企业对 A 产品质量的一个假设。假如 A 产品不合格率小于 1‰是真实的,则从该企业生产的 A 产品中抽取 1 个产品进行测试,这个产品不可能为不合格品,假如抽取的 1 个产品恰好是不合格品,即这个假设可能性仅为 1‰以下的小概率事件发生了,那么有理由怀疑 A 产品不合格率小于 1‰的假设不成立,并且拒绝接受这个假设。这只是一个极端例子,对于这种极端情况我们容易进行分析和判断,并可以简单地做出选择。在现实统计分析中,人们需要解决的问题更为复杂和困难。例如,当假设的不合格率小于 5% ,而抽取的样本为 100 个,其中不合格品有 8 个时,假设是否成立? 对于这类问题,需要由假设检验来解决。

子任务二　假设检验的一般步骤

一般可以将假设检验的步骤归纳为五个部分。

1. 提出原假设和备择假设

原假设是指通过样本信息来推断正误的命题,也称为零假设,用 H_0 表示。

备择假设是指与原假设对立的命题,是原假设的替换假设,用 H_1 表示。一般场合中,备择假设可以不用专门列出。

例如,某化工企业为了提高产品收率,要采购一批纯度较高的 W 原料。在已经接到的报价中,A 厂商价格合理,并宣称产品平均纯度不低于 98%,符合该企业对于原料纯度的要求。为此,该企业准备进行一次检测,核实 A 厂商报价中 W 原料的平均纯度不低于 98% 的技术指标是否属实,然后决定是否签订采购合同。

建立用于本次检验的零假设和备择假设。设 A 厂商 W 产品纯度的总体均值为 μ,建立零假设和备择假设:

$$H_0 : \mu \geq 98\% \text{（符合纯度不低于 98\% 的要求）}$$
$$H_1 : \mu < 98\% \text{（不符合纯度不低于 98\% 的要求）}$$

2. 选定适当的检验统计量

假设检验是从抽样分布出发,借助样本统计量进行统计推断的。假设检验中的样本统计量称为检验统计量。

检验统计量是指需要根据样本数据估计的某一参数的样本统计量,用于对原假设进行统计判断。

在假设检验中,需要根据所检验的问题、样本容量、总体分布、总体方差等要素,科学地选定检验统计量。

3. 确定适当的显著性水平 α

在参数估计的区间估计中,需要确定一个显著性水平 α,以此规定进行区间估计的精确程度。假设检验同样是利用样本信息进行统计推断的,同样存在出现错误的可能性。我们将其中一类错误定义为原假设是正确的,而根据样本信息计算出来的检验统计量却将其错误地拒绝了,并将这类错误发生的概率用显著性水平 α 来表示。显著性水平 α 是指正确的原假设遭到拒绝的错误发生的概率。对于显著性水平 α 人们习惯取 0.1、0.05 或 0.01 等数值。显著性水平的具体取值是根据研究目的、有关条件、假设检验量等具体情况,由人们主观确定的。

各类统计软件在给出检验统计量的数值时,一般都会给出该检验统计量数值的相伴概率,即 p 值。p 值是根据检验统计量的数值及其相关概率分布、自由度等计算出来的实际的显著性水平 α,反映了由该检验统计量进行假设检验时,发生正确的原假设遭到拒绝的错误概率的实际数值。就此而言,事先选定适当显著性水平 α 的步骤已经失去了原先的意义。不过,对于显著性水平 α 概念的把握,以及在统计判断中容忍犯错误的概率水平,仍然是进行假设检验的重要内容。

4. 计算检验统计量的数值

检验统计量的数值一般也称为检验统计值。在根据假设检验的要求和具体情况,提出了原假设和备择假设,选定了适当的检验统计量和显著性水平 α 之后,就要计算出检验统计量的具体数值,为进行假设检验判断提供依据。

5.假设检验的判断

假设检验的判断是根据选定的显著性水平 α 和检验统计量的分布,确定拒绝域的临界值,将检验统计量的数值与临界值进行比较,进而做出接受或者拒绝原假设的判断的方法和过程。

拒绝域是指检验统计量拒绝原假设的所有取值的集合。临界值是指根据选定的显著性水平 α 所确定的拒绝域的边界数值。显然,拒绝域是由显著性水平 α 确定的一个数值区间,若由样本数据计算的检验统计量的数值落在这个区间里,就拒绝原假设,否则接受原假设。所以,把这个与所选定的显著性水平 α 直接相关的数值区间称为拒绝域。拒绝域是根据具体的显著性水平 α 所计算出的临界值来确定的,计算出了临界值,也就确定了拒绝域。

子任务三　假设检验的两类错误

假设检验的判断是在样本分布的基础上,依据一定的概率水平进行的统计推断,因此存在出现错误的可能性,并且需要用具体的概率水平来度量出错的可能性。假设检验将可能出现的错误分为第Ⅰ类错误和第Ⅱ类错误两种类型。

第Ⅰ类错误是指当原假设为真时拒绝原假设的错误,又称为"弃真"错误。通常将犯第Ⅰ类错误的概率记为 α。这个概率 α 就是显著性水平。因此,显著性水平 α 又可表述为犯第Ⅰ类错误的概率。

第Ⅱ类错误是指当原假设为假时接受原假设的错误,又称为"取伪"错误。通常将犯第Ⅱ类错误的概率记为 β。

因此,在假设检验中进行判断时,存在判断正确和判断错误的四种概率(见表4-1)。

表4-1　假设检验中四种结果及其发生的概率

实际情况	检验判断	
	H_0 为真	H_0 为伪
H_0 为真	$1 - \alpha$(正确判断)	α(弃真错误,第Ⅰ类错误)
H_0 为伪	β(取伪错误,第Ⅱ类错误)	$1 - \beta$(正确判断)

在假设检验中,人们总是希望能够判断正确,犯这两类错误的概率越小越好。然而,在样本容量一定的前提下,犯这两类错误的概率呈现此消彼长的关系。若减小犯第Ⅰ类错误的概率 α,就会增大犯第Ⅱ类错误的概率 β;同样,若减小犯第Ⅱ类错误的概率 β,就会增大犯第Ⅰ类错误的概率 α。这时,试图减小犯某一类错误的概率,就等价于将图4-1中的垂线 l 向左或者向右移动,这势必导致犯另一类错误的概率增大。

由图4-1可知,若有原假设 $H_0: \mu = \mu_0$,且样本来自图4-1上方所示的 a 总体,该 a 总体为具有 $\mu = \mu_0$ 的均值的正态总体,显然原假设 H_0 为真,在这种情况下出现弃真错误的可能性,即样本落入图4-1中 a 总体中的阴影部分的可能性,就是根据样本信息拒绝 H_0 的概率,为在选定的显著性水平 α 下犯第 Ⅰ 类错误的概率 α。若仍有 $H_0: \mu = \mu_0$,但样本来自图 4-1 下方所示的 b 总体,该 b 总体为具有 $\mu_1 > \mu_0$ 的均值的正态总体,显然原假设 H_0 不为真,这时出现取伪错误的可能性,即样本落入图 4-1 中 b 总体中的阴影部分的可能性,就是根据样本信息接受 H_0 的概率,为犯第 Ⅱ 类错误的概率 β。

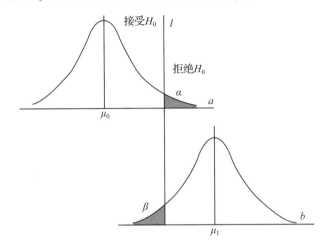

图 4-1　假设检验中出现的两类错误

　　图 4-1 中的垂线 l 既标示出了犯第 Ⅰ 类错误的概率,即显著性水平 α,又标示出了犯第 Ⅱ 类错误的概率 β。虽然显著性水平 α 所度量的是犯第 Ⅰ 类错误的概率,不能具体度量犯第 Ⅱ 类错误的概率,但是随着显著性水平 α 的确定,犯第 Ⅱ 类错误的概率 β 也就确定下来了。当垂线 l 向右移动时,表示显著性水平 α 减小,导致犯第 Ⅱ 类错误的概率 β 增大;当垂线 l 向左移动时,表示显著性水平 α 增大,导致犯第 Ⅱ 类错误的概率 β 减小。所以,犯第 Ⅰ 类错误的概率 α 和犯第 Ⅱ 类错误的概率 β 是一种此消彼长的数值关系。若要同时缩小犯第 Ⅰ 类错误的概率 α 和犯第 Ⅱ 类错误的概率 β,就需要增大样本容量,并采用更加有效的抽样设计。

子任务四　双侧检验和单侧检验

　　根据假设检验的要求和形式,假设检验可以分为双侧检验和单侧检验两类。

1. 双侧检验

　　双侧检验是指在数轴上的两端同时设置拒绝域的边界数值,同时进行控制的假设检验。双侧检验的备择假设是指没有特定的方向性,含有"$\neq$"运算符号的假设检验,一般也称为双尾检验。

　　如图 4-2 所示,在双侧检验中需要在概率分布的两端,各二分之一显著性水平 α 的位置上,即在正负 $\alpha/2$ 的位置上确定拒绝域边界的临界数值,从而保证样本落在拒绝域中的概率之和仍为显著性水平 α,样本落在接受域中的概率仍为 $1 - \alpha$。

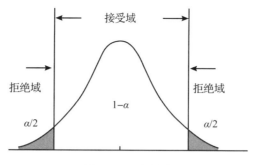

图 4-2　双侧检验

例如,某大学为了培养一年级新生良好的自我管理能力和自习习惯,规定晚自习时间为 3 小时。根据历史数据,一年级新生晚自习时间长度服从正态分布。该大学教学管理部门在新生入学后的第 12 周进行了一次一年级新生晚自习时间调查,随机抽取了 100 名新生的晚自习时间长度数据作为样本,计算得到样本均值为 2.8 小时。试问总体均值与学校规定的 3 小时之间有无显著差异?

考虑到学生的身体和学业,校方认为晚自习时间过长和过短都不利于新生的成长,所以规定一年级新生晚自习时间长度为 3 小时。这就需要对时间长度过长和过短两个方面都进行检验,即双侧检验。

设该大学一年级新生晚自习时间长度的总体均值为 μ,建立零假设和备择假设:

$H_0: \mu = 3$(一年级新生晚自习时间总体均值与校方规定无显著差异)

$H_1: \mu \neq 3$(一年级新生晚自习时间总体均值与校方规定有显著差异)

根据选定的显著性水平 α,若不能拒绝原假设 H_0,则说明依 $1-\alpha$ 的概率,该校一年级新生晚自习时间的总体均值与校方规定无显著差异,符合校方一年级新生晚自习时间长度为 3 小时的要求;若拒绝原假设 H_0,说明依 $1-\alpha$ 的概率,该校一年级新生晚自习时间的总体均值与校方规定存在显著差异,不符合校方的有关要求。

2. 单侧检验

单侧检验是指仅在数轴上的一端设置拒绝域的边界数值,只进行单一方向控制的假设检验。单侧检验的备择假设在数轴上具有特定的方向性,是一种包含"<"或">"运算符号的假设检验,一般也称为单尾检验。

如图 4-3 和图 4-4 所示,在单侧检验中只需要在概率分布的某一端的显著性水平 α 的位置上,确定拒绝域边界的临界数值,进行显著性检验。单侧检验方向,即拒绝域的边界数值的位置,可以是在概率分布的右端,如图 4-3 所示;也可以是在概率分布的左端,如图 4-4 所示。这两种方式均依据显著性水平 α 的数值确定单侧的拒绝域边界临界数值,使得样本落在拒绝域中的概率为显著性水平 α,落在接受域中的概率为 $1-\alpha$。

所以,从单侧检验的方向性角度可以将单侧检验分为两种。一种是被检验的数值越大越好,只需要对其数轴的左端进行检验,一般称为左侧检验,如图 4-4 所示。左侧检验实际上是通过设定临界值的下限来实现的,因此左侧检验也称为下限检验。另一种单侧检验是被检验的数值越小越好,只需要对其数轴的右端进行检验,所以称为右侧检验,也称为上限检验,如图 4-3 所示。

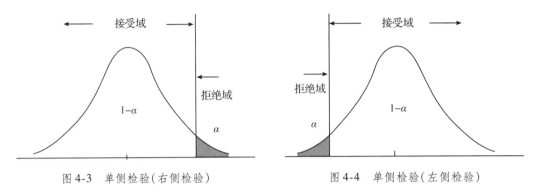

图 4-3　单侧检验(右侧检验)　　　　　图 4-4　单侧检验(左侧检验)

子任务五　p 值

p 值是当原假设 H_0 为真时,由样本信息给出的犯第 I 类错误的概率的精确数值,所以也称为观察到的显著性水平。各种统计软件在计算各类检验统计量时,均会同时给出与具体检验统计值相对应的 p 值,因此 p 值又称为相应的检验统计量的相伴概率。

传统的假设检验采用选定显著性水平 α 数值的方式,设定假设检验接受域的临界数值,实施对具体检验统计量的判断。在计算手段高度发达的今天,我们可以非常方便地获得由样本信息给出的犯第 I 类错误的实际数值,即 p 值。从而,我们能够利用 p 值精确地确定检验对象的显著性水平,并将其与先期设定的显著性水平 α 作比较,进行假设检验判断。当 p 值小于显著性水平 α 时,拒绝原假设 H_0;当 p 值大于显著性水平 α 时,接受原假设 H_0。我们还可以知道,当 p 值小于显著性水平 α,拒绝原假设 H_0 时,犯第 I 类错误的确切概率数值。

学习了以上知识,基于统计的判断,你可做出判断,不应该参与导入案例中的游戏。因为,黄球所占的比例为 0.05,是小概率事件,而小概率事件在一次抽样过程中发生的概率为 0;但在群体事件中可以发生,本案例中,抽中黄球发生的概率为 5%,共 100 名顾客,每人交 1 元,商家得 100 元,理论上有 5 人可以抽到黄球,减去抽中的奖金 50 元,商家还赚 50 元。

任务二　平均值分析

导入案例

第七次全国人口普查数据显示,全国人口中具有大学(指大专及以上)文化程度的人口为 218360767 人,与第六次全国人口普查数据相比,每 10 万人中具有大学文化程度的由

8930 人上升为 15467 人。15 岁及以上人口的平均受教育年限由 9.08 年提高至 9.91 年,这标志着中国教育水平显著提升,高等教育普及率和平均受教育年限的提高反映了国民整体素质的提高和社会发展的进步。由于篇幅限制,本案例选择了上海、江苏、浙江、安徽、福建、江西和山东 7 个省(直辖市)分性别受教育程度的人口数量,如表 4-2 所示。利用平均值分析方法判断不同性别、不同学历人群的人口数量是否存在显著差异。

表 4-2　分性别受教育程度的人口数量　　　　　　　　单位:人

地区	大学专科		大学本科		研究生	
	男	女	男	女	男	女
上海	1781	1465	2564	2433	674	647
江苏	5241	4473	4649	4271	675	424
浙江	3463	3192	3544	2918	340	316
安徽	2874	2574	2536	1885	177	163
福建	2048	1828	1753	1581	158	120
江西	2373	1930	1261	1235	112	158
山东	4615	4550	4317	3880	367	420

数据来源:2023 年《中国统计年鉴》。

子任务一　平均值分析的概念和统计原理

平均值分析是 SPSS 26 计算基本描述统计量的过程。与"项目三 描述性统计分析"中计算某一样本总体均值相比,平均值分析可以对样本进行分组计算。用于比较指定变量的描述性统计量包括均值、标准差、总和、观测量数、方差等一系列单变量描述性统计量,如按性别计算的各组的均值和标准差。

用户可以指定一个或多个变量作为分组变量。如果分组变量为多个,还应指定这些分组变量之间的层次关系。层次关系可以是同层次的或多层次的。同层次意味着按照各分组变量的不同取值分别对个案进行分组;多层次表示首先按第一分组变量分组,然后对各个分组下的个案按照第二组分组变量进行分组。

平均值的计算公式为

$$\overline{x_1} = \frac{\sum_{i=1}^{n} x_{1i}}{n}$$
　　　　　　　　　　　(4-1)

子任务二　SPSS 26 的平均值分析

使用 SPSS 26 对表 4-2 中的数据进行平均值分析,具体操作步骤如下。

【第 1 步】数据组织

根据表 4-2 生成 SPSS 文件,新建 4 个变量,即"性别""受教育程度"

4-1　SPSS 26 的平均值分析

"人口数量""地区",将建立的数据文件存入 SPSS 文件"分性别受教育程度. sav"中,如图 4-5 所示。

	地区	性别	教育程度	人口数量	变量
1	上海	男	大学专科	1781	
2	上海	女	大学专科	1465	
3	上海	男	大学本科	2564	
4	上海	女	大学本科	2433	
5	上海	男	研究生	674	
6	上海	女	研究生	647	
7	江苏	男	大学专科	5241	
8	江苏	女	大学专科	4473	
9	江苏	男	大学本科	4649	
10	江苏	女	大学本科	4271	
11	江苏	男	研究生	675	
12	江苏	女	研究生	424	
13	浙江	男	大学专科	3463	
14	浙江	女	大学专科	3192	
15	浙江	男	大学本科	3544	
16	浙江	女	大学本科	2918	
17	浙江	男	研究生	340	
18	浙江	女	研究生	316	
19	安徽	男	大学专科	2874	
20	安徽	女	大学专科	2574	

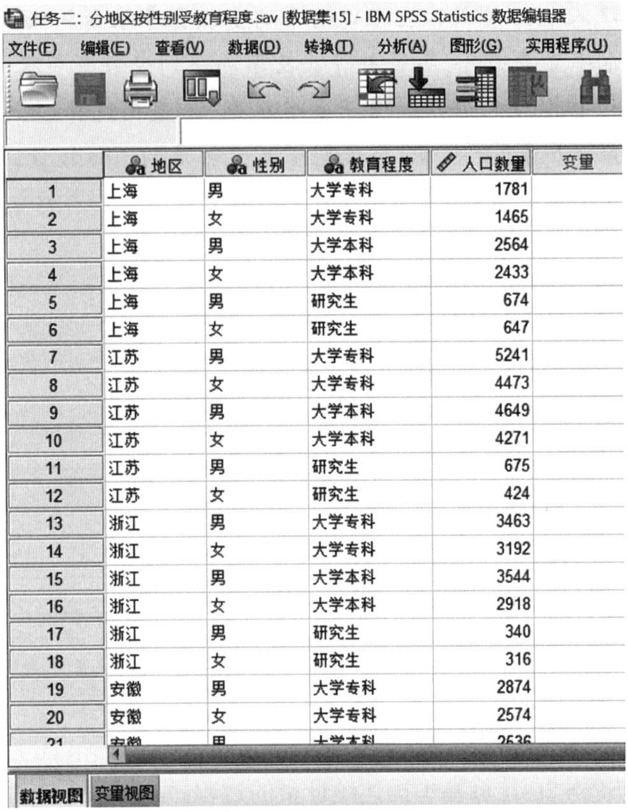

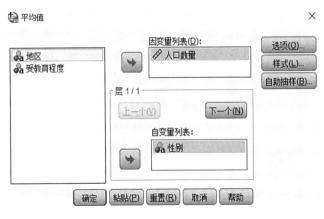

图 4-5　分性别受教育程度数据录入

【第 2 步】平均值分析设置

(1)在 SPSS 26 的菜单栏中依次选择“分析”→“比较平均值”，选择“平均值”，系统弹出“平均值”对话框，按图 4-6 进行设置。

图 4-6　“平均值”对话框

候选变量框：位于对话框的左侧，显示数据文件中可以用于分析的所有可用变量。

因变量列表：显示了在左侧的候选变量列表中选择的待分析的变量，用户可选择一个或多个。

自变量列表:显示了在左侧的候选变量列表中选择的分组变量,用户可选择一个或多个,还可单击"下一个"定义多层分组变量,每层分组变量中也可以有多个变量。

(2)单击"平均值"对话框的"选项"按钮,系统弹出"平均值:选项"对话框,如图4-7所示。该对话框由如下三个部分组成。

①统计:列出了可以选择的描述性统计量,这些统计量的具体含义与描述性统计分析中的统计量含义一样,此处不再详细描述。

②单元格统计:列出了要输出的统计量。默认输出平均值、个案数和标准差。

③第一层的统计:指对分组变量进行方差分析(Anova 表和 Eta)和线性相关度检验。

图4-7 "平均值:选项"对话框

【第3步】主要结果分析

单击"继续",返回"平均值"对话框。单击"确定"按钮,得到平均值分析的结果,如表4-3至表4-6所示。

(1)表4-3给出了样本的数据摘要。从表中可以看出,42组数据全部有效。

表4-3 个案处理摘要

	个案					
	包括		排除		总计	
	个案数	百分比	个案数	百分比	个案数	百分比
人口数量 * 性别	42	100.0%	0	0.0%	42	100.0%

(2)表4-4显示的是按性别分组的受教育人口数量的基本信息。从表中可以看出,不同性别的受教育人口数量均值和标准差都比较接近。

表4-4　按性别分组的均值报告

性别	平均值	个案数	标准偏差
男	2167.71	21	1658.982
女	1926.81	21	1500.357
总计	2047.26	42	1567.001

（3）表4-5是性别的单因素方差分析结果，在项目五我们会详细介绍方差分析，此处不再详细讲述。表中的显著性概率p值远大于0.05，说明不同性别受教育的人口数量没有显著差异。

表4-5　第一层变量的方差分析

		平方和	自由度	均方	F	显著性
人口数量 * 性别	组间（组合）	609368.595	1	609368.595	0.244	0.624
	组内	100065853.524	40	2501646.338		
	总计	100675222.119	41			
分组变量"性别"是字符串，因此无法计算线性相关度检验						

（4）表4-6是人口数量与性别的相关性测量结果，此时的Eta和Eta平方取值都很小，说明性别和受教育的人口数量的相关性很弱，与单因素方差分析的结论一致。

表4-6　相关性测量结果

	Eta	Eta 平方
人口数量 * 性别	0.078	0.006

以上是按性别分组的结果。还可以选择分层变量对变量进行分析。如在图4-6"平均值"对话框中单击"下一个"将"受教育程度"选为第二层分组变量，分析结果在性别分组的基础上会再按照受教育程度分类，如表4-7所示。

表4-7　按"性别""受教育程度"分组的均值报告

性别	受教育程度	平均值	个案数	标准偏差
男	大学本科	2946.29	7	1272.396
	大学专科	3199.29	7	1314.530
	研究生	357.57	7	235.947
	总计	2167.71	21	1658.982
女	大学本科	2600.43	7	1152.712
	大学专科	2858.86	7	1260.015
	研究生	321.14	7	190.895
	总计	1926.81	21	1500.357
总计	大学本科	2773.36	14	1180.126
	大学专科	3029.07	14	1249.597
	研究生	339.36	14	207.052
	总计	2047.26	42	1567.001

任务三　单样本 t 检验

单样本 t 检验利用来自某总体的样本数据,推断该总体的均值与指定的检验值之间是否存在显著差异,它是对总体均值的假设检验。例如,利用新生入学成绩的抽样数据推断全班新生的平均成绩是否与 75 分显著不同;在劳动力市场调查中,某地区职工今年的平均收入是否和往年的平均收入有显著差异。

单样本 t 检验涉及单个总体,并采用 t 检验的方法,因此称为单样本 t 检验。单样本 t 检验的前提是样本所在的总体服从或近似服从正态分布,如果总体不是正态分布或总体的分布情况无法确定,则不能用单样本 t 检验。

导入案例

随着乡村振兴战略持续推进,农民人均收入显著提高。2023 年某省农村居民人均可支配收入均值为 40311 元,通过调查得到该省 32 个县的农村居民人均可支配收入数据(单位:元):

30766	26523	34445	42901	27899	32646	31645	44163
37716	27645	51026	45014	40781	36189	39062	29476
33579	37025	24492	48488	32295	39013	39144	25257
44299	47954	28001	41806	42228	30211	33418	35441

试用 SPSS 26 分析各县的农村居民人均可支配收入是否与全省的均值有所不同。

子任务一　总体均值的假设检验

总体均值的假设检验方法因样本容量、总体是否服从正态分布、总体方差是否已知等情况的不同而不同。

1. 大样本总体均值的假设检验

由抽样分布可知,在大样本场合下,样本均值趋于正态分布,并且样本均值的标准差 $\sigma_{\bar{x}}$ 为总体标准差除以样本容量的平方根。将样本均值 $\bar{x}$ 与总体均值 μ 的差,除以样本均值的标准差 $\sigma_{\bar{x}}$,对样本均值 $\bar{x}$ 进行标准化处理,即可得到大样本场合下,总体均值假设检验的 Z 统计量。

$$Z = \frac{\bar{x} - \mu}{\sigma_{\bar{x}}} \tag{4-2}$$

在总体方差 σ^2 已知时,样本均值的方差为 $\sigma_{\bar{x}}^2 = \sigma^2 / \sqrt{n}$,所以式(4-2)可写为

$$Z = \frac{\bar{x} - \mu}{\sigma / \sqrt{n}} \tag{4-3}$$

当总体方差 σ^2 未知时,采用样本方差 s^2 来替代总体方差,这时 Z 检验统计量为

$$Z = \frac{\bar{x} - \mu}{s/\sqrt{n}} \tag{4-4}$$

必须指出,当总体方差 σ^2 未知时,采用样本方差 s^2 来替代总体方差时的检验统计量服从于 t 分布。由于 t 分布的极限分布是正态分布,随着样本容量的增大,t 分布逐渐逼近正态分布,并最终收敛于正态分布。因此,当样本容量充分大时,可认为 t 分布已经非常接近正态分布,两者之间的差异非常小,可以忽略不计,因此可采用正态分布近似地替代 t 分布,运用 Z 检验统计量进行显著性检验。

由于 t 分布的图形比正态分布略扁平,在相同的概率水平下,t 分布的概率密度函数值略大于正态分布,因此在大样本场合下,采用正态分布近似地替代 t 分布,会出现降低犯错误概率的误差,并且样本容量越小,这种降低犯错误概率的误差越大。

仍采用某大学一年级新生晚自习时间的相关数据。样本均值 $\bar{x}$ 为 2.8 小时,假设的总体均值 μ_0 为 3 小时,样本容量 n 为 36。此外,已知总体标准差 σ 为 0.8 小时。取显著性水平 $\alpha = 0.05$,试检验总体均值 μ 与学校规定的 3 小时(假设的总体均值 μ_0)之间有无显著差异。

晚自习时间过长和过短都不利于新生的学习和成长,即总体均值 μ 大于或小于 3 小时均不符合要求,因此对其进行双侧检验。

①提出零假设和备择假设:

$$H_0: \mu = 3; \quad H_1: \mu \neq 3$$

②确定检验统计量。本例样本容量 n 为 36,属于大样本,并且总体标准差 σ 已知,因此采用式(4-3)的 Z 检验统计量进行检验。

③确定显著性水平。选定的显著性水平 $\alpha = 0.05$。在 Z 检验统计量的双侧检验场合下,需要在正态总体曲线的左右两端尾部的 $\alpha/2$ 处和 $1 - \alpha/2$ 处确定临界点,并由小于 $\alpha/2$ 和大于 $1 - \alpha/2$ 的区域构成拒绝域。在本例中,有显著性水平

$$\alpha/2 = 0.025$$

则应由小于 $\alpha/2 = 0.025$ 和大于 $1 - \alpha/2 = 0.0975$ 的区域构成拒绝域。

④计算 Z 检验统计量。根据式(4-3)计算得

$$Z = \frac{\bar{x} - \mu}{\sigma/\sqrt{n}} = \frac{2.8 - 3}{0.8/\sqrt{36}} = -1.5$$

⑤进行判断。查阅正态分布表,或借助 Excel 的 NORMSINV 函数进行计算。当显著性水平 $\alpha/2 = 0.025$ 时,$Z_{0.025} = -1.96$;显著性水平 $1 - \alpha/2 = 0.975$ 时,$Z_{1-0.025} = Z_{0.975} = 1.96$。由于 $Z = -1.5$,大于左端临界值 -1.96,处在接受域中,因此不能拒绝零假设 $H_0: \mu = 3$,认为该校一年级新生晚自习时间的总体均值 μ 与学校规定的 3 小时(假设的总体均值 μ_0)之间不存在显著差异。

若仅仅将本例中的样本容量由 36 增加到 100,其他条件都不变。仍然取显著性水平

$\alpha = 0.05$，试检验总体均值 μ 与学校规定的 3 小时（假设的总体均值 μ_0）之间有无显著差异。

由于仅仅是样本容量增大，其他条件都不变，仍采用 Z 检验统计量进行检验，所受到的影响只是样本容量增大引起 Z 检验统计量取值减小，以及由样本容量增大导致的犯第 I 类错误的概率 α 或者犯第 II 类错误的概率 β 减小。仍采用式(4-3)计算 Z 检验统计量：

$$Z = \frac{\bar{x} - \mu}{\sigma / \sqrt{n}} = \frac{2.8 - 3}{0.8/10} = -2.5$$

由于 $Z = -2.5$，小于接受域左侧的临界值 -1.96，处在接受域之外的拒绝域中，因此拒绝零假设 H_0：$\mu = 3$，认为该校一年级新生晚自习时间的总体均值 μ 与学校规定的 3 小时（假设的总体均值 μ_0）之间存在显著差异。

同一个问题，为什么当样本容量增大时，由不能拒绝原假设 H_0，转为拒绝原假设 H_0 了呢？这是因为显著性水平 α 没有变，增大样本容量，会导致在不增大犯第 II 类错误的概率 β 的前提下，即不增加"取伪"风险的前提下，降低犯"弃真"错误的风险，即降低犯第 I 类错误的概率 α。由式(4-2)、式(4-3)和式(4-4)可知，在其分子绝对数值水平不变时，要增大 Z 检验统计量的绝对数值，使之具有统计显著性，即降低犯第 I 类错误的概率 α，只有减小其分母的绝对数值。总体标准差 σ 描述的是研究对象数据离散程度，是不依人们主观意志而变动的客观实际；要使 Z 检验统计量绝对数值增大的途径就只有增大样本容量 n。在样本容量 n 增大时，若犯第 II 类错误的概率 β 不变，则必然导致犯第 I 类错误的概率 α 下降。所以，在样本均值为 2.8 小时的情况下，样本容量 n 为 36 时，样本均值 2.8 小时落在接受域之内；当样本容量 n 增大到 100 时，样本均值 2.8 小时却落在接受域之外的拒绝域中。

因此，在单位样本调查成本不是过分高，调查时间能够满足需要时，还是应抽取具有充分大的样本容量 n 的样本，以降低假设检验中的两类错误，尤其是以隐含形式存在的"取伪"错误出现的概率。

2. 小样本总体均值的假设检验

在正态总体、小样本（一般为 $n < 30$）的情况下，总体均值 μ 的假设检验分为总体方差 σ^2 已知和总体方差 σ^2 未知两种类型。

当总体方差 σ^2 已知时，标准化后样本均值 $\bar{x}$ 仍然服从正态分布，所以依然采用式(4-3)来计算检验统计量。

当总体方差 σ^2 未知时，样本均值 $\bar{x}$ 标准化后的统计量服从自由度为 $n-1$ 的 t 分布，此时检验统计量为

$$t = \frac{\bar{x} - \mu}{s / \sqrt{n}} \sim t(n-1) \tag{4-5}$$

假如要对在某地就业的毕业一年的本科生的月工资情况进行调查，抽取了样本容量 n 为 18 的小样本，假定该总体服从正态分布，但总体方差 σ^2 未知，样本数据（单位：元）如下：

1950	2080	2200	1590	2140	2080	1690	1960	2980
2500	2600	2300	2400	2450	2600	2780	2590	2460

若在邻近的 S 市就业的毕业一年的本科生的月工资均值为 2400 元,试在显著性水平 α 为 0.05 的前提下,检验在该地就业的毕业一年的本科生的月工资总体均值是否与邻近的 S 市的水平存在显著差异。

①提出零假设和备择假设:

$$H_0: \mu = 2400; \quad H_1: \mu \neq 2400$$

②确定检验统计量。本例中总体标准差 σ 未知,样本容量 n 为 18,属于小样本,因此采用式(4-5)的 t 检验统计量进行检验。

③确定显著性水平。选定的显著性水平 $\alpha = 0.05$。在 t 检验统计量的单侧检验的左侧检验(或称下限检验)的场合下,需要在正态总体曲线的左端尾部的 α 处确定临界点,并由小于 α 的区域构成拒绝域。在本例中,显著性水平 $\alpha = 0.05$,即由小于 $\alpha = 0.05$ 的区域构成拒绝域。

④计算 t 检验统计量。由样本数据计算得样本均值 $\bar{x} = 2297.22$ 元,样本标准差 $s = 367.95$ 元,根据式(4-5)计算得

$$t = \frac{\bar{x} - \mu}{s/\sqrt{n}} = \frac{2297.22 - 2400}{367.95/\sqrt{18}} = -1.183$$

⑤进行判断。查阅 t 分布表,或借助 Excel 的 TINV 函数进行计算,当显著性水平 $\alpha = 0.05$,自由度 n 为 17 时,$t_{0.05}(17) = 1.7396$。

由于 t 检验统计量的绝对值 $|t| = 1.183$,小于临界值 $t_{0.05}(17) = 1.7396$,处在接受域中,因此接受零假设 $H_0: \mu = 2400$,认为该地毕业一年的本科生的月工资总体均值 μ 与 S 市的水平 2400 元之间不存在显著差异。

📊 子任务二　SPSS 26 的单样本 t 检验

4-2 SPSS 26 的单样本 t 检验

实际上,进行总体均值的假设检验时,真正有意义的是式(4-5)。因为在实践中,进行总体均值的假设检验时,总体方差总是未知的。若总体方差已知,总体均值势必已知,则这种关于总体均值的假设检验就毫无意义;若总体均值不知,则总体方差必定不知。

只是由于正态分布是 t 分布的极限分布,当样本容量趋于无限大时,t 分布无限逼近正态分布。因此,在样本容量充分大时,可认为 t 分布已经非常充分地接近正态分布,因此可以采用正态分布近似地替代 t 分布,即运用式(4-4)的 Z 检验统计量近似地替代式(4-5)的 t 检验统计量,来进行显著性检验。

采用正态分布近似地替代 t 分布,即采用式(4-4)的 Z 检验,近似地替代式(4-5)的 t 检验,其中一个主要原因是正态分布不涉及自由度,查表非常简单。在计算机和统计软件如此普及和发达的今日,这个因素早已不复存在,所以在一般情况下应当直接采用精确的

式(4-5)的 t 检验统计量,进行显著性检验。

以导入案例中的数据为例,采用 SPSS 26 进行单样本 t 检验。

(1)选择"分析"→"比较平均值"→"单样本 T 检验",打开"单样本 T 检验"对话框,如图 4-8 和图 4-9 所示。

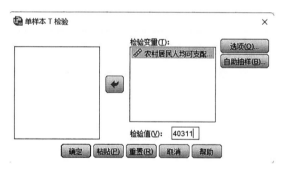

图 4-8 选择"单样本 T 检验"

图 4-9 "单样本 T 检验"对话框

(2)将"农村居民人均可支配收入",导入"单样本 T 检验"对话框的"检验变量"列表框。并在"检验值"变量框中输入该省农村居民人均可支配收入的均值"43011"元。

(3)单击"确定"按钮,完成 SPSS 26 的单样本 t 检验。表 4-8 显示了样本数据的描述性统计信息,表 4-9 则为单样本 t 检验的结果。

表 4-8 单样本 t 检验统计量结果

	个案数	平均值	标准偏差	标准误差平均值
农村居民人均可支配收入	32	36267.13	7216.025	1275.625

表4-9　单样本 t 检验结果

	检验值 = 40311					
	t	自由度	显著性（双尾）	平均值差值	差值95% 置信区间	
					下限	上限
农村居民人均可支配收入	−3.170	31	0.003	−4043.875	−6645.53	−1442.22

该检验结果表明，在假设总体均值为 40311 元的情况下，计算结果是 $t = -3.170$（也称为 t 值），同时得到双尾 p 值0.003，由此看来可以拒绝零假设，说明样本均值与假设的总体均值（40311 元）之间存在显著差异。

任务四　独立样本 t 检验

单样本 t 检验用来检验样本均值和总体均值是否有显著差异，而独立样本 t 检验利用来自某两个总体的独立样本，推断两个总体的均值是否存在显著差异。

 导入案例

在教育部印发《大中小学劳动教育指导纲要（试行）》后，某高校全面实施劳动教育系列课程，并进行综合考核。现抽取 22 级会计 1 班 30 名学生，记录其性别、是否独生子女、是否兼职、生源地（城市或非城市）和劳动教育课程成绩等信息（见表4-10）。试分析各因素类别之间的劳动教育课程成绩有无差异，如独生子女和非独生子女之间的劳动教育课程成绩有无差异。

表4-10　学生特征和劳动教育课程成绩数据

编号	性别	是否独生子女	是否兼职	生源地	劳动教育课程成绩
1	1	1	1	1	99
2	1	1	1	1	97
3	1	1	1	1	86
4	1	1	1	1	71
5	1	1	1	1	74
6	1	1	1	1	100
7	1	1	1	1	67
8	1	1	1	1	82
9	1	1	1	1	88
10	1	1	1	1	77
11	1	1	1	1	76
12	1	1	1	1	77
13	1	1	1	1	99
14	1	0	1	1	83

编号	性别	是否独生子女	是否兼职	生源地	劳动教育课程成绩
15	1	0	0	1	97
16	0	0	0	1	61
17	0	0	0	0	74
18	0	0	0	0	70
19	0	0	0	0	69
20	0	0	0	0	74
21	0	0	0	0	91
22	0	0	0	0	66
23	0	0	0	0	62
24	0	0	0	0	96
25	0	0	0	0	83
26	0	0	0	0	69
27	0	0	0	0	61
28	0	0	0	0	69
29	0	0	0	0	83
30	0	0	0	0	76

注:性别变量中,1 表示男性,0 表示女性;独生子女变量中,1 表示独生子女,0 表示非独生子女;兼职变量中,1 表示从事兼职工作,0 表示不从事兼职工作;生源地变量中,1 表示居住在城市,0 表示居住在非城市地区。

子任务一 两个总体均值之差的假设检验

一般可以将两个总体均值之差的假设检验这类问题归结为:通过假设检验来判断两个独立抽取的样本是否来自具有相同的总体均值的总体。

1. 两个相等总体方差未知情况下的假设检验

在两个服从正态分布的总体的方差 σ_1^2 和 σ_2^2 未知,并且相等,即 $\sigma_1^2 = \sigma_2^2$ 时,从这两个总体中独立地抽取两个随机样本进行假设检验。令这两个相等的未知总体联合方差为 $\sigma_{1,2}^2$,并采用两个随机样本的信息来联合估计它,这个未知的总体联合方差的估计量为

$$s_{1,2}^2 = \frac{(n_1 - 1)s_1^2 + (n_2 - 1)s_2^2}{n_1 + n_2 - 2} \tag{4-6}$$

两个样本均值之差 $\bar{x}_1 - \bar{x}_2$ 标准化之后服从自由度为 $n_1 + n_2 - 2$ 的 t 分布,因此采用 t 统计量来进行假设检验,即

$$t = \frac{(\bar{x}_1 - \bar{x}_2) - (\mu_1 - \mu_2)}{s_{1,2}\sqrt{\dfrac{1}{n_1} + \dfrac{1}{n_2}}} \sim t(n_1 + n_2 - 2) \tag{4-7}$$

同样,一般原假设为总体均值之差 $\mu_1 - \mu_2 = 0$,在这一前提下,式(4-7)为

$$t = \frac{\bar{x}_1 - \bar{x}_2}{s_{1,2}\sqrt{\dfrac{1}{n_1} + \dfrac{1}{n_2}}} \tag{4-8}$$

2. 两个不相等总体方差未知情况下的假设检验

若有两个均服从正态分布的总体,总体方差未知并且不相等,即 $\sigma_1^2 \neq \sigma_2^2$,从这两个总体中独立地抽取两个随机样本,采用两个样本方差 s_1^2 和 s_2^2 来估计总体方差 σ_1^2 和 σ_2^2。此时标准化之后的样本均值之差 $\bar{x}_1 - \bar{x}_2$ 不再服从自由度为 $n_1 + n_2 - 2$ 的 t 分布,而是服从自由度为 f 的 t 分布,自由度 f 的计算公式为

$$f = \frac{\left(\frac{s_1^2}{n_1} + \frac{s_2^2}{n_2}\right)^2}{\frac{(s_1^2/n_1)^2}{n_1 - 1} + \frac{(s_2^2/n_2)^2}{n_2 - 1}} \tag{4-9}$$

这时 t 检验统计量的计算公式为

$$t = \frac{(\bar{x}_1 - \bar{x}_2) - (\mu_1 - \mu_2)}{\sqrt{\frac{s_1^2}{n_1} + \frac{s_2^2}{n_2}}} \sim t(f) \tag{4-10}$$

同样,由于一般原假设为总体均值之差 $\mu_1 - \mu_2 = 0$,这时式(4-10)为

$$t = \frac{\bar{x}_1 - \bar{x}_2}{\sqrt{\frac{s_1^2}{n_1} + \frac{s_2^2}{n_2}}} \tag{4-11}$$

在 SPSS 26 中,将这种研究两个独立总体均值之差的方法称为独立样本 t 检验。

子任务二　两个总体方差之比的假设检验

显然,是采用式(4-8),还是采用式(4-11)进行两个总体均值之差的假设检验,取决于两个总体方差是否相等。因此,两个总体方差之比的假设检验成了科学进行两个总体均值之差的假设检验的必要前提。即在对两个总体均值之差进行假设检验时,需要同时对这两个总体的方差是否相等进行显著性检验,以决定采用总体方差相等的方法,还是总体方差不等的方法。

方差是度量数据离散程度的重要指标,是评价均值等集中趋势指标具有代表性的依据,因此常常需要对方差的数值水平及其差异程度进行显著性假设检验。在一些以等方差为前提的参数估计和假设检验中,需要首先对两个方差是否存在显著差异进行判断,以便选择恰当的检验统计量。

总体方差之间是否相等的假设检验一般也称为方差齐性检验。

当两个均服从正态分布的总体的参数都未知时,其对应的样本容量为 n_1 和 n_2 的两个独立样本的方差之比 s_1^2/s_2^2 是两个总体方差之比 σ_1^2/σ_2^2 的估计量,并且由两个方差比值的比值构成 F 检验统计量,即

$$F = \frac{s_1^2}{s_2^2} \cdot \frac{\sigma_2^2}{\sigma_1^2} = \frac{s_1^2/\sigma_1^2}{s_2^2/\sigma_2^2} \sim F(n_1 - 1, n_2 - 1) \tag{4-12}$$

F 检验统计量服从 $F(n_1 - 1, n_2 - 1)$ 分布。两个总体方差之比的假设检验统计量为

$$F = \frac{s_1^2}{s_2^2} \tag{4-13}$$

F 分布表一般仅给出分布曲线右侧的分位数,所以人们一般将较大的样本方差作为分子,将较小的样本方差作为分母,这样可使拒绝域只出现在 F 分布曲线的右侧,便于采用查表方式获得分位数。由于在采用 F 假设检验统计量进行两个总体方差之比的假设检验时,我们已经知道样本方差的数值水平,总是可以将较大数值的样本方差作为分子,将较小数值的样本方差作为分母,计算出大于 1 的 F 假设检验统计量。这也提醒我们,在对两个总体方差之比进行假设检验时,可以用单侧检验取代双侧检验,提高假设检验的效率。

因此,凡是在涉及两个总体方差之比假设检验的场合中,均应采用相对于双侧检验效率更高的单侧检验,以在样本容量不变的条件下,得到更显著的检验统计值。

子任务三 SPSS 26 的独立样本 t 检验

下面以导入案例中的数据为例,介绍 SPSS 26 的独立样本 t 检验的步骤。

4-3 SPSS 26 的独立样本 t 检验

【第 1 步】设置分组指标

依据某一特征将研究对象划分为两类,从而在待检验的指标中挑选出能反映研究对象在这一方面差异特征的指标。在该案例中,研究对象是 22 级会计 1 班 30 名学生的劳动教育成绩,共有性别、是否独生子女、是否兼职、生源地等四个特征。这里以是否独生子女为例,将 30 名学生的劳动教育课程成绩构成的样本,按照是否独生子女,划分为独生子女和非独生子女两个子样本,其中独生子女 13 人,非独生子女 17 人。并且以一个专门的"分组变量"进行标记,独生子女标记为"1",非独生子女标记为"0",以满足 SPSS 26 进行独立样本 t 检验的要求。从统计的角度而言,这个"分组变量"为二元虚拟变量。

【第 2 步】独立样本 t 检验设置

(1)在 SPSS 26 的菜单栏中依次选择"分析"→"比较平均值"→"独立样本 T 检验",系统弹出"独立样本 T 检验"对话框。

(2)导入指标。将效应指标"劳动教育课程成绩"放入"检验变量"框中,将"独生子女"放入"分组变量"框中,如图 4-10 所示。

(3)设置"定义组"。单击"定义组"按钮,系统弹出"定义组"对话框,该对话框用于定义需要比较的组别。在"使用指定的值"中输入的两个值,每个值代表一个总体。本例将独生子女设置为 1,非独生子女设置为 0,如图 4-11 所示。当分组变量为连续变量时,在"分割点"中输入一个数字,大于等于该数值的样本被划分为一个组,小于该数值的样本被划分为另一个组。

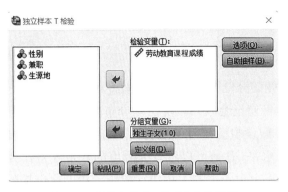

| 图 4-10 "独立样本 t 检验"参数设置 | 图 4-11 定义组 |

【第 3 步】主要结果分析

单击"继续"按钮,返回"独立样本 t 检验"对话框。单击"确定"按钮,得到 SPSS 26 的独立样本 t 检验的分析结果,如表 4-11 和表 4-12 所示。

(1)表 4-11 给出了"组统计量",包括样本量、均值和标准差等基本统计量。本例中,独生子女的均值为 84.08,非独生子女的均值为 75.53,独生子女的均值略高于非独生子女的均值。

表 4-11   独立样本 t 检验的组统计量

	独生子女	个案数	平均值	标准偏差	标准误差平均值
劳动教育课程成绩	独生子女	13	84.08	11.615	3.221
	非独生子女	17	75.53	11.582	2.809

(2)表 4-12 为独立样本 t 检验的结果,并且进行了方差齐性检验,为正确选择独立样本 t 检验方法提供了依据。当检验两个总体方差是否相等的 F 检验显著时,则应采用"假定等方差"一栏的独立样本 t 检验结果;当检验两个总体方差是否相等的 F 检验不显著时,则可以采用"不假定等方差"一栏的独立样本 t 检验结果。

表 4-12   独立样本 t 检验结果

		莱文检验等齐性检验		平均值等齐性 t 检验						
		F	显著性	t	自由度	显著性（双尾）	平均值差值	标准误差差值	差值95%置信区间	
									下限	上限
劳动教育课程成绩	假定等方差	0.050	0.825	2.001	28	0.055	8.548	4.272	-0.204	17.299
	不假定等方差			2.000	25.939	0.056	8.548	4.274	-0.239	17.334

由表 4-12 可知,方差齐性检验即莱文检验的 $F = 0.050, p = 0.825 > 0.05$, F 检验不显著,表明方差齐性。因此,"不假定等方差"一栏的 t 检验结果是正确的。

这样,我们可以认为本次 t 检验结果中,显著性水平为 0.055 > 0.050,所以在 95% 的置信度下,独生子女和非独生子女的劳动教育课程成绩没有显著差异。0.055 和 0.050 非常接近,对于这种情况,研究者通常将其作为差异显著来对待,或者增加一些样本使检验结果更可靠。因为统计检验的显著水平与样本量有关,如果样本量较小,适当增加样本量可以使检验结果更明确。在不增加样本的情况下,研究者通常会报告统计检验"接近显著"或"边缘显著"。

任务五 配对样本 t 检验

配对样本 t 检验,指的是使受试对象在某一或者某些状况、特征因素上相同或者基本相同的试验设计。配对样本 t 检验的目的是利用来自两个不同总体的配对样本,推断两个总体的均值是否存在显著差异。实施配对样本 t 检验有两个前提条件:一是两个样本必须是配对的,要求两个样本的观察值数目相等,两个样本的观察值的顺序不能随意更改。二是两个样本的差值服从正态分布。

导入案例

杭州第 19 届亚运会,让杭州的城市建设和经济社会发展发生精彩蝶变,众多场馆免费向大众开放,点燃全民运动热潮。某调查小组随机调查 20 位杭州市民,通过访谈记录各位市民在亚运会召开前后每周的运动时长,如表 4-13 所示。试用 SPSS 26 分析亚运会的举办对市民参加体育运动的时长有无影响。

表 4-13 亚运会召开前后市民每周运动时长 单位:时

编号	1	2	3	4	5	6	7	8	9	10
亚运会前	1.5	1.9	2.1	3	5.3	2.6	2.8	1.8	3.2	2.8
亚运会后	2.6	3.1	3	4.1	6.2	3.5	1.9	3.1	3	4.7
编号	11	12	13	14	15	16	17	18	19	20
亚运会前	3.5	1.9	2.7	4.1	3.6	2.2	4.4	4.8	1.3	2.1
亚运会后	5.2	3.4	3.8	6.5	4.7	3.6	6.2	6.1	3.8	4.1

子任务一 配对样本 t 检验的原理

1. 提出原假设

配对样本 t 检验的原假设 H_0 为两个总体的均值无显著差异,表述为 $H_0: \mu_1 - \mu_2 = 0$。μ_1 和 μ_2 分别为第一个和第二个总体的均值。

2. 选择统计量

配对样本 t 检验采用 t 统计量。计算过程为:首先,对两组样本分别计算出每对观测值的差值,得到差值样本;其次,利用差值样本,通过对其均值是否显著为 0 的检验来推断两个总体均值的差值是否显著为 0。如果差值样本的均值与 0 有显著差异,则可以认为两个总体的均值有显著差异;反之,如果差值样本的均值与 0 无显著差异,则可以认为两个总体的均值不存在显著差异。

3. 计算检验统计量观测值和概率 p 值

运用 SPSS 26 计算两组样本的差值,并将相应数据代入式(4-5),计算出 t 统计量的观测值和对应的概率 p 值。

4. 给定显著水平 α,并做出决策

给定显著水平 α,与检验统计量的概率 p 值作比较。如果概率 p 值小于显著水平 α,则拒绝原假设,认为差值样本的总体均值与 0 有显著不同,两个总体的均值有显著差异;反之,如果概率 p 值大于显著水平 α,则接受原假设,认为差值样本的总体均值与 0 无显著不同,两个总体的均值不存在显著差异。

子任务二 SPSS 26 的配对样本 t 检验

4-4 SPSS 26 的配对样本 t 检验

使用 SPSS 26 对表 4-13 中的数据进行配对样本 t 检验。

【第 1 步】数据组织。

根据表 4-13 生成 SPSS 文件,新建 3 个变量,即"编号""亚运会前""亚运会后",将建立的数据文件存入 SPSS 文件"亚运会前后市民运动时长.sav"中。

【第 2 步】配对样本 t 检验设置。

(1)在 SPSS 26 的菜单栏中依次选择"分析"→"比较平均值"→"成对样本 T 检验",系统弹出"成对样本 T 检验"对话框,按图 4-12 进行设置。

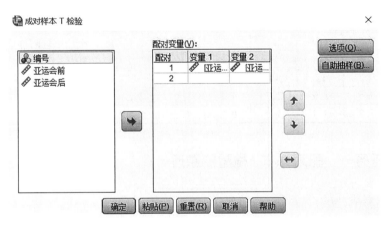

图 4-12 "成对样本 T 检验"对话框

(2)单击"选项"按钮,系统弹出"成对样本 T 检验:选项"对话框,如图 4-13 所示。"置信区间百分比"通常设定为 95%。"缺失值"栏用于选择处理缺失值的方式,"按具体

分析排除个案"表示在分析时,检验变量中的缺失值将不被计算;"成列排除个案"表示任何一个变量中的缺失值都不被计算。

图 4-13 "成对样本 T 检验:选项"对话框

【第 3 步】主要结果分析。

单击"继续",返回"成对样本 T 检验"对话框,单击"确定"按钮,得到配对样本 t 检验结果。

(1)表 4-14 给出了配对样本统计量,分别列出了两组变量的均值、样本量、标准差和标准误均值。通过分析发现,亚运会后被调查对象的每周运动时长的平均值大于亚运会前的平均值,但是亚运会后的标准差更大,说明运动时长分布范围更大。

表 4-14 配对样本统计量

		平均值	个案数	标准偏差	标准误差平均值
配对 1	亚运会前	2.835	20	1.1371	0.2543
	亚运会后	4.175	20	1.2573	0.2812

(2)表 4-15 显示,两组变量的相关系数为 0.876,显著性水平小于 0.05,说明显著相关。

表 4-15 配对样本性

		个案数	相关性	显著性
配对 1	亚运会前 & 亚运会后	20	0.876	0.000

(3)表 4-16 列出了亚运会前后被调查对象每周运动时长差值的均值、标准差、标准误均值和 95% 置信区间。结果显示,统计量 $t = -9.881$,$p < 0.05$,因此认为亚运会前后杭州市居民每周运动时长有变化,亚运会举办后,市民的运动时长增加了。

表 4-16 配对样本 t 检验结果

		配对差值					t	自由度	显著性（双尾）
		平均值	标准偏差	标准误差平均值	差值95%置信区间				
					下限	上限			
配对 1	亚运会前-亚运会后	-1.3400	0.6065	0.1356	-1.6238	-1.0562	-9.881	19	0.000

知识总结

本项目介绍了平均值分析和三种 t 检验。平均值分析不同于描述性统计分析中的均值分析。三种 t 检验都是用来检验两个总体的统计数据的比较方法,使用时都必须满足一定的前提假设。单样本 t 检验要求总体服从正态分布;独立样本 t 检验要求两个总体互相独立、服从正态分布;配对样本 t 检验要求差值符合正态分布。上述三种 t 检验对正态分布的要求不是非常严格,近似正态分布的总体依然可以采用上述 t 检验,也可以采用非参数检验的方法进行分析。

课后作业

1.什么是统计的显著性?统计显著性与第Ⅰ类错误有何关系?

2.统计显著性与原假设有何关系?

3.统计显著性与显著性水平有何关系?

4.平均值分析和描述性统计分析中的均值分析有何区别?

5.什么是单样本 t 检验?

6.使用配对样本 t 检验的前提条件是什么?

7.什么是两个总体均值的假设检验,在总体方差相等和不等时有何不同?

8.利用与社会民生相关的热点数据,应用单样本 t 检验、独立样本 t 检验或配对样本 t 检验等统计方法,进行社会民生领域的统计分析研究。

项目四数据

項目五 方差分析

◎ 学习目标

知识目标

1. 了解方差分析所要解决的问题。
2. 熟悉方差分析对变量类型的要求。
3. 了解单因素和双因素方差分析的意义和基本原理。
4. 熟悉各类方差分析的使用条件。
5. 掌握协方差分析和多元方差分析的意义和基本原理。

技能目标

1. 会按照不同的方差分析方法组织、录入数据。
2. 会使用 SPSS 26 进行各类方差分析操作。
3. 会解释方差分析结果的统计意义和实际含义。

素养(思政)目标

1. 融入党的二十大精神,使学生深入了解国家发展大局。
2. 培养科学精神,强调数据真实性与分析严谨性,培养学术诚信意识。
3. 思政目标:激发民族自豪感、荣誉感和责任感。

📍 项目导图

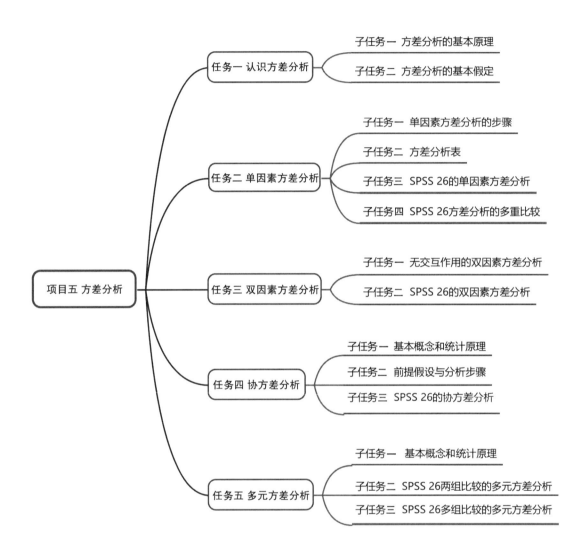

项目五 方差分析

任务一 认识方差分析
- 子任务一 方差分析的基本原理
- 子任务二 方差分析的基本假定

任务二 单因素方差分析
- 子任务一 单因素方差分析的步骤
- 子任务二 方差分析表
- 子任务三 SPSS 26的单因素方差分析
- 子任务四 SPSS 26方差分析的多重比较

任务三 双因素方差分析
- 子任务一 无交互作用的双因素方差分析
- 子任务二 SPSS 26的双因素方差分析

任务四 协方差分析
- 子任务一 基本概念和统计原理
- 子任务二 前提假设与分析步骤
- 子任务三 SPSS 26的协方差分析

任务五 多元方差分析
- 子任务一 基本概念和统计原理
- 子任务二 SPSS 26两组比较的多元方差分析
- 子任务三 SPSS 26多组比较的多元方差分析

项目五课件

任务一　认识方差分析

方差分析是对数据变动的来源进行分解和检验的方法和过程。按照因变量的数量，方差分析可分为一元方差分析和多元方差分析。一元方差分析只包含一个因变量，可以有一个或多个影响因素；多元方差分析包含多个相关因变量，可以有一个或多个影响因素。

导入案例

消费者观看某品牌短视频广告对该品牌的评价是否有显著的影响？大学生观看短视频对其价值观或择业观是否有显著影响？施肥量是否会给农作物产量带来显著影响？学历对工资收入是否有显著的影响？地区是否对妇女的生育率有显著影响？……对于这些问题，都可以通过方差分析得到答案。

子任务一　方差分析的基本原理

t 检验所处理的是两个总体之间的计量变量的比较，而方差分析可以用来分析和判断多个总体的特征数值之间有无显著差异。以均值为例，当多个样本为来自某一受控因素的不同水平时，若这些样本的均值之间不存在显著差异，则表明这一受控因素的不同水平对变动的影响是不显著的，属于随机因素引起的随机变动；反之，若这些样本的均值之间存在显著差异，则表明这一受控因素的不同水平对变动的影响是显著的，属于受控因素引起的系统性变动。

因素是指方差分析所要检验的对象，也称为因子。

水平是指方差分析因素的具体表现，也称为处理。

观察值是指具体的因素在不同水平下的样本数据。

因此，可以进一步将方差分析定义为依据在具体的因素水平下的观察值，对因素进行显著性假设检验的方法和过程。

例如，某企业为了研究成品车间的产品质量控制问题，对该车间的 5 个班组的产品优等品率进行了一次抽查，从每个班组中独立地抽取产品，各班组 5 个优等品率数据构成随机样本，具体情况如表 5-1 所示。试指出方差分析的因素、水平和观察值。

该企业成品车间各个班组优等品率的状态及其差异是我们所要研究的内容，也就是方差分析所要检验的对象，所以"班组"是本例中方差分析的"因素"；因素的具体表现，即 1 组、2 组、3 组、4 组、5 组，就是本次方差分析的"班组"因素的"水平"；从每个班组中独立地抽取的随机样本的 5 个具体数据，即 5 个班组的优等品率数据，就是本次方差分析的"观察值"。

表 5-1　某企业成品车间 5 个班组优等品率抽查情况　　　　　　　　单位:%

观察值	班组				
	1 组	2 组	3 组	4 组	5 组
优等品率	81	83	84	86	92
	82	80	87	82	89
	84	85	87	89	90
	86	84	88	87	89
	84	81	90	91	90

由表 5-1 可知,在该成品车间里各次的优等品率观察值有所不同,也就是数据之间存在差异,这种差异是否由该次观测的班组因素引起的呢? 班组因素引起的差异是随机性的,还是系统性的呢? 这些都是方差分析要研究的内容。

在方差分析中,各样本观察值之间的差异称为总差异,并用总离差平方和来表示。总离差平方和是每个观察值与其总均值离差的平方的总和。

根据因素的不同水平,方差分析将观察值之间的差异与总离差平方和分解为两部分。一部分是在同一水平下观察值之间的差异,称为组内离差,通常用组内离差平方和来度量,例如表 5-1 中每个班组 5 个观察值之间的差异,就是组内离差,用每个班组 5 个观察值与该班组样本均值的离差的平方和来度量;另一部分是不同水平观察值之间的差异,称为组间离差,通常用组间离差平方和来度量,例如表 5-1 中 5 个班组观察值之间的差异,就是组间离差,用每一班组观察值的样本均值与总均值之间离差的平方和来度量。

事物及其现象的变动所反映的数量差异可以分为随机性的和系统性的两类。在方差分析中,假定组内的差异是随机性的,组间的差异既有随机性的,也有系统性的。如果在一定的显著性水平下,度量不同水平之间差异的组间离差不存在显著差异,则在相应的概率程度上认为组间差异基本上属于随机性的;反之,则可认为组间差异基本上是系统性的,该因素的不同水平是形成这一系统性差异的原因。如在本例中,若经过方差分析发现该 5 个班组的组间离差存在显著性差异,那么这种差异就是系统性的,即不同班组之间的差异是影响该企业成品车间产品质量的因素。

因此,也可将方差分析理解为,将具体的因素水平下观察值的差异分解为不受因素水平影响的组内离差和受到因素水平影响的组间离差,并通过显著性假设检验,来判断所研究的因素是否具有显著的系统性变动特征的方法和过程。

📊 子任务二　方差分析的基本假定

方差分析基本假定的一般表述为,设因素 A 有 k 个水平 $A_1, A_2, \cdots, A_k$,在每个具体水平 A_j 下,总体分布为 $N(\mu_j, \sigma^2)$, $j = 1, 2, \cdots, k$,其中 μ_j 和 σ^2 均未知。注意,这里 k 个总体方差 σ^2 均相等,并且在每个水平 A_j 下抽取一个样本,则有 $x_{1j}, x_{2j}, \cdots, x_{n_j j}$,所取得的 s 个样本相互独立。

显然,以上表述规定了方差分析的三项基本假定:

（1）每个总体均服从正态分布。对应于具体因素的每一个水平，其观测值都来自正态总体。

（2）每个总体具有同等方差，即方差齐性要求。对应于具体因素的每一个水平，其观测值都来自具有同等的方差的正态总体。

（3）观测值都是相互独立的，即方差分析中的每一个观测值都来自具有同等方差的正态总体的独立同分布样本。

任务二　单因素方差分析

单因素方差分析是指所要检验的对象为单一情况下的方差分析。例如，在前例中要检验不同班组之间的产品质量是否存在显著差异，所涉及的只是"班组"一个因素，因而所进行的方差分析就是单因素方差分析。

 导入案例

学校教务处想要研究传统教学、PAD 教学和 PBL 教学的教学效果是否有差异，选择了某班级 90 名学生，按照学号将其随机分成三组，分别对他们采用三种教学方法进行统计学课程教学，期末采用同样的试卷进行考试，获得学生成绩数据，如表 5-2 所示。请采用合适的方法进行统计分析，并进行解释。

表 5-2　不同教学方法下学生期末考试成绩

学生编号	教学方法	学生成绩	学生编号	教学方法	学生成绩	学生编号	教学方法	学生成绩
1	1	69	17	1	68	33	2	67
2	1	64	18	1	52	34	2	53
3	1	66	19	1	57	35	2	76
4	1	69	20	1	62	36	2	66
5	1	75	21	1	68	37	2	68
6	1	61	22	1	62	38	2	56
7	1	46	23	1	56	39	2	55
8	1	65	24	1	69	40	2	47
9	1	72	25	1	56	41	2	64
10	1	66	26	1	75	42	2	53
11	1	66	27	1	72	43	2	79
12	1	52	28	1	68	44	2	65
13	1	71	29	1	47	45	2	64
14	1	62	30	1	63	46	2	68
15	1	59	31	2	64	47	2	76
16	1	79	32	2	65	48	2	84

续　表

学生编号	教学方法	学生成绩	学生编号	教学方法	学生成绩	学生编号	教学方法	学生成绩
49	2	83	63	3	51	77	3	77
50	2	54	64	3	55	78	3	66
51	2	77	65	3	61	79	3	74
52	2	78	66	3	89	80	3	59
53	2	67	67	3	82	81	3	72
54	2	69	68	3	75	82	3	79
55	2	74	69	3	76	83	3	84
56	2	68	70	3	75	84	3	70
57	2	72	71	3	65	85	3	69
58	2	66	72	3	73	86	3	93
59	2	59	73	3	62	87	3	64
60	2	59	74	3	69	88	3	72
61	3	64	75	3	72	89	3	77
62	3	69	76	3	77	90	3	91

子任务一　单因素方差分析的步骤

1. 提出假设

方差分析的第一步就是建立假设。按照具体的水平,针对所检验的对象提出原假设和备择假设,当因素 A 有 k 个水平 $A_1, A_2, \cdots, A_k$ 时,需要提出如下假设:

$$H_0: \mu_1 = \mu_2 = \cdots = \mu_k$$

$$H_1: \mu_1, \mu_2, \cdots, \mu_k \text{ 不全相等}$$

原假设 $H_0: \mu_1 = \mu_2 = \cdots = \mu_k$,表示在不同水平下的各个总体均值相等,即不同的水平对总体均值没有显著影响。在本例中,则表明各教学方法的成绩均值相等,不同教学方法对总体的成绩均值不具有显著影响。备择假设 $H_1: \mu_1, \mu_2, \cdots, \mu_k$ 不全相等,表示在不同水平下的各个总体均值不全相等,至少有一个总体均值与其他总体均值不等,即该因素的不同的水平对总体均值有显著影响。在本例中,则表明各教学方法的成绩均值不全相等,不同教学方法对总体的成绩均值具有显著影响。

为了判断原假设 H_0 是否为真,需要构造相关的检验统计量。

2. 计算均值

水平均值是指在具体水平下的观察值的均值。一般将第 j 项水平的水平均值记为 $\bar{x}_j$,计算公式为

$$\bar{x}_j = \frac{1}{n_j} \sum_{i=1}^{n_j} x_{ij} \tag{5-1}$$

式中, n_j 表示第 j 个水平的观察值个数; x_{ij} 表示第 j 项水平的第 i 个观察值。

按照式(5-1),计算出各组的水平均值,如表5-3所示。

表 5-3 三种教学方法下学生成绩水平均值

观察值	教学方法					
	传统教学		PAD 教学		PBL 教学	
成绩	69	59	64	68	64	77
	64	79	65	76	69	77
	66	68	67	84	51	66
	69	52	53	83	55	74
	75	57	76	54	61	59
	61	62	66	77	89	72
	46	68	68	78	82	79
	65	62	56	67	75	84
	72	56	55	69	76	70
	66	69	47	74	75	69
	66	56	64	68	65	93
	52	72	53	72	73	64
	71	68	79	66	62	72
	62	47	65	59	69	77
	75	63	64	59	72	91
水平均值	63.9		66.5		72.1	

总均值是指全部观察值的均值,也为水平均值的均值。总均值一般记为$\bar{x}$,有

$$\bar{x} = \frac{1}{\sum\limits_{j=1}^{k} n_j} \sum_{j=1}^{k} \sum_{i=1}^{n_j} x_{ij} = \frac{1}{\sum\limits_{j=1}^{k} n_j} \sum_{j=1}^{k} \bar{x}_j n_j \quad (5\text{-}2)$$

按照式(5-2),由表 5-3 的数据可以计算出该班级三种教学方法下学生成绩的总均值为 67.5。

3. 计算离差平方和

总离差平方和(SST)是指全部观察值 x_{ij} 与总均值 $\bar{x}$ 的离差的平方和,反映了全部观察值离散程度的总规模。有

$$SST = \sum_{j=1}^{k} \sum_{i=1}^{n_j} (x_{ij} - \bar{x})^2 \quad (5\text{-}3)$$

按照式(5-3),由表 5-3 的数据可以计算出总离差平方和 SST 为 8346.50。

水平项离差平方和(SSA)是指各项水平的水平均值 $\bar{x}_j$ 与总均值 $\bar{x}$ 的离差的平方和,反映了各项水平代表性数值——各项水平均值之间离散程度的规模。有

$$SSA = \sum_{j=1}^{k} \sum_{i=1}^{n_j} (\bar{x}_j - \bar{x})^2 = \sum_{j=1}^{k} n_j (\bar{x}_j - \bar{x})^2 \quad (5\text{-}4)$$

按照式(5-4),由表 5-3 的数据可以计算出水平项离差平方和 SSA 为 1042.47。

误差项离差平方和(SSE)是指各项水平的观察值 x_{ij} 与水平均值 $\bar{x}_j$ 的离差的平方和之和,反映了各项水平内部观察值离散程度的总和。有

$$SSE = \sum_{j=1}^{k} \sum_{i=1}^{n_j} (x_{ij} - \bar{x}_j)^2 \qquad (5\text{-}5)$$

按照式(5-5),由表5-3的数据可以计算出误差项离差平方和SSE为7304.03。

4. 离差平方和之间的关系

从方差分析的角度而言,在三项离差平方和中,总离差平方和SST所度量的离散程度包括全部观察值的所有变异;水平项离差平方和SSA对各项水平之间的差异程度的测度指标,既包括随机离差,又包括系统离差;误差项离差平方和SSE反映的是各项水平内部的离散程度,仅仅包括随机离差。

这三项离差平方和存在水平项离差平方和SSA与误差项离差平方和SSE之和等于总离差平方和SST的数量对等关系。即

$$SST = SSA + SSE \qquad (5\text{-}6)$$

由

$$SST = \sum_{j=1}^{k} \sum_{i=1}^{n_j} (x_{ij} - \bar{x})^2 = \sum_{j=1}^{k} n_j (\bar{x}_j - \bar{x})^2 + \sum_{j=1}^{k} \sum_{i=1}^{n_j} (x_{ij} - \bar{x}_j)^2 + 2\sum_{j=1}^{k} \sum_{i=1}^{n_j} (x_{ij} - \bar{x}_j)(\bar{x}_j - \bar{x})$$

其中

$$\sum_{j=1}^{k} \sum_{i=1}^{n_j} (x_{ij} - \bar{x}_j)(\bar{x}_j - \bar{x}) = \sum_{j=1}^{k} (\bar{x}_j - \bar{x}) \sum_{i=1}^{n_j} (x_{ij} - \bar{x}_j) = \sum_{j=1}^{k} (\bar{x}_j - \bar{x})\left(\sum_{i=1}^{n_j} x_{ij} - n_j \bar{x}_j\right) = 0$$

得

$$SST = \sum_{j=1}^{k} n_j (\bar{x}_j - \bar{x})^2 + \sum_{j=1}^{k} \sum_{i=1}^{n_j} (x_{ij} - \bar{x}_j)^2 = SSA + SSE$$

因此,可以将总离差平方和SST分解为水平项离差平方和SSA与误差项离差平方和SSE两个部分,并通过比较两者数值,将包含在水平项离差平方和SSA中的系统离差以这两项离差平方和的比值的形式呈现出来,对所设定的因素的不同水平对总体均值没有显著影响的原假设H_0进行检验,最终做出接受还是拒绝原假设H_0的判断。

根据离差平方和的均方比值服从F分布的特性,构造F检验统计量来实施水平项离差平方和SSA与误差项离差平方和SSE比值的比较。

5. 计算均方

均方是指离差平方与自由度的商。计算均方的关键是确定各离差平方的自由度。均方剔除了因观测值项数不同而产生的差异,是一个平均化了的离差平方和,为水平项离差平方和SSA与误差项离差平方和SSE的比较提供了必要基础。均方是构造F检验统计量的基础。

①计算SSA的均方MSA。水平项离差平方和SSA的自由度为$k-1$,则均方MSA为

$$MSA = \frac{SSA}{k-1} \qquad (5\text{-}7)$$

按照式(5-7),由水平项离差平方和SSA = 1042.5和自由度2,可计算出MSA为521.25。

②计算 SSE 的均方 MSE。误差项离差平方和 SSE 的自由度为 $n-k$,则均方 MSE 为

$$MSE = \frac{SSE}{n-k} \tag{5-8}$$

式(5-8)中的 n 为观察值总数,$n = \sum_{j=1}^{k} n_j$。

按照式(5-8),由误差项离差平方和 SSE = 7304.03 和自由度 87,可计算出 MSE 为 83.95。

③计算 SST 的均方 MST。总离差平方和 SST 的自由度为 $n-1$,则均方 MST 为

$$MST = \frac{SST}{n-1} \tag{5-9}$$

总离差平方和 SST 是由 n 个观察值计算出的离差平方和,并含有一个线性约束条件,所以总离差平方和 SST 的自由度为 $n-1$。显然,水平项离差平方和 SSA 与误差项离差平方和 SSE 两者的自由度之和,等于总离差平方和 SST 的自由度,即 $n-1 = (k-1) + (n-k)$。按照式(5-6),总离差平方和(SST)由组间离差平方和(SSA)和组内离差平方和(SSE)相加得到,结果为 8346.5。自由度为 89。由式(5-9)可以计算出均方总 MST 为 93.8。

6. 计算 F 检验统计量

误差项离差平方和 SSE 与总体方差之比服从自由度为 $n-k$ 的 χ^2 分布,即

$$\frac{SSE}{\sigma^2} \sim \chi^2(n-k) \tag{5-10}$$

水平项离差平方和 SSA 与总体方差之比服从自由度为 $k-1$ 的 χ^2 分布,即

$$\frac{SSA}{\sigma^2} \sim \chi^2(k-1) \tag{5-11}$$

式(5-11)和式(5-10)的比值服从第一自由度为 $k-1$、第二自由度为 $n-k$ 的 F 分布,即

$$F = \frac{\dfrac{SSA}{\sigma^2(k-1)}}{\dfrac{SSE}{\sigma^2(n-k)}} = \frac{MSA}{MSE} \sim F(k-1, n-k) \tag{5-12}$$

显然,式(5-12)的 F 检验统计量为式(5-7)水平项均方 MSA 和式(5-8)误差项均方 MSE 的比值。由式(5-12),可计算出本例的 F 检验统计量的数值为 6.209。

方差分析的原假设是不同水平下的各个总体均值相等,即 $H_0: \mu_1 = \mu_2 = \cdots = \mu_k$,表示不同的水平对总体均值没有显著影响。但是,由方差分析是通过 F 检验统计量进行假设检验的可知,假设检验的统计量是检验两个总体方差之间是否存在显著差异的 F 检验值,借此可判别水平项均方是否显著大于误差项均方,进而对不同水平下的各个总体均值相等的原假设进行统计判断。

方差分析实质上是基于式(5-12)进行假设检验的,其隐含的原假设为水平项均方小于等于误差项均方,即 $H_0: MSA/MSE \leqslant 1$。若依据式(5-12)计算得到的 F 检验统计量拒绝

原假设,则说明不同的水平所导致的水平变异显著大于剩余的误差变异,不同的水平所导致的变异属于系统性的变异,进而可以得出不同水平下的各个总体均值不全相等的结论。从这个角度来说,方差分析实质上是基于 F 检验统计量,对总体的水平变异是否显著大于误差变异,即总体的水平变异是否为系统性变异的假设检验。

7. 统计判断

在计算出 F 检验统计量的具体数值之后,将 F 检验统计值与给定的显著性水平 α 的 F 分布临界数值相比较,做出接受还是拒绝原假设 H_0 的统计判断。若 F 检验统计值落在由 F 分布临界数值界定的接受域内,则接受原假设 H_0;反之,便拒绝原假设 H_0。

方差分析的原假设为各组均值相等,即组间均方(MSA)与组内均方(MSE)的比值小于等于1,形式为 $H_0: \text{MSA}/\text{MSE} \leq 1$。因此,方差分析的假设检验采用单侧 F 检验,其中拒绝域位于 F 值较大的区域。

F 检验统计值为 6.209,在显著性水平 $\alpha = 0.05$ 时,有 $F_{0.05} = 2.8661$。显然,F 检验统计值 6.209 大于 F 分布的临界数值 $F_{0.05} = 2.8661$,即 $F > F_{0.05}$。因此,做出拒绝原假设 H_0 的统计判断,认为教学方法是该班学生成绩的显著性影响因素。

📊 子任务二　方差分析表

方差分析表是指为了便于进行数据分析和统计判断,按照方差分析的过程,将有关步骤的计算数据,例如差异来源、离差平方和、自由度、均方和 F 检验值等指标数值逐一列出,以方便检查和分析的统计分析表。例如,表5-4 就是一种常用的方差分析表。

表5-4　方差分析表

差异来源	离差平方和(SS)	自由度	均方(MS)	F 值
组间	SSA	$k-1$	MSA	MSA/MSE
组内	SSE	$n-k$	MSE	
全部	SST	$n-1$		

一般的统计软件给出的方差分析表的形式类似于表5-4。以下表5-5 就是运用 Excel 的"分析工具库"中的"方差分析:单因素方差分析"工具,进行方差分析,由 Excel 输出的"单因素方差分析表"。

表5-5　Excel 单因素方差分析表

差异源	SS	df	MS	F	p 值
组间	1042.47	2	521.23	6.209	0.003
组内	7304.03	87	83.95		
总计	8346.50	89			

表5-5 分组间、组内和总计三栏列出了离差平方和(SS)、自由度(df)、均方(MS)和 F 检验统计值。同时,给出了 F 检验统计值的 p 值(或者称为伴随概率的 p 值)。由 F 检验统计值的伴随概率 $p = 0.003$ 可知,在本例中教学方法的差异对于学生成绩的影响是非常

显著的,即说明三种教学方法对学生的成绩有显著影响,学校和教师需要认真研究教学,分析哪种方法对学生提高成绩更有帮助。

子任务三 SPSS 26 的单因素方差分析

5-1 SPSS 26 的单因素方差分析

仍然采用导入案例中的数据,来介绍 SPSS 26 的单因素方差分析。

【第 1 步】数据组织

根据表 5-3 生成 SPSS 文件,新建 2 个变量,即"教学方法"和"成绩",将建立的数据文件存入 SPSS 文件"data5.1.sav"中。

【第 2 步】单因素方差分析设置

(1)在 SPSS 26 的菜单栏中依次选择"分析"→"比较平均值"→"单因素 ANOVA 检验",系统弹出"单因素 ANOVA 检验"对话框,如图 5-1 所示。

(2)导入变量。将数据中的"成绩"导入"单因素 ANOVA 检验"对话框的"因变量列表"变量框。并将对应的"教学方法"导入"因子"变量框,如图 5-1 所示。

(3)单击"选项"按钮,在弹出的"单因素 ANOVA 检验:选项"对话框中勾选"描述"和"方差齐性检验",如图 5-2 所示,因为"描述"可以导出三个核心基本统计量,"方差齐性检验"为方差分析必备检验。单击"继续",返回图 5-1 对话框。

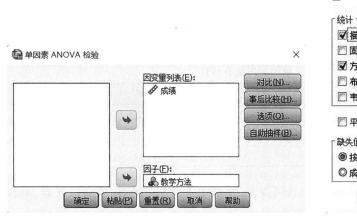

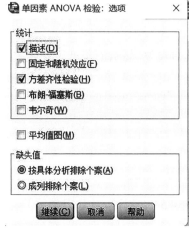

图 5-1 "单因素 ANOVA 检验"对话框　　图 5-2 "单因素 ANOVA 检验:选项"对话框

【第 3 步】主要结果分析

在"单因素 ANOVA 检验"对话框中,单击"确定"按钮,完成 SPSS 26 的单因素方差分析。结果如表 5-6 至表 5-8 所示。

(1)三个核心基本统计量。由表 5-6 可知,三种教学方法的三个核心基本统计量中,传统教学均值为 63.90,PAD 教学均值为 66.53,PBL 教学均值为 72.07。虽然看似有一定的差异,但可能是误差导致的,因此需要检验。

表5-6　单因素方差分析描述统计量

	个案数	平均值	标准偏差	标准误差	平均值的95%置信区间		最小值	最大值
					下限	上限		
传统教学	30	63.90	8.104	1.480	60.87	66.93	46	79
PAD教学	30	66.53	9.354	1.708	63.04	70.03	47	84
PBL教学	30	72.07	9.934	1.814	68.36	75.78	51	93
总计	90	67.50	9.684	1.021	65.47	69.53	46	93

（2）检验三种教学方法的方差是否相同。由表5-7可知,基于平均值的显著性 $p = 0.721 > 0.05$,接受原假设,即三种教学方法的学生成绩的方差相同,可以进行后续方差分析。

表5-7　单因素方差齐性检验表

		莱文统计	自由度1	自由度2	显著性
成绩	基于平均值	0.328	2	87	0.721
	基于中位数	0.362	2	87	0.697
	基于中位数并具有调整后自由度	0.362	2	84.984	0.697
	基于剪除后平均值	0.338	2	87	0.714

（3）方差分析结果。如表5-8所示,$F = 6.209$,$p = 0.003 < 0.05$,由此可知三种教学方法的学生考试成绩有差异。然而我们只知道三种教学方法有差异,却不知道哪两种教学方法有差异,这就需要进一步两两比较。

表5-8　单因素方差分析表

	平方和	自由度	均方	F	显著性
组间	1042.467	2	521.233	6.209	0.003
组内	7304.033	87	83.954		
总计	8346.500	89			

表5-8虽然包含单因素方差分析的共同要素,反映了方差分析的数量分析过程,可以满足经济管理对于方差分析的需要,但是SPSS 26输出的单因素方差分析表各栏标题,与经济管理方差分析的要求尚存在差距,需要进行调整。表5-9就是对表5-8进行调整之后的单因素方差分析表。

表5-9　调整各栏标题之后的单因素方差分析表

差异源	离差平方和	自由度	均方	F检验值	伴随概率
组间	1042.467	2	521.233	6.209	0.003
组内	7304.033	87	83.954		
总数	8346.500	89			

子任务四　SPSS 26 方差分析的多重比较

5-2 SPSS 26 方差分析的多重比较

1. 无交互作用的双因素方差分析

由方差分析的零假设"$H_0: \mu_1, \mu_2, \cdots, \mu_k$ 全部相等"可知,方差分析在拒绝原假设 H_0 时,得出的结论是至少有一个总体均值与其他某一总体均值不等。所以,当利用方差分析得出拒绝原假设的结论时,不能由此推断该因素各水平两两之间都存在显著差异。

在实际应用中,往往需要了解究竟哪几个总体均值之间存在显著差异,这就要求进一步拓展方差分析。在方差分析中,将解决这类问题的方法称为方差分析中的多重比较。

多重比较方法是指通过不同水平均值之间的两两配对比较,来检验各个总体均值之间是否存在显著差异的假设检验方法和过程。最小显著性差异法(LSD)是一种广泛使用的多重比较方法。

最小显著性差异法是指在方差分析中,在拒绝了"$H_0: \mu_1, \mu_2, \cdots, \mu_k$ 全部相等"的零假设前提下,采用 t 统计量对各水平之间是否存在显著差异,进行逐一两两配对比较的假设检验方法。最小显著性差异法是方差分析的多重比较方法中最常用的方法。

在项目四中,我们讨论了在两个服从正态分布总体的方差 σ_1^2 和 σ_2^2 为未知且相等的情况下,对总体均值之差 $\mu_1 - \mu_2$ 进行假设检验时,采用 t 统计量来进行假设检验,即有

$$t = \frac{\bar{x}_1 - \bar{x}_2}{s_{1,2}\sqrt{\dfrac{1}{n_1} + \dfrac{1}{n_2}}} \tag{5-13}$$

式中的 $s_{1,2}$ 为两个未知且相等的总体方差 σ_1^2 和 σ_2^2 的联合方差 $\sigma_{1,2}^2$ 的样本估计量的算术平方根,t 统计量的自由度为 $n_1 - n_2 - 2$。

从式(5-13)对于两个总体均值的 t 统计量假设检验方法,在方差齐性的前提下,可以引申出对于多个总体均值的 t 统计量假设检验方法:

$$t = \frac{\bar{x}_i - \bar{x}_j}{\sqrt{\mathrm{MSE}\left(\dfrac{1}{n_i} + \dfrac{1}{n_j}\right)}} \tag{5-14}$$

式(5-14)用误差项离差平方和 SSE 的均方 MSE 替代式(5-13)的联合方差估计量。式(5-14)的联合方差是多个总体方差的联合方差,而不再是式(5-13)中的两个总体方差的联合方差。这表明式(5-14)是由式(5-13)的两个总体均值之差的显著性检验量,推导出的对于多个总体均值之差的显著性检验量。

当各水平的观测值个数相等时,即 $n_i = n_j (i \neq j; i, j = 1, 2, \cdots, k)$,则又可将式(5-14)简写为

$$t = \frac{\bar{x}_i - \bar{x}_j}{\sqrt{\mathrm{MSE}\dfrac{2}{n_i}}} \tag{5-15}$$

在给定的显著性水平 α 下,若有 $|t| > t_{\alpha/2}(n-k)$,则拒绝原假设 $H_0: \mu_i - \mu_j = 0$,认为总体均值 μ_i 与 μ_j 存在显著差异;若有 $|t| \leq t_{\alpha/2}(n-k)$,则接受 $H_0: \mu_i - \mu_j = 0$ 的原假设,认为总体均值 μ_i 与 μ_j 不存在显著差异。

仍采用表 5-3 中各组水平均值数据,各组水平均值分别为 63.9、66.5、72.1,采用最小显著性差异法,检验各组总体均值之间的差异是否显著。

要求检验各组总体均值之间的差异是否显著,意味着需要进行 3 个水平的成对组合数 C_3^2 的假设检验,即进行 3 项两两之间的总体均值之差的假设检验。可以将本例的假设检验依次分为两组,有:

(1)μ_1 与 μ_2、μ_3 是否存在显著差异;

(2)μ_2 与 μ_3 是否存在显著差异。

由于各水平的观测值个数相等,所以可以按照式(5-15)计算出对于多个总体均值进行假设检验的 3 项 t 检验统计值,具体计算结果如表 5-10 所示。

本例中联合方差的自由度为 2,根据表 5-10 可以计算得到对应于各项 t 检验统计值的伴随概率,具体数值如表 5-11 所示。

表 5-10　采用 LSD 方法计算的 t 检验统计值

班组	PAD 教学	PBL 教学
传统教学	-2.633	-8.167
PAD 教学		-5.533

表 5-11　采用 LSD 方法计算的 t 检验统计值的伴随概率

班组	PAD 教学	PBL 教学
传统教学	0.269	0.001
PAD 教学		0.022

由表 5-11 可知,两两配对的 3 对组合中,有 2 对组合拒绝了不存在显著差异的零假设,认为存在显著差异;而有 1 对组合不能拒绝不存在显著差异的零假设,不能认为存在显著差异。

2.操作步骤

仍然采用表 5-3 的数据,介绍 SPSS 26 的最小显著性差异法和复极差检验法(S-N-K)的分析过程。

第 1 步和第 2 步与 SPSS 26 的单因素方差分析类似。

【第 3 步】设置最小显著性差异法

在"单因素 ANOVA 检验"对话框中,单击"事后比较",系统弹出"单因素 ANOVA 检验:事后多重比较"对话框。进行事后比较的目的是在方差分析发现三组教学方法的学生成绩存在差异的情况下,进一步确定是哪两组之间存在差异,或是否所有组之间均存在差异。按照图 5-3,勾选"LSD"和"S-N-K"选项。

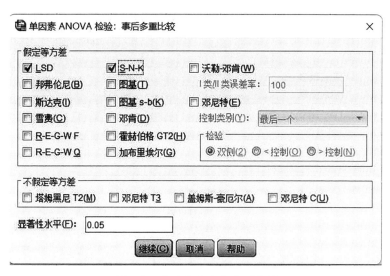

图 5-3 事后多重比较选项设置

【第 4 步】主要结果分析

单击"继续"返回"单因素 ANOVA 检验"对话框,单击"确定"按钮,得到方差分析的多重比较结果。

(1) LSD 法两两比较。如表 5-12 所示,凡是显著性 $p < 0.05$ 的,表示两者之间有差异。结果表明,PBL 教学与传统教学差异有统计学意义;PBL 与 PAD 教学差异有统计学意义;传统教学与 PAD 教学差异无统计学意义。

表 5-12 LSD 法两两比较结果

(I) 教学方法	(J) 教学方法	平均值差值 (I − J)	标准误差	显著性	95% 置信区间	
					下限	上限
传统教学	PAD 教学	− 2.633	2.366	0.269	− 7.34	2.07
	PBL 教学	− 8.167*	2.366	0.001	− 12.87	− 3.46
PAD 教学	传统教学	2.633	2.366	0.269	− 2.07	7.34
	PBL 教学	− 5.533*	2.366	0.022	− 10.24	− 0.83
PBL 教学	传统教学	8.167*	2.366	0.001	3.46	12.87
	PAD 教学	5.533*	2.366	0.022	0.83	10.24

注:* 表示平均值差值的显著性水平为 0.05。

(2) S-N-K 法两两比较。如表 5-13 所示,本案例运用 S-N-K 法时可以分为两组,PBL 教学自成一组,PAD 教学和传统教学为一组。那么 PBL 教学就分别和 PAD 教学、传统教学有差异,而传统教学和 PAD 教学无差异,结果和 LSD 法一致。结合表 5-6,可以认为 PBL 教学效果最好,传统教学和 PAD 教学无差异。

表5-13　S-N-K 法两两比较结果

教学方法		个案数	Alpha 的子集 = 0.05	
			1	2
S-N-K[a]	传统教学	30	63.90	
	PAD 教学	30	66.53	
	PBL 教学	30		72.07
	显著性		0.269	1.000
将显示齐性子集中各个组的平均值				
a. 使用调和平均值样本大小 = 30.000				

任务三　双因素方差分析

双因素方差分析是指所要检验的对象有两个的情况下的方差分析。根据因素之间的效应是否独立,可以将双因素方差分析分为两种类型:一种是假定因素 A 与因素 B 之间相互独立、无交互作用的双因素方差分析;另一种是假定因素 A 与因素 B 之间有交互作用的双因素方差分析。

 导入案例

粮食安全是国家总体安全体系的重要组成部分。党的二十大报告强调,全面推进乡村振兴,要全方位夯实粮食安全根基,全面落实粮食安全党政同责,确保中国人的饭碗牢牢端在自己手中[1]。某农业研究机构研究了 3 种栽培方式对 4 种不同品种的水稻产量的影响,数据如表5-14 所示。采用无交互作用的双因素方差分析方法判断试验田和水稻品种这两个因素对水稻产量是否有显著影响。

表5-14　不同栽培方式对不同水稻品种产量的影响　　　　单位:斤

水平		栽培方式		
		甲	乙	丙
水稻品种	A	1265	1295	1155
	B	1455	1445	1405
	C	1225	1205	1105
	D	1200	1205	1115

注:1 斤 = 0.5 千克。

──────────

①习近平.高举中国特色社会主义伟大旗帜 为全面建设社会主义现代化国家而团结奋斗:在中国共产党第二十次全国代表大会上的报告[N].人民日报,2022-10-26(01).

子任务一 无交互作用的双因素方差分析

无交互作用的双因素方差分析也被称为无重复双因素方差分析。"无交互作用"强调的是因素 A 与因素 B 之间相互独立的特征;"无重复"强调的是由因素 A 与因素 B 交互构成的任一组合,仅包含一项观测值,不能进行重复观测的这一特征。在不能进行重复观测的场合中,也就不能分析因素 A 与因素 B 之间的交互作用。

在无交互作用的双因素方差分析中,一般将一个因素安排在数据表"行"的位置上,例如表 5-15 中的因素 B,称为行因素,并用序号 1 到 s 表示;将另一个因素安排在数据表"列"的位置上,例如表 5-15 中的因素 A,称为列因素,并用序号 1 到 k 表示。行因素和列因素的每一个水平都可以构成一项观察值 x_{ij},一共有 $k \times s$ 项观察值,由观察值来反映对这两个因素的共同影响。双因素方差分析的数据结构如表 5-15 所示。

在表 5-15 中,$\bar{x}_{i\cdot}$ 表示行因素 B 中第 i 项水平的水平均值,或称为第 i 项行水平均值,有

$$\bar{x}_{i\cdot} = \frac{1}{k} \sum_{j=1}^{k} x_{ij} \tag{5-16}$$

式中,$\bar{x}_{\cdot j}$ 表示列因素 A 中第 j 项水平的水平均值,或称为第 j 项列水平均值,有

$$\bar{x}_{\cdot j} = \frac{1}{s} \sum_{i=1}^{s} x_{ij} \tag{5-17}$$

式中,$\bar{x}$ 表示全部 $k \times s$ 项观察值的总均值,有

$$\bar{x} = \frac{1}{ks} \sum_{i=1}^{k} \sum_{j=1}^{s} x_{ij} = \frac{1}{s} \sum_{i=1}^{s} \bar{x}_{i\cdot} = \frac{1}{k} \sum_{j=1}^{k} \bar{x}_{\cdot j} \tag{5-18}$$

表 5-15　双因素方差分析的数据结构

因素		(列)因素 A				均值
		A_1	A_2	$\cdots$	A_k	
(行)因素 B	B_1	x_{11}	x_{12}	$\cdots$	x_{1k}	$\bar{x}_{1\cdot}$
	B_2	x_{21}	x_{22}	$\cdots$	x_{2k}	$\bar{x}_{2\cdot}$
	$\vdots$	$\vdots$	$\vdots$	$\cdots$	$\vdots$	$\vdots$
	B_s	x_{s1}	x_{s2}	$\cdots$	x_{sk}	$\bar{x}_{s\cdot}$
均值		$\bar{x}_{\cdot 1}$	$\bar{x}_{\cdot 2}$	$\cdots$	$\bar{x}_{\cdot k}$	$\bar{x}$

分析步骤如下:

1. 提出假设

在双因素方差分析中,需要对两个因素分别提出假设。

对排列在行上的因素 B 提出假设:

$$H_0: \mu_1 = \mu_2 = \cdots = \mu_s$$

$$H_1: \mu_1, \mu_2, \cdots, \mu_s \text{ 不全相等}$$

同时,对排列在列上的因素 A 提出假设:

$$H_0: \mu_1 = \mu_2 = \cdots = \mu_k$$

$$H_1: \mu_1, \mu_2, \cdots, \mu_k \text{ 不全相等}$$

2. 构造检验统计量

仍然从总离差平方和 SST 出发,有

$$\text{SST} = \sum_{i=1}^{s} \sum_{j=1}^{k} \left[(\overline{x}_{.j} - \overline{x}) + (\overline{x}_{i.} - \overline{x}) + (x_{ij} - \overline{x}_{.j} - \overline{x}_{i.} + \overline{x}) \right]^2 \tag{5-19}$$

将式(5-19)展开,其中交叉乘积项为 0,则有

$$\text{SST} = s \sum_{j=1}^{k} (\overline{x}_{.j} - \overline{x})^2 + k \sum_{i=1}^{s} (\overline{x}_{i.} - \overline{x})^2 + \sum_{i=1}^{s} \sum_{j=1}^{k} (x_{ij} - \overline{x}_{.j} - \overline{x}_{i.} + \overline{x})^2 \tag{5-20}$$

式(5-20)中等号右边第一项为列因素的水平均值与总均值的离差平方和,记为 SSC。有

$$\text{SSC} = s \sum_{j=1}^{k} (\overline{x}_{.j} - \overline{x})^2 \tag{5-21}$$

其自由度为 $k-1$,则 SSC 的均方为 MSC。有

$$\text{MSC} = \frac{\text{SSC}}{k-1} \tag{5-22}$$

第二项为行因素的水平均值与总均值的离差平方和,记为 SSR。有

$$\text{SSR} = k \sum_{i=1}^{s} (\overline{x}_{i.} - \overline{x})^2 \tag{5-23}$$

其自由度为 $s-1$,则 SSR 的均方为 MSR。有

$$\text{MSR} = \frac{\text{SSR}}{s-1} \tag{5-24}$$

第三项是排除列因素和行因素影响后的剩余因素所形成的误差项平方和,记作 SSE。有

$$\text{SSE} = \sum_{i=1}^{s} \sum_{j=1}^{k} (x_{ij} - \overline{x}_{.j} - \overline{x}_{i.} + \overline{x})^2 \tag{5-25}$$

其自由度为 $(s-1)(k-1)$,则 SSE 的均方为 MSE。有

$$\text{MSE} = \frac{\text{SSE}}{(s-1)(k-1)} \tag{5-26}$$

由以上三项的均方 MSC、MSR 和 MSE,可以构成两项检验统计量。其中,检验列因素是否具有显著性影响的检验统计量为

$$F_C = \frac{\text{MSC}}{\text{MSE}} \sim F(k-1, (s-1)(k-1)) \tag{5-27}$$

检验行因素是否具有显著性影响的检验统计量为

$$F_R = \frac{\text{MSR}}{\text{MSE}} \sim F(s-1, (s-1)(k-1)) \tag{5-28}$$

在无交互作用的双因素方差分析中,总离差平方和 SST 的自由度仍为 $n-1$。同时,列

因素引起的离差平方和 SSC,行因素引起的离差平方和 SSR,与剩余因素引起的误差项平方和 SSE 三者的自由度之和,应等于总离差平方和 SST 的自由度,即 $n-1=(k-1)+(s-1)+(s-1)(k-1)$,在这里 $n=ks$。

3. 统计判断

将由式(5-27)和式(5-28)计算出来的两项 F 检验统计值,分别与给定的显著性水平 α 的 F 分布的临界数值进行比较,做出接受还是拒绝原假设 H_0 的统计判断。若 F 检验统计值落在由 F 分布的临界数值界定的接受域内,则接受原假设 H_0;反之,则拒绝原假设 H_0。

计算出表 5-14 中各行各列的水平均值和全部观测值的总均值。并采用双因素方差分析数据结构表的形式,将全部观测值、各行各列的水平均值和总均值依次列出,如表 5-16 所示。

表 5-16　不同栽培方式对不同水稻品种产量的影响数据结构表　　　　单位:斤

水平		栽培方式			均值
		甲	乙	丙	
水稻品种	A	1265	1295	1155	1238
	B	1455	1445	1405	1435
	C	1225	1205	1105	1178
	D	1200	1205	1115	1173
均值		1286	1288	1195	2467

注:1 斤 = 0.5 千克。

4. 提出原假设

行因素(水稻品种)H_0:$\mu_A = \mu_B = \mu_C = \mu_D$。

列因素(栽培方式)H_0:$\mu_甲 = \mu_乙 = \mu_丙$。

备择假设可以不列出。

5. 计算检验统计量

按照有关公式,逐一计算出各项离差平方和、自由度、均方、F 检验值,并将这些数据依照计算的次序列在方差分析表中,如表 5-17 所示。

表 5-17　水稻产量双因素方差分析表

差异来源	离差平方和	自由度	均方	F 检验值	F 临界值
行	135656.250	3	45218.750	86.474	0.000
列	22512.500	2	11256.250	21.526	0.002
误差	3137.500	6	522.917		
总计	19099275.000	12			

其中,"F临界值"是在显著性水平$\alpha=0.05$下,根据相关F检验量的自由度确定的F分布分位数值,即假设检验的临界值。

6. 统计判断

由表5-17可知,行因素(水稻品种)的F检验值为86.474,大于显著性水平$\alpha=0.05$时的F检验值$F_{0.05}(3,12)=3.490$,因此,拒绝$H_0:\mu_A=\mu_B=\mu_C=\mu_D$,认为水稻品种是导致产量有差异的显著性因素;列因素(栽培方式)的F检验值为21.526,大于F检验值$F_{0.05}(2,12)=3.885$,因此,拒绝$H_0:\mu_甲=\mu_乙=\mu_丙$,可以认为在此次研究中,栽培方式是导致产量有显著差异的因素。

📊 子任务二　SPSS 26 的双因素方差分析

5-3 SPSS 26 的双因素方差分析

采用以上3种栽培方式对4种不同品种的水稻产量的影响的数据,来介绍 SPSS 26 的双因素方差分析。

【第1步】数据组织

类似于单因素方差分析,按照 SPSS 26 双因素方差分析对数据格式的要求,将表5-14的按照两个分组标识进行交叉分组的多栏式统计表,改为按照单一分组标识排列的简单统计表,即整理成第一列为"水稻品种"、第二列为"栽培方式"、第三列为"产量"的简单统计表,实际上是将其"恢复"为原始数据登记时的简单排列状态,从而完成对数据格式的调整。

【第2步】双因素方差分析设置

(1)在 SPSS 26 的菜单栏中依次选择"分析"→"一般线性模型"→"单变量",打开"单变量"对话框,如图5-4所示。

图 5-4　"单变量"对话框

（2）导入指标。将表中的"产量"导入"单变量"对话框的"因变量"变量框中，并将对应的分组标识"水稻品种"和"栽培方式"导入"固定因子"变量框中，如图5-5所示。

图5-5 导入指标

（3）设置"模型"。单击"单变量"对话框右侧上方的"模型"按钮，系统弹出"单变量：模型"对话框，在该对话框左上方"指定模型"的选项中，选定"构建项"，再在该对话框中部"类型"的下拉菜单中选中"主效应"，并将"水稻品种"和"栽培方式"变量导入该对话框右侧的"模型"变量框中，如图5-6所示。其他设置采用系统默认参数，单击"继续"按钮返回"单变量"对话框。

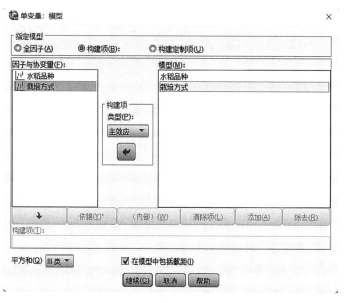

图5-6 设置双因素方差分析的"模型"

（4）设置多重比较。如同单因素方差分析，在判断存在统计显著性的影响因素时，还需要对不同水平均值进行两两配对的多重比较，来进一步判断哪些总体均值之间存在显著差异。在双因素方差分析中，若存在显著性影响因素，则同样需要采用最小显著性差异法进行多重比较。在双因素方差分析中，进行多重比较的先决条件是事先确定多重比较的显著因素，因此需要先进行双因素方差分析，来确定进行多重比较的因素。由以上的分析可知，在本案例中"水稻品种"和"栽培方式"都是显著性影响因素。所以，在"单变量"对话框中选择右侧的"事后比较"按钮，在弹出的"单变量:实测平均值的事后多重比较"对话框中，分别将左上方的"因子"变量框中的"水稻品种"和"栽培方式"选中，导入右上方"下列各项的事后检验"变量框中；然后在该对话框中部的"假定等方差"区域，选中"LSD"法，如图5-7所示，即选择最小显著性差异法进行两两配对的多重比较。完成关于双因素方差分析"事后比较"的设置后，单击"继续"按钮，返回"单变量"对话框。

图5-7　多重比较设置

（5）绘制不同品种的水稻在不同栽培方式下的产量的均值图。在"单变量"对话框中单击"图"按钮，在弹出的"单变量:轮廓图"对话框中，将"水稻品种"放至"水平轴"框，将"栽培方式"放至"单独的线条"框，单击"添加"按钮，完成轮廓图设置，如图5-8所示。单击"继续"按钮，返回"单变量"对话框。

（6）设置输出选项。在"单变量"对话框中选择"选项"，在弹出的"单变量:选项"对话框中的"显示"栏中勾选"描述统计"和"齐性检验"，如图5-9所示。单击"继续"按钮，返回"单变量"对话框。

图 5-8 绘制均值图

图 5-9 "单变量:选项"对话框

【第3步】主要结果分析

在"单变量"对话框中,单击"确定"按钮,进行 SPSS 26 的双因素方差分析和采用最小显著性差异法的多重比较分析。

(1)主体间效应模型检验分析。表 5-18 为主体间效应模型检验结果,可见校正模型统计量 $F = 60.495$,$p = 0$,说明模型具有统计学意义。$p = 0.000$ 和 $p = 0.002$,均小于 0.05,说明"水稻品种"和"栽培方式"两个因素均有统计学意义。

表 5-18　主体间效应模型检验结果

因变量:产量

源	III类平方和	自由度	均方	F	显著性
修正模型	158168.750[a]	5	31633.750	60.495	0.000
截距	18937968.750	1	18937968.750	36216.036	0.000
水稻品种	135656.250	3	45218.750	86.474	0.000
栽培方式	22512.500	2	11256.250	21.526	0.002
误差	3137.500	6	522.917		
总计	19099275.000	12			
修正后总计	161306.250	11			
a. $R^2 = 0.981$(调整后 $R^2 = 0.964$)					

(2)不同水稻品种两两比较。表 5-19 为不同水稻品种两两比较结果,由显著性可知第 3 种水稻和第 4 种水稻之间没有差异($p = 0.798$),其他均有显著性差异($p < 0.05$)。

表 5-19　不同水稻品种两两比较结果

因变量:产量

(I)水稻品种	(J)水稻品种	平均值差值 (I－J)	标准误差	显著性	95% 置信区间 下限	上限
1	2	−196.67*	18.671	0.000	−242.35	−150.98
	3	60.00*	18.671	0.018	14.31	105.69
	4	65.00*	18.671	0.013	19.31	110.69
2	1	196.67*	18.671	0.000	150.98	242.35
	3	256.67*	18.671	0.000	210.98	302.35
	4	261.67*	18.671	0.000	215.98	307.35
3	1	−60.00*	18.671	0.018	−105.69	−14.31
	2	−256.67*	18.671	0.000	−302.35	−210.98
	4	5.00	18.671	0.798	−40.69	50.69
4	1	−65.00*	18.671	0.013	−110.69	−19.31
	2	−261.67*	18.671	0.000	−307.35	−215.98
	3	−5.00	18.671	0.798	−50.69	40.69
基于实测平均值: 误差项是均方(误差)= 522.917						

注:*表示平均值差值的显著性水平为 0.05。

（3）不同栽培方式两两比较。表 5-20 为不同栽培方式两两比较结果,由显著性可知第 1 种栽培方式和第 2 种栽培方式之间没有差异($p = 0.941$),其他均有显著性差异,$p < 0.05$。

表 5-20 不同栽培方式两两比较结果

因变量:产量

（I)栽培方式	（J)栽培方式	平均值差值 (I − J)	标准误差	显著性	95% 置信区间	
					下限	上限
1	2	− 1.25	16.170	0.941	− 40.82	38.32
	3	91.25*	16.170	0.001	51.68	130.82
2	1	1.25	16.170	0.941	− 38.32	40.82
	3	92.50*	16.170	0.001	52.93	132.07
3	1	− 91.25*	16.170	0.001	− 130.82	− 51.68
	2	− 92.50*	16.170	0.001	− 132.07	− 52.93
基于实测平均值: 误差项是均方(误差) = 522.917						

注:*表示平均值差值的显著性水平为 0.05。

（4）不同品种的水稻使用不同的栽培方式后水稻产量的均值,如图 5-10 所示,可知第 1 种栽培方式和第 2 种栽培方式差异极小,且均优于第 3 种栽培方式。

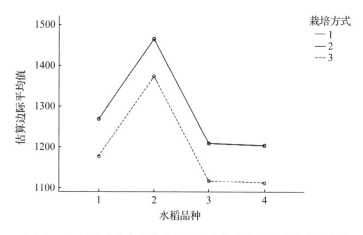

图 5-10 不同品种的水稻使用不同的栽培方式后水稻产量的均值

在本例中,因素变量不一定要采用数值型,也可以采用具体的水稻品种名称和栽培方式名称,只要在 SPSS 26 的"变量视图"中,将变量的"类型"设置为"字符串",将"度量标准"设置为"名义"即可。

任务四　协方差分析

 导入案例

党的二十大报告强调,巩固拓展脱贫攻坚成果,增强脱贫地区和脱贫群众内生发展动力①。某村18组家庭户接受了就业帮扶,随机分为劳务协作帮扶组、职业培训帮扶组和创业支持帮扶组,已知各家庭户接受就业帮扶的时长和接受了就业帮扶后的家庭年收入,如表5-21所示。试研究这三组家庭户在接受了不同的就业帮扶后年收入是否有显著性差异。

表5-21　三组家庭户的年收入

户号	年收入/万元	帮扶时长/时	分组	户号	年收入/万元	帮扶时长/时	分组
1	10.9	77	0	10	7.7	79	1
2	9.8	68	0	11	6.6	57	1
3	10.9	59	0	12	6.6	68	1
4	9.9	57	0	13	8.9	66	2
5	10.4	57	0	14	6.6	55	2
6	10.0	68	0	15	9.9	38	2
7	6.5	78	1	16	10.9	55	2
8	6.0	65	1	17	8.0	68	2
9	7.7	67	1	18	9.9	68	2

子任务一　基本概念和统计原理

1. 基本概念

无论是单因素方差分析还是多因素方差分析,它们都有一些可以人为控制的变量。在实际问题中,有些随机因素是很难人为控制的,但它们会对结果产生显著的影响。如果忽略这些因素的影响,则可能得到不正确的结论。例如,研究某种药物对疾病的治疗效果,如果仅仅分析药物本身的作用,而不考虑患者的身体素质,那么很可能得不到结论或得到错误的结论。为了更加准确地研究控制变量不同水平对结果的影响,应尽量排除其他因素对分析结果的影响。在上面的例子中,应尽量排除患者体质等影响,为此就要用到

---

①习近平.高举中国特色社会主义伟大旗帜　为全面建设社会主义现代化国家而团结奋斗:在中国共产党第二十次全国代表大会上的报告[N].人民日报,2022-10-26(01).

协方差分析。

协方差分析是将很难控制的因素作为协变量,在排除协变量影响的条件下,分析控制变量对观测变量的影响,从而更加准确地对控制因素进行分析和评价。协方差分析仍然沿袭方差分析的思想,并在分析观测变量离差时,考虑了协变量的影响,认为观测变量的变动受四个方面的影响,即控制变量的独立作用、控制变量的交互作用、协变量的作用和随机因素的作用,并在剔除协变量的作用后分析控制变量对观测变量的影响。

2. 统计原理

以单因素协方差为例,总的离差平方和表示为

$$Q_{总} = Q_{控制变量} + Q_{协变量} + Q_{随机因素} \tag{5-29}$$

协方差仍采用 F 检验,F 检验统计量的计算公式为

$$F_{控制变量} = \frac{S^2_{控制变量}}{S^2_{随机变量}} \tag{5-30}$$

$$F_{协变量} = \frac{S^2_{协变量}}{S^2_{随机变量}} \tag{5-31}$$

式中,S^2 表示相应变量的均方。

从以上式子可以看出,如果相对于随机因素引起的离差,协变量带来的离差比较大,即 $F_{协变量}$ 值较大,则说明协变量是引起观测变量变动的主要因素之一,观测变量的变动可以部分地由协变量来线性解释;反之,则说明协变量没有给观测变量带来显著的线性影响。在排除了协变量的线性影响后,控制变量对观测变量的影响分析同方差分析。

子任务二 前提假设与分析步骤

1. 协方差分析的前提假设

协方差分析需要满足下列假设:

(1)正态分布。在控制变量(即自变量)的任何水平上,以及对应于协变量的任意值,观测变量(即因变量)值是正态分布。对于大样本来说,即使正态分布的条件不满足,方差分析也可以得到较为可信的结果。在多数情况下,每个实验条件的被试达到 15 个就可以。如果观测变量的分布不符合正态分布,则需要更大的被试量。

(2)方差齐性。观测变量在所有实验条件下的方差具有齐性。如果各组方差不齐,而且各单元内的样本量不等,则方差分析结果不可信。

(3)独立性。样本必须从总体中随机抽取,观测变量的值相互独立。如果观测变量的值不独立,则方差分析的结果不可信。

(4)斜率同质。在控制变量的各个水平上,协变量和观测变量是线性关系,而且对于

控制变量的每个水平,协变量相对于观测变量的斜率相同。如果斜率不相同,则对协方差分析的结果的解释可能会不正确。

2.协方差分析的基本步骤

协方差分析问题也属于统计推断中的假设检验问题,协方差分析的基本步骤与假设检验一致。

【第1步】提出原假设

协方差分析的原假设 H_0:协变量对观测变量的线性影响是不显著的;在排除协变量影响的条件下,控制变量各水平下观测变量的总体均值无显著差异,控制变量各水平对观测变量的效应同时为零。也就是说,控制变量和协变量对观测变量均无显著性影响。

【第2步】选择检验统计量

协方差分析采用的是 F 统计量,计算公式如式(5-30)和式(5-31)所示。

【第3步】计算检验统计量的观测值和 p 值

SPSS 会根据式(5-30)和式(5-31)自动计算 F 统计值,并依据 F 分布表给出相应的显著性概率 p 值。

【第4步】给出显著性水平 α,做出决策

如果显著性概率 p 值小于显著性水平 α,则拒绝原假设,即认为控制变量在不同水平下各总体均值有显著性差异;反之,则认为控制变量在不同水平下各总体均值没有显著性差异。

子任务三 SPSS 26 的协方差分析

5-4 SPSS 26 的协方差分析

以导入案例的数据为例,帮扶时长肯定会对年收入产生影响,这里着重分析不同的就业帮扶方式的影响,因此应将帮扶时长的影响剔除,考虑用协方差分析。SPSS 26 的协方差分析的步骤如下。

【第1步】数据组织

将户号、年收入、帮扶时长、分组分别定义为"number""income""hour""group",并设置其标签为中文名称,将数据输入并保存为文件"data5.3.sav"。

【第2步】协方差分析的前提条件

(1)在 SPSS 26 的菜单栏中依次选择"分析"→"一般线性模型"→"单变量",打开"单变量"对话框。检验各组方差是否具有齐性、协变量"帮扶时长[hour]"与控制变量"分组[group]"是否有交互作用。因此,将"年收入[income]"移入"因变量"框作为观测变量,将"分组[group]"移入"固定因子"框作为控制变量,将"帮扶时长[hour]"移入"协变量"框作为协变量,如图5-11所示。

(2)打开"单变量:模型"对话框,选中"构建项"单选框并自定义方差分析模型,将

"hour""group""group＊hour"移入模型中（"group＊hour"的移入方法是先同时选中"group"和"hour"两个变量,再选择"构建项"中"类型"下拉列表中的"交互",单击箭头按钮）,如图5-12所示。

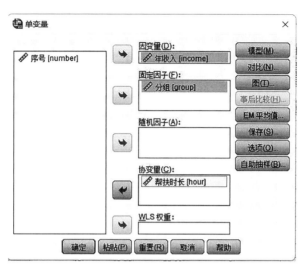

图5-11　协方差分析设置

图5-12　交互影响设置

（3）单击"继续",返回"单变量"对话框。单击"选项"按钮,打开"单变量:选项"对话框,勾选"齐性检验",如图5-13所示,进行方差齐性检验。单击"确定"按钮,结果如表5-22和表5-23所示。

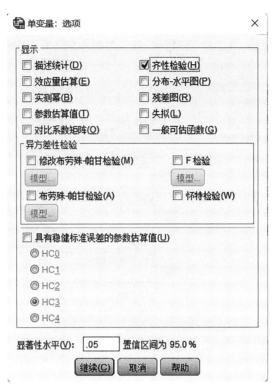

图 5-13　方差齐性检验

表 5-22　方差齐性检验结果

因变量:年收入

F	自由度 1	自由度 2	显著性
2.489	2	15	0.117
检验"各个组中的因变量误差方差相等"这一原假设			
设计:截距 + group + hour + group * hour			

表 5-22 是方差齐性检验结果。由于其显著性概率值 $p = 0.117 > 0.05$,因此认为各组的方差具有齐性。

表 5-23 是协变量与控制变量是否具有交互作用的检验结果。由表可知 group 和 hour 的交互作用的显著性概率值 $p = 0.721 > 0.05$,因此认为它们之间没有交互作用。

表 5-23　协变量与因变量交互作用检验结果

因变量:年收入

源	III类平方和	自由度	均方	F	显著性
修正模型	37.707[a]	5	7.514	6.117	0.005
截距	19.481	1	19.481	15.805	0.002
group	1.787	2	0.893	0.725	0.505
hour	0.027	1	0.027	0.022	0.885
group * hour	0.829	2	0.414	0.336	0.721

续 表

源	Ⅲ类平方和	自由度	均方	F	显著性
误差	14.793	12	1.233		
总计	1425.380	18			
修正后总计	52.500	17			
a. $R^2 = 0.718$（调整后 $R^2 = 0.601$）					

由以上分析可知,该案例是满足协方差分析的前提假设的,因此可以用协方差分析来处理。

【第3步】执行协方差分析

变量的选择与第2步类似,但在"模型"对话框的"构建项"中,只选择 hour 和 group 两个主效应因素,不再选择交互作用项 group * hour。

【第4步】主要结果分析

经过以上几个步骤,得到协方差的主要结果,如表5-24所示。

表5-24　协方差分析的主要结果

因变量:年收入

源	Ⅲ类平方和	自由度	均方	F	显著性
修正模型	36.878[a]	3	12.293	11.016	0.001
截距	25.978	1	25.978	23.280	0.000
group	34.153	2	17.077	15.303	0.000
hour	0.014	1	0.014	0.013	0.911
误差	15.622	14	1.116		
总计	1425.380	18			
修正后总计	52.500	17			
a. $R^2 = 0.704$（调整后 $R^2 = 0.640$）					

由表5-24可以看出,group（分组）所对应的显著性概率值 $p = 0.000 < 0.05$,说明分组情况（就业帮扶方式）对家庭户年收入具有显著影响,而 hour（帮扶时长）所对应的显著性概率值 $p = 0.911 > 0.05$,说明帮扶时长对家庭户年收入无显著影响。

任务五　多元方差分析

 导入案例

对三个地区的小学四年级学生进行体检,随机抽取了10名男生与10名女生,测量了身高、体重和胸围三项指标,数据如表5-25所示。试研究以下问题:男女生体格指标是否有显著性差异? 三个地区的小学四年级学生体格指标有无显著性差异?

表 5-25　学生体检结果

地区	性别	身高/cm	体重/kg	胸围/cm	地区	性别	身高/cm	体重/kg	胸围/cm
1	1	126	20	62	2	2	132	32	67
1	2	130	20	68	2	2	137	32	68
1	1	128	22	67	3	1	132	33	65
1	1	128	23	66	3	2	136	33	70
1	1	135	26	66	3	2	138	34	70
1	2	124	27	70	3	2	129	34	71
1	1	134	28	66	3	2	140	35	69
2	1	136	28	67	3	1	136	36	67
2	1	128	29	63	3	2	137	36	69
2	1	135	32	66	3	2	140	38	69

子任务一　基本概念和统计原理

1. 基本概念

多元方差分析是研究多个控制因素(自变量)与多个因变量相互关系的一种统计分析方法,又称为多变量分析。多元方差分析实质上是单变量统计方法的发展和推广,适用于研究控制因素同时对两个或两个以上的因变量产生影响的情况,用来分析控制因素取不同水平时这些因变量的均值是否存在显著性差异。

2. 统计原理

多元方差分析的原理同一元方差分析相似,是将总变异按照其来源分为多个部分,从而检验各个因素对因变量的影响以及各因素间的交互作用。在这个过程中可以分析每个因素的作用,也可以分析因素之间的交互作用、协方差,以及各控制因素与协变量之间的交互作用。

多元方差分析的优点是可以在一次研究中同时检验具有多个水平的多个因素各自对因变量的影响以及各因素间的交互作用。

在方差分析中,要求样本必须满足三个基本条件:独立性(即样本之间相互独立,一个样本的结果不应影响其他样本的结果)、正态性(每个因变量的观测值应来自正态分布的总体)和等方差性(每组样本的方差应相同)。而对于多元方差分析而言,由于涉及多个因变量,除了要求每个因变量满足这些条件外,还必须满足以下条件:

(1)各因变量间具有相关性;

(2)每一组都有相同的方差-协方差矩阵;

(3)各因变量为多元正态分布。

多元方差分析的目的在于检验控制因素如何影响一组因变量。SPSS 26 中用于多元方差分析假设检验的统计量有比莱(Pillai)轨迹、威尔克(Wilks)Lambda、霍特林(Hotelling)轨迹和罗伊(Roy)最大根。

(1)比莱轨迹:该检验值恒为正值,值越大表明对模型的贡献越大。

(2)威尔克 Lambda:该检验值的范围为 0～1,值越小表明对模型的贡献越大。

(3)霍特林轨迹:该值用于检验矩阵特征根之和,值越大表明对模型的贡献越大。

(4)罗伊最大根:该值用于检验矩阵特征根中的最大值,值越大表明对模型的贡献越大。

如果方差齐性检验结果为显著性概率 p 值大于 0.05,则方差齐性假设成立,用威尔克 Lambda 的检验值进行判断;反之,则用其他几项检验数据进行判断。

子任务二　SPSS 26 两组比较的多元方差分析

5-5 SPSS 26 两组比较的多元方差分析

本任务导入案例共包含 10 名男生和 10 名女生的体检数据,试分析男女生体格指标有无显著性差异。这是一个控制因素对三个因变量的影响的分析问题,是典型的两组比较的多元方差分析问题。

【第 1 步】数据组织

将地区、性别、身高、体重、胸围分别定义为"area""sex""height""weight""chest",并设置其标签为中文名称,将数据输入并保存为文件"data5.4.sav"。

【第 2 步】分析过程设置

(1)在 SPSS 26 的菜单栏中依次选择"分析"→"一般线性模型"→"多变量",打开"多变量"对话框。将"身高[height]""体重[weight]""胸围[chest]"移入"因变量"框作为观测变量,将"性别[sex]"移入"固定因子"框作为控制变量,如图 5-14 所示。

图 5-14　"多变量"对话框设置(sex 为控制变量)

(2)单击"选项"按钮,在弹出的"多变量:选项"框中勾选"描述统计"(见图5-15),单击"继续"返回主对话框。

(3)单击"EM平均值"按钮,在弹出的"多变量:估算边际平均值"对话框中,将"sex"移入"显示下列各项的平均值"框中,如图5-16所示。单击"继续"返回主对话框,单击"确定"。

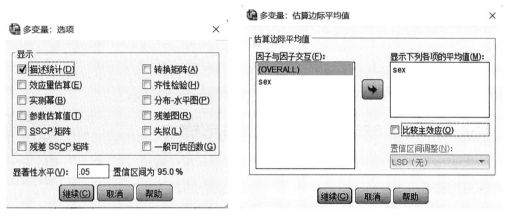

图5-15　勾选"描述统计"　　　　图5-16　估算边际平均值设置(sex为控制变量)

【第3步】主要结果分析

(1)不同性别三项指标描述性统计。

表5-26展示了不同性别的身高、体重和胸围的描述性统计分析结果。根据表中的数据,男生和女生在这些指标上的均值存在明显差异,男生的平均值普遍高于女生。同时,男生在这些指标上的标准偏差较大,表明男生的数据离散度较高;而女生的标准偏差较小,表明女生的数据更集中。

表5-26　不同性别三项指标描述性统计分析结果

指标	性别	平均值	标准偏差	个案数
身高	女	131.80	3.910	10
	男	134.30	5.314	10
	总计	133.05	4.718	20
体重	女	27.70	5.100	10
	男	32.10	5.152	10
	总计	29.90	5.476	20
胸围	女	65.50	1.716	10
	男	69.10	1.197	10
	总计	67.30	2.342	20

(2)不同性别三项指标的多变量检验。

表5-27为采用比莱轨迹、威尔克Lambda、霍特林轨迹和罗伊最大根计算的统计量F值和对应的p值。两组间比较,应该看霍特林轨迹的结果,即$F = 17929.243$,显著性概率

值 $p<0.01$，表明不同性别的身高、体重和胸围总体上有差异。

表 5-27　不同性别三项指标的多变量检验结果

	效应	值	F	假设自由度	误差自由度	显著性
截距	比莱轨迹	1.000	17929.243[a]	3.000	16.000	0.000
	威尔克 Lambda	0.000	17929.243[a]	3.000	16.000	0.000
	霍特林轨迹	3361.733	17929.243[a]	3.000	16.000	0.000
	罗伊最大根	3361.733	17929.243[a]	3.000	16.000	0.000
sex	比莱轨迹	0.625	8.890[a]	3.000	16.000	0.001
	威尔克 Lambda	0.375	8.890[a]	3.000	16.000	0.001
	霍特林轨迹	1.667	8.890[a]	3.000	16.000	0.001
	罗伊最大根	1.667	8.890[a]	3.000	16.000	0.001
a. 精确统计 设计：截距 + sex						

（3）不同性别三项指标的单变量检验。

表 5-28 为不同性别的身高、体重和胸围的比较。从表中可看出，不同性别小学四年级学生的胸围存在差异，其显著性概率值 $p<0.05$，身高（$p=0.246$）和体重（$p=0.071$）的显著性概率值 $p>0.05$，表明差异无统计学意义。

表 5-28　不同性别三项指标的单变量检验结果

源	因变量	III类平方和	自由度	均方	F	显著性
修正模型	身高	31.250[a]	1	31.250	1.436	0.246
	体重	96.800[b]	1	96.800	3.684	0.071
	胸围	64.800[c]	1	64.800	29.604	0.000
截距	身高	354046.050	1	354046.050	16269.668	0.000
	体重	17880.200	1	17880.200	680.430	0.000
	胸围	90585.800	1	90585.800	41384.376	0.000
sex	身高	31.250	1	31.250	1.436	0.246
	体重	96.800	1	96.800	3.684	0.071
	胸围	64.800	1	64.800	29.604	0.000
误差	身高	391.700	18	21.761		
	体重	473.000	18	26.278		
	胸围	39.400	18	2.189		
总计	身高	354469.000	20			
	体重	18450.000	20			
	胸围	90690.000	20			
修正后总计	身高	422.950	19			
	体重	569.800	19			
	胸围	104.200	19			
a. $R^2=0.074$（调整后 $R^2=0.022$） b. $R^2=0.170$（调整后 $R^2=0.124$） c. $R^2=0.622$（调整后 $R^2=0.601$）						

子任务三　SPSS 26 多组比较的多元方差分析

以本任务导入案例数据为例,试分析三个地区小学四年级学生体格指标有无显著性差异。这是一个控制因素对三个因变量的影响的分析问题,是典型的多组比较的多元方差分析问题。

【第1步】数据组织

同两组比较的多元方差分析,这里不再重复。

【第2步】分析过程设置

(1)在 SPSS 26 的菜单栏中依次选择"分析"→"一般线性模型"→"多变量",打开"多变量"对话框。将"身高[height]""体重[weight]""胸围[chest]"移入"因变量"框作为观测变量,将"地区[area]"移入"固定因子"框作为控制变量,如图5-17所示。

图 5-17　"多变量"对话框设置(area 为控制变量)

(2)单击"EM 平均值"按钮,在弹出的"多变量:估算边际平均值"对话框中,将"area"移入"显示下列各项的平均值"框中,并勾选"比较主效应",如图5-18所示。单击"继续"返回主对话框。

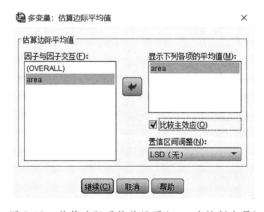

图 5-18　估算边际平均值设置(area 为控制变量)

（3）单击"选项"按钮，在弹出的"多变量:选项"框中勾选"描述统计""SSCP 矩阵""齐性检验"，如图 5-19 所示。单击"继续"返回主对话框，单击"确定"。

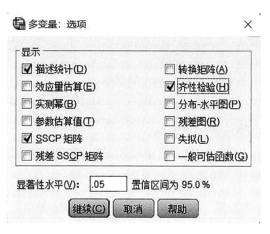

图 5-19　勾选"描述统计""SSCP 矩阵""齐性检验"

【第 3 步】主要结果分析

（1）不同地区三项指标描述性统计。

表 5-29 展示了不同地区小学四年级学生的身高、体重和胸围的描述性统计分析结果。整体来看，地区 3 的平均值明显高于其他地区，尤其在体重和胸围上，差异较为显著。同时，各地区的标准差揭示了数据离散程度的差异，特别是在体重上，地区 1 和地区 3 的体重波动较大，而地区 2 的体重分布则较为集中。

表 5-29　不同地区三项指标描述性统计分析结果

	地区	平均值	标准偏差	个案数
身高	1	129.29	4.030	7
	2	133.60	3.647	5
	3	136	3.817	8
	总计	133.05	4.718	20
体重	1	23.71	3.302	7
	2	30.60	1.949	5
	3	34.87	1.727	8
	总计	29.90	5.476	20
胸围	1	66.43	2.440	7
	2	66.20	1.924	5
	3	68.75	1.909	8
	总计	67.30	2.342	20

（2）协方差齐性检验。

表 5-30 为协方差齐性检验结果。$p = 0.786$，因此认为多组间协方差具有齐性。

表 5-30   协方差齐性检验结果

博克斯(M)	11.159
F	0.665
自由度1	12
自由度2	886.161
显著性	0.786
检验"各个组的因变量实测协方差矩阵相等"这一原假设 设计:截距 + area	

（3）不同地区三项指标的多变量检验。

表 5-31 为不同地区三项指标的多变量检验的结果。可以看出，四种检验的 p 值均小于 0.05，因此认为不同地区三项指标差异具有统计学意义。

表 5-31   不同地区三项指标的多变量检验结果

效应		值	F	假设自由度	误差自由度	显著性
截距	比莱轨迹	1.000	11250.654[a]	3.000	15.000	0.000
	威尔克 Lambda	0.000	11250.654[a]	3.000	15.000	0.000
	霍特林轨迹	2250.131	11250.654[a]	3.000	15.000	0.000
	罗伊最大根	2250.131	11250.654[a]	3.000	15.000	0.000
area	比莱轨迹	0.952	4.846	6.000	32.000	0.001
	威尔克 Lambda	0.154	7.726[a]	6.000	30.000	0.000
	霍特林轨迹	4.788	11.172	6.000	28.000	0.000
	罗伊最大根	4.639	24.743[b]	3.000	16.000	0.000
a. 精确统计 b. 此统计是生成显著性水平下限的 F 的上限 设计:截距 + area						

（4）不同地区三项指标的方差齐性检验。

表 5-32 误差方差的莱文等同性检验结果显示，身高和胸围基于平均值的 p 值分别为 0.926 和 0.922，均大于 0.05，说明身高和胸围各组的总体方差具有齐性，满足方差分析的前提条件。体重基于平均值的 p 值为 0.033，小于 0.05，说明体重不满足方差齐性要求。

表 5-32   误差方差的莱文等同性检验结果

		莱文统计	自由度1	自由度2	显著性
身高	基于平均值	0.077	2	17	0.926
	基于中位数	0.036	2	17	0.965
	基于中位数并具有调整后自由度	0.036	2	16.851	0.965
	基于剪除后平均值	0.076	2	17	0.927
体重	基于平均值	4.194	2	17	0.033
	基于中位数	1.731	2	17	0.207
	基于中位数并具有调整后自由度	1.731	2	13.554	0.214
	基于剪除后平均值	4.071	2	17	0.036

		莱文统计	自由度1	自由度2	显著性
胸围	基于平均值	0.082	2	17	0.922
	基于中位数	0.103	2	17	0.902
	基于中位数并具有调整后自由度	0.103	2	16.148	0.902
	基于剪除后平均值	0.104	2	17	0.902
检验"各个组中的因变量误差方差相等"这一原假设					

（5）主体间效应检验。

基于身高和胸围满足方差齐性的检验结果,查看表5-33,可以看出,身高的 p 值为 0.013,小于0.05,说明不同地区身高差异显著;胸围的 p 值为0.069,大于0.05,说明不同地区胸围的差异不显著。虽然体重的 p 值小于0.05,但体重在误差方差的莱文等同性检验时不满足方差齐性,所以此处不能判断不同地区体重的差异是否显著。

表5-33　主体间效应检验结果

源	因变量	Ⅲ类方方和	自由度	均方	F	显著性
修正模型	身高	170.321[a]	2	85.161	5.731	0.013
	体重	468.296[b]	2	234.148	39.216	0.000
	胸围	28.186[c]	2	14.093	3.152	0.069
截距	身高	340082.043	1	340082.043	22884.960	0.000
	体重	17002.474	1	17002.474	2847.605	0.000
	胸围	86678.871	1	86678.871	19385.051	0.000
area	身高	170.321	2	85.161	5.731	0.013
	体重	468.296	2	234.148	39.216	0.000
	胸围	28.186	2	14.093	3.152	0.069
误差	身高	252.629	17	14.861		
	体重	101.504	17	5.971		
	胸围	76.014	17	4.471		
总计	身高	354469.000	20			
	体重	18450.000	20			
	胸围	90690.000	20			
修正后总计	身高	422.950	19			
	体重	569.800	19			
	胸围	104.200	19			
a. $R^2=0.403$（调整后 $R^2=0.332$）						
b. $R^2=0.822$（调整后 $R^2=0.801$）						
c. $R^2=0.270$（调整后 $R^2=0.185$）						

【第4步】进行多重比较

根据主体间效应检验结果,各地区胸围差异不显著,因此无须进行多重比较。而身高差异则在主体间效应检验中显著,需要通过多重比较进一步分析各地区之间的身高差异。由于体重在表5-32中未满足方差齐性要求,需采用其他方法进行检验,具体过程将在下文中详细说明。接下来,将首先介绍身高的检验过程。

(1)在 SPSS 26 的菜单栏中依次选择"分析"→"一般线性模型"→"多变量",打开"多变量"对话框。检验男女生之间身体测量指标之间的差异。将"身高［height］""体重［weight］""胸围［chest］"移入"因变量"框作为观测变量,将"地区［area］"移入"固定因子"框作为控制变量,设置如图 5-19 所示。

(2)单击"EM 平均值"按钮,在弹出的"多变量:估算边际平均值"对话框,将"area"移入"显示下列各项的平均值"框中,并勾选"比较主效应"复选框,如图 5-20 所示。

图 5-19　多变量框设置

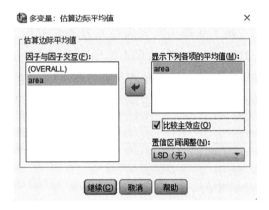

图 5-20　"多变量:估算边际平均值"设置

(3)单击"继续"返回"多变量"对话框。单击"选项"按钮,在弹出的"多变量:选项"对话框中勾选"描述统计""SSCP 矩阵""齐性检验",如图 5-21 所示。

(4)单击"继续"返回"多变量"对话框,单击"事后比较"按钮,在弹出的"多变量:实测平均值的事后多重比较"对话框中,将"area"移入"下列各项的事后检验"框中。由于表 5-33 中的主体间效应检验结果显示各地区身高差异显著,因此需要使用 LSD 方法对身高进行多重比较。在"假定等方差"区域勾选"LSD",如图 5-22 所示。

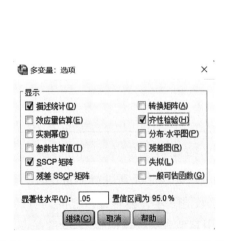

图 5-21　勾选"描述统计""SSCP 矩阵""齐性检验"

图 5-22　勾选"LSD"

（5）单击"继续"，返回"多变量"对话框，单击"确定"。由此完成对身高多重比较的设置。

（6）身高多重比较结果分析。表 5-34 展示了使用 LSD 方法对各地区身高进行多重比较的结果。

表 5-34　LSD 多重比较结果

因变量	(I)地区	(J)地区	平均值差值 (I-J)	标准误差	显著性	95% 置信区间	
						下限	上限
身高	1	2	-4.31	2.257	0.073	-9.08	0.45
		3	-6.71*	1.995	0.004	-10.92	-2.50
	2	1	4.31	2.257	0.073	-0.45	9.08
		3	-2.40	2.198	0.290	-7.04	2.24
	3	1	6.71*	1.995	0.004	2.50	10.92
		2	2.40	2.198	0.290	-2.24	7.04
体重	1	2	-6.89*	1.431	0.000	-9.90	-3.87
		3	-11.16*	1.265	0.000	-13.83	-8.49
	2	1	6.89*	1.431	0.000	3.87	9.90
		3	-4.27*	1.393	0.007	-7.21	-1.34
	3	1	11.16*	1.265	0.000	8.49	13.83
		2	4.27*	1.393	0.007	1.34	7.21
胸围	1	2	0.23	1.238	0.856	-2.38	2.84
		3	-2.32*	1.094	0.049	-4.63	-0.01
	2	1	-0.23	1.238	0.856	-2.84	2.38
		3	-2.55*	1.205	0.049	-5.09	-0.01
	3	1	2.32*	1.094	0.049	0.01	4.63
		2	2.55*	1.205	0.049	0.01	5.09

注：* 表示平均值差值的显著性水平为 0.05。

为了便于多重比较分析，让表格更加简洁明了，对表 5-34 进行整理，得到表 5-35。

表 5-35　身高多重比较分析

地区身高	1	2
2	0.073	
3	0.004	0.290

由表 5-35 可知，地区 1 与地区 2 之间的身高 p 值为 0.073，地区 2 与地区 3 之间的身高 p 值为 0.290，均大于 0.05，说明这些地区之间的身高差异不显著。地区 1 与地区 3 之间的身高 p 值为 0.004，小于 0.05，表明这两个地区的身高差异具有显著差异。

接下来，将介绍体重的检验过程。由于体重数据在表 5-32 中不满足方差齐性要求，因此采用韦尔奇检验法（Welch's test）进行平均值相等性稳健检验，并通过塔姆黑尼检验法（Tamhane's T2 test）检验不同地区之间体重均值的差异，检验过程如下。

（1）在 SPSS 26 的菜单栏中依次选择"分析"→"比较平均值"→"单因素 ANOVA 检验"，打开"单因素 ANOVA 检验"对话框。将"体重[weight]"移入"因变量列表"框，将"地区[area]"移入"因子"框,如图 5-23 所示。

(2)单击"选项"按钮,在弹出的"单因素 ANOVA 检验:选项"对话框中勾选"描述"
"韦尔奇",单击"继续",如图 5-24 所示。

(3)单击"事后比较"按钮,在弹出的"单因素 ANOVA 检验:事后多重比较"对话框中
勾选"塔姆黑尼 T2",如图 5-25 所示。单击"继续",单击"确定"。

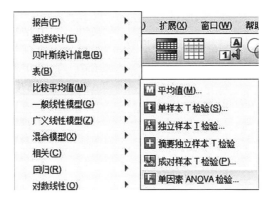

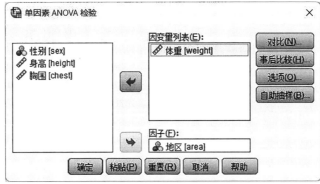

图 5-23 打开"单因素 ANOVA 检验"对话框并设置

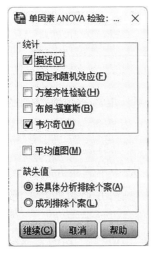

图 5-24 勾选"描述""韦尔奇"

图 5-25 勾选"塔姆黑尼 T2"

(4)体重多重比较结果分析。表 5-36 中的韦尔奇检验结果显示,体重的 p 值小于 0.05,表明体重存在显著性差异。接下来,将查看多重比较分析表,以进一步分析各组之间的具体差异。

表 5-36　韦尔奇检验结果

	统计	自由度1	自由度2	显著性
韦尔奇	32.148	2	9.610	0.000

表 5-37 展示了塔姆黑尼检验对体重进行多重比较的结果。

表 5-37　塔姆黑尼多重比较结果

因变量:体重

(I)地区	(J)地区	平均值差值(I−J)	标准误差	显著性	95% 置信区间	
					下限	上限
1	2	−6.886*	1.522	0.003	−11.26	−2.51
	3	−11.161*	1.389	0.000	−15.24	−7.08
2	1	6.886*	1.522	0.003	2.51	11.26
	3	−4.275*	1.064	0.012	−7.49	−1.06
3	1	11.161*	1.389	0.000	7.08	15.24
	2	4.275*	1.064	0.012	1.06	7.49

注:* 表示平均值差值的显著性水平为 0.05。

为了便于多重比较分析并使表格更加简洁明了,对表 5-37 进行整理,得到表 5-38。

表 5-38　体重多重比较分析

地区身高	1	2
2	0.003	
3	0.000	0.012

由表 5-38 可知,地区 1 与地区 2、地区 1 与地区 3、地区 2 与地区 3 身高存在显著性差异。

知识总结

本项目主要介绍了单因素方差分析、双因素方差分析、协方差分析和多元方差分析等四种常用的方差分析方法。进行协方差分析和多元方差分析之前,要检验是否满足前提条件。

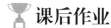 课后作业

1.什么是方差分析?

2.为什么要进行多重比较?

3.什么是最小显著性差异法?

4.使用"项目四任务二"的导入案例数据,独立完成 SPSS 26 的单因素方差分析及多重比较,分析不同地区在不同受教育程度(如大学专科、大学本科、研究生等)上的差异。

5.使用"项目四任务二"的导入案例数据,独立完成 SPSS 26 的双因素方差分析及多重比较,分析不同地区和性别对受教育程度(如大学专科、大学本科、研究生等)人口数量的影响。

6.使用与专业相关的经济数据或财务数据,采用协方差分析和多元方差分析,进行经济管理方面的分析研究。

项目五数据

项目六 相关分析

◎ 学习目标

知识目标

1. 了解相关关系的含义和相关分析的主要目标。

2. 掌握关联与相关的类型。

3. 熟悉皮尔逊(Pearson)相关和偏相关的基本原理。

4. 熟悉斯皮尔曼(Spearman)相关和偏相关的基本原理。

5. 熟悉距离分析的基本原理。

技能目标

1. 会利用 SPSS 26 绘制散点图。

2. 会利用 SPSS 26 计算各种相关系数的基本操作。

3. 会利用 SPSS 26 计算偏相关系数的基本操作。

4. 能够理解相关分析和偏相关分析的统计意义和实际含义。

素养(思政)目标

1. 培养用数据看民生、用数据知民情的习惯。

2. 通过数据透视经济社会发展热点问题,培养主人翁意识。

3. 思政目标:培育核心价值观,培植统计情怀与精神,强化数据伦理思想,确保分析公正客观,全面提升个人素养。

项目导图

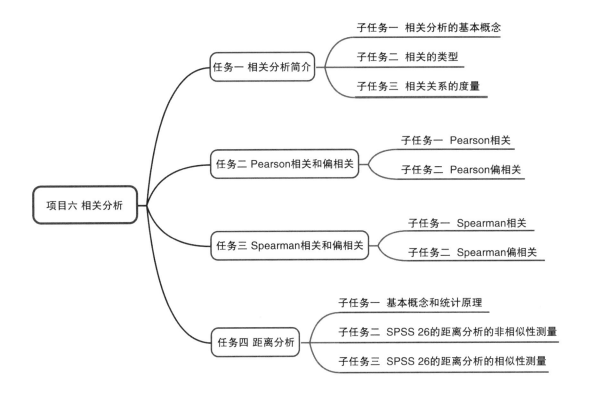

项目六课件

任务一 相关分析简介

 导入案例

假定某证券市场价格指数与该市场 A 证券价格如表 6-1 所示。

表 6-1 某证券市场价格指数与 A 证券价格

月份	证券市场价格指数/%	A 证券价格/元
1	1849	12.45
2	1854	14.48
3	1870	13.56
4	1855	11.42
5	1830	9.86
6	1820	8.52
7	1805	7.55
8	1801	8.05
9	1798	8.68
10	1830	10.08
11	1845	9.45
12	1865	12.48

请描述证券市场价格指数与该市场 A 证券价格的相关关系。

子任务一 相关分析的基本概念

1. 确定性关系和不确定性关系

变量之间的数量关系可分为确定性与不确定性两类。

确定性关系遵循严格的因果律——因为有 A,必然有 B。确定性关系是一种完全确定的变量关系,即一个变量 Y 的数值完全由另一个(或一组)变量 X 的数值所决定。其一般性数学表达式为

$$Y = f(X) \tag{6-1}$$

如关系式 $S = \pi \cdot r^2$ 表示的就是依据圆的半径确定圆的面积的确定性关系。又如,在国民经济核算中"国内生产总值 = 消费 + 积累 + 进出口净额",或者"国内生产总值 = 固定资产折旧 + 劳动者报酬 + 企业盈利 + 生产税净额",反映的是国民经济核算中的数量恒等关系,这些都是变量之间确定性的数量关系,即确定性关系。

与确定性关系相对应的是不确定性关系,不确定性关系一般可以分为相关关系和模糊关系。相关关系反映了因果律的缺损,模糊关系反映了排中律的缺损。

在统计学中,数值型数据的不确定性数量关系称为统计关系,即相关关系。相关关系也是一种客观存在的变量之间的数量关系,反映了变量之间的一种不严格的数量依存关系。一般来说,相关关系遵循广义的因果律——因为有 A,在多大的程度上有 B,这是普通因果律的缺损。例如,人的身高与体重,农作物的单位产量与单位面积施肥量,居民的当期收入、上期收入、上期消费与本期消费,社会再生产过程中的劳动和资本、技术投入与产出等变量之间都具有不能用确定性关系精确表达的、不确定的而又相互关联的相关关系。

2. 关联与相关

关联是指变量间一种广义的关联,是两个随机变量之间统计上的依赖关系。相关是反映两个随机变量关系强度的指标,一般提到的相关均指变量之间的线性相关。

关联是指两个变量之间一般的关系,而相关或多或少是指变量之间的线性关系。关联属于一种概念范畴,而相关是关联的一种测量尺度,简单地说关联的范畴大于相关。

3. 线性相关与曲线相关

线性相关是最简单的一种关联,如两个随机变量 X、Y 之间的关系呈线性趋势,即两个变量同时增大或减小,或者一增一减,都属于线性相关讨论的范畴。曲线相关是指两个变量之间存在的相关趋势,并非线性的,而是曲线的,则不可进行线性相关分析。非线性相关是指两个变量 X、Y 之间没有明显的线性关系,而存在某种非线性关系,说明 X 仍是影响 Y 的因素。

4. 正相关与负相关

两个变量 X、Y 同时增大或减小,变化趋势是同向的,这种相关关系称为正相关;两个变量 X、Y 一增一减,变化趋势是反向的,这种相关关系称为负相关。

5. 秩相关和完全相关

秩相关也称等级相关,是一种非参数统计方法。它不要求原始数据服从正态分布,适用于不满足正态分布假设的资料。秩相关用于评估两组数据之间的关系,尤其适用于原始数据用等级表示的情况,或者总体分布未知的情况。

完全相关是指两个变量之间线性相关的密切程度最高,相关系数的绝对值为 1,分为完全正相关和完全负相关。完全正相关,即两个变量的变化方向完全相同,相关系数为 $+1$;完全负相关,即两个变量的变化方向完全相反,相关系数为 -1。在这两种情况下,一个变量的变化能够完全预测另一个变量的变化。

子任务二 相关的类型

1. 两个计量资料之间的相关

(1) 皮尔逊(Pearson)相关:用来衡量两个连续变量之间线性关系的强度和方向。它要求两个变量都必须服从正态分布,并且它们之间的关系是线性的。在这种情况下,Pear-

son 相关系数可以反映变量之间的相关程度,取值范围从 -1 到 +1, +1 表示完全正相关, -1 表示完全负相关,0 表示没有线性相关性。

(2)斯皮尔曼(Spearman)相关:是一种非参数统计方法,用于衡量两个变量之间的单调关系,适用于变量不服从正态分布的情况。与 Pearson 相关不同,Spearman 相关通过比较变量的排名(即每个数据点在所有数据中的位置)来衡量它们之间的关系,而不是直接使用原始数值。Spearman 相关系数的值在 -1 到 +1, +1 表示完全正相关, -1 表示完全负相关,0 表示没有单调关系。尽管 Pearson 相关对于线性关系更为敏感,但在数据不服从正态分布或关系非线性时,Spearman 相关是一个有效的选择。

2. 两个等级资料之间的相关

(1)伽马(Gamma):是衡量两个有序变量之间关联性的统计方法,取值范围为 -1 到 1。当伽马值的绝对值接近 1 时,表示两个变量之间存在强烈的关系,接近 0 时,表明它们之间的关系较弱或没有关系。伽马适用于交叉表,通常在双向表中使用零阶伽马来测量变量之间的关系。对于三阶及以上的表,则使用条件伽马来进行分析。

(2)Somers'D:是衡量两个有序变量之间非参数相关性的统计方法,取值范围从 -1 到 1,能够反映变量之间的关联强度和方向。值接近 1 表示两个变量之间存在紧密的正向关系,接近 -1 表示存在紧密的负向关系,而接近 0 表示两个变量之间关系较弱或没有关系。Somers'D 是伽马的不对称扩展,其与伽马的主要区别在于 Somers'D 在计算过程中考虑了自变量和因变量之间配对关系的方向性,因此它能够更准确地处理带有预测方向的数据,特别适用于涉及自变量未被完全约束的配对情形。

(3)肯德尔 tau-b(Kendall's tau-b):用于衡量有序变量之间非参数相关性的统计方法,取值范围为 -1 到 1。 +1 表示完全正相关, -1 表示完全负相关,0 则表示无相关性。系数的绝对值越大,表示关系越强。

(4)肯德尔 tau-c(Kendall's tau-c):是衡量有序变量之间非参数相关性的统计方法,特别适用于处理类别数量差异较大的有序数据。其取值范围为 -1 到 1,其中 +1 表示完全正相关, -1 表示完全负相关,0 则表示无相关性。系数的绝对值越大,表示关系越强。

3. 两个分类变量之间的相关

(1)列联系数:通过卡方值与样本总数的组合来衡量两个分类变量之间的相关性。其计算公式为:

$$C = \frac{\chi^2}{\chi^2 + n} \tag{6-2}$$

式中,C 为列联系数,χ^2 为卡方统计量,n 为样本总数。列联系数的值范围为 0 到 1,值越大,表明两个变量之间的相关性越强。

(2)Phi 系数(φ):Phi 系数用于 2×2 列联表(即二元分类变量之间的关系)的相关性度量。它基于卡方统计量来计算,专门用于衡量两个二分类变量之间的关系强度。Phi 系

数的取值范围为 -1 到 +1，+1 表示完全正相关，-1 表示完全负相关，0 表示没有相关性。计算公式为：

$$\varphi = \frac{\chi^2}{N} \tag{6-3}$$

其中，χ^2 是卡方统计量，N 是样本总数。

（3）克拉梅尔 V 系数：克拉梅尔 V 系数是 Phi 系数的扩展，适用于任何大小的列联表（不限于 2×2 列联表），尤其适用于分类变量的列联表，它标准化了卡方统计量，使得其值不依赖于行和列的数量。克拉梅尔 V 系数的值介于 0 到 1 之间，值越大表示变量之间的关系越强。计算公式为：

$$V = \sqrt{\frac{\chi^2}{N \cdot \min(k-1, r-1)}} \tag{6-4}$$

式中，χ^2 是卡方统计量，N 是样本总数，k 和 r 分别是列和行的数量。

（3）Lambda 系数：用于衡量自变量对因变量预测效果的改进程度，常用于衡量分类变量之间的预测关系。它反映了在已知自变量取值时，因变量预测误差的减小比例。Lambda 系数通过比较自变量已知与未知时的误差大小来评估预测能力。其取值范围为 0 到 1，值为 1 表示自变量能完全预测因变量的取值，值为 0 表示自变量对因变量没有预测作用。

（4）不确定系数：其值介于 0 和 1 之间，类似于 Lambda 系数，用于衡量自变量已知时，因变量不确定性减小的比例。与 Lambda 系数的不同之处在于，它使用熵来度量不确定性，并在误差定义上有所差异。

4. 分类变量与数值变量的相关

统计上，常用 Eta 系数来测量分类变量与数值变量之间的关联程度。Eta 系数与方差分析关系密切，实际上，Eta 平方表示由组间差异解释的因变量的方差比例，即 $SS_{组间}/SS_{总}$。其取值范围为 0 到 1，值为 0 表示行变量和列变量之间无相关性，值接近 1 表示高度相关。Eta 系数适用于因变量是区间尺度（如收入）的情况，以及自变量有有限类别（如性别）的情况。

5. 偏相关

偏相关用于衡量在控制了第三个变量 Z 的影响后，X 和 Y 之间的相关性。当 Z 与 X 和 Y 都密切相关时，Z 的存在可能会扭曲 X 和 Y 之间的真实关系，因此需要控制 Z 以研究 X 和 Y 之间的净相关性。偏相关也被称为净相关，Z 可以是 X 和 Y 的共同因素或中介变量。常见的偏相关包括 Pearson 偏相关和 Spearman 偏相关。

6. 部分相关

部分相关用于衡量在去除第三变量 Z 对 X 的影响后，X 和 Y 之间的相关性。在这种情况下，研究者关注的是将 Z 从 X 中去除后，X 与 Y 之间的关系。具体来说，当用 X 来解释 Y 时，仅去除 Z 对 X 的影响，同时保持 Y 的"完整性"。去除 Z 后，X 和 Y 之间残差的相关性就成为部分相关。

7.典型相关

典型相关是一种用于研究两组变量之间相关性的方法,适用于当数据由两组变量组成时,传统的相关性分析方法不适用的情形。例如,可以分析经济发展和社会福利状况之间的关系。将 GDP 增长率、失业率、收入水平作为一组经济变量,教育水平、医疗覆盖率、贫困率作为一组社会福利变量。通过典型相关分析,我们可以量化这两组变量之间的相关性,揭示经济指标与社会福利指标之间的相互作用,进而找到影响社会福利的关键经济因素。典型相关通常用于分析连续变量之间的关系,而对于分类变量之间的相关性分析方法,则称为非线性典型相关。

子任务三 相关关系的度量

1.散点图

散点图是指由变量数值在直角坐标系中的分布点构成的二维数据分布图。绘制散点图时用直角坐标系的横轴和纵轴分别代表变量 x 和 y,将每一对数据(x_i,y_i)描绘为直角坐标系上的一个点。当有多个数据对时,这些数据点在坐标系中形成一个分布,从而构成散点图。通过观察这些点的位置,可以分析两个变量之间的相关性。

以表6-1的数据为例,绘制证券市场价格指数与该市场 A 证券价格的散点图,如图6-1所示。从图中可以看出 A 证券价格与证券市场价格指数之间的基本特征。

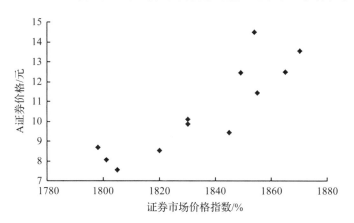

图6-1 证券市场价格指数与该市场 A 证券价格散点图

散点图的作用就是展现变量之间相关关系的基本态势。例如,变量之间的线性特征越显著,则相关关系越强,反之则越弱;两个变量之间的数值呈同方向变化,则这两个变量正相关,否则负相关。从图 6-1 可以看出,A 证券价格与证券市场价格指数之间呈现出大致的正相关关系,A 证券价格随着证券市场价格指数的上升而上升。

借助散点图可以大致区分和识别变量之间的非线性相关的具体类型,为回归分析确定回归模型的具体形式提供依据,这也是散点图的重要功能。例如,通过散点图展示的图形特征,可初步地分辨出相关关系是线性的,还是二次曲线、三次曲线、指数曲线、对数曲线、S曲线的等。从图6-1可以看出,A证券价格与证券市场价格指数之间呈现出大致的线性关系,可以在散点图上画出一条直线,若散点图中的数值点与这条直线的距离之和较小,则与这条直线的离差较小。

散点图是一种常用于相关分析和回归分析的基本图形工具,它能直观展示两个变量之间的关系。在回归分析中,散点图特别重要,因为它可以用来初步判断两个变量之间是否存在线性关系,从而为建立回归模型提供有价值的信息。

2.相关系数

相关系数是用来度量两个变量之间线性相关性方向和强度的指标。它能够量化散点图所展示的关系,并进一步分析变量间的相关程度。散点图虽然能直观地显示变量间的关系,但只能粗略描述线性关系的方向、强度和形式,无法精确衡量相关性的紧密程度。而相关系数通过一个具体数值来量化这种关系,直观且具可比性。在相关分析中,分析两个变量的线性相关性是最基本的步骤,通常通过简单线性相关系数进行度量。根据计算方法的不同,线性相关系数可以分为三种类型。

1）Pearson相关系数

Pearson相关系数是衡量两个数值型变量之间线性关系强度与方向的统计量,由英国数学家卡尔·皮尔逊提出,广泛用于数据分析中,一般用r表示。计算公式如下:

$$r = \frac{\sum (X_i - \bar{X})(Y_i - \bar{Y})}{\sqrt{\sum (X_i - \bar{X})^2 \sum (Y_i - \bar{Y})^2}} \tag{6-5}$$

式中,X_i和Y_i为样本数据点,$\bar{X}$和$\bar{Y}$分别为变量X和Y的均值。$r=1$表示两个变量完全正相关,变化方向相同;$r=-1$表示完全负相关,变化方向相反;$r=0$表示两个变量之间没有线性关系;$0<r<1$表示正相关,变量同向变化但相关性弱于完全正相关;$-1<r<0$表示负相关,变量反向变化但相关性弱于完全负相关。

根据表6-1中的数据,采用式(6-5)可得本例中A证券价格与该证券市场价格指数的相关系数$r=0.87749$。

以下作几点说明:

（1）Pearson相关系数适用于两个变量的度量指标都是数值型数据,两个变量的总体呈正态分布或近似分布的情况,否则其反映的线性关系可能失真。

（2）相关系数为0或接近0时,只能说明两个变量之间没有线性关系,不能说明没有相关性,可能存在非线性关系。

（3）通常情况下通过以下取值范围判断变量的相关强度:相关系数在0.8至1.0之间,则称为高度相关;0.6至0.8之间,则称为强相关;0.4至0.6之间,则称为中等程度相关;0.2至0.4之间,称为弱相关;0.0至0.2之间,称为极弱相关或无相关。

2）Spearman 相关系数

在进行相关分析时,有时会遇到不适合使用 Pearson 相关系数的情形。例如,当变量的度量尺度为顺序尺度数据(如等级或排名数据),或变量的总体分布未知且不满足正态分布时,Pearson 相关系数就不再适用。在这种情况下,Spearman 相关系数提供了一个合适的替代方法。Spearman 相关系数主要用于衡量顺序尺度数据(定序数据)之间的单调关系,一般用 ρ 表示。其计算公式为:

$$\rho = 1 - \frac{6 \sum\limits_{i=1}^{i=n} D_i^2}{n(n^2-1)} \tag{6-6}$$

式中,n 为样本容量。D_i 是每对数据点的排名差,$D_i = R(X_i) - R(Y_i)$,$R(X_i)$ 是第 i 个数据点 X_i 在变量 X 序列(从小到大排序或者从大到小排序)中的排名,同理,$R(Y_i)$ 是第 i 个数据点 Y_i 在变量 Y 中的排名;$R(X_i)$ 和 $R(Y_i)$ 又称为变量 X_i 和 Y_i 的秩。

Spearman 相关系数适用于以下几种情况:

(1)数据为顺序尺度数据。

(2)变量之间存在单调关系,但不一定是线性关系。

(3)数据不满足正态分布或样本量较小(如小于30)时。

3）Kendall's tau-b 相关系数

Kendall's tau-b 相关系数基于数据的秩(排名)来计算,旨在衡量两个变量之间的单调关系,一般用 τ_b 表示。它利用变量的秩来计算一致对和非一致对,这两个概念是计算相关系数的关键。

一致对(U):如果一对数据点(X_i, Y_i)和(X_j, Y_j),当 $X_i > X_j$ 时,$Y_i > Y_j$,或者当 $X_i < X_j$ 时,$Y_i < Y_j$,则称这对数据点为一致对。

非一致对(V):如果一对数据点(X_i, Y_i)和(X_j, Y_j),当 $X_i > X_j$ 时,$Y_i < Y_j$,或者当 $X_i < X_j$ 时,$Y_i > Y_j$,则称这对数据点为非一致对。

假设有两个变量 X 和 Y,并且它们之间的数据点对为(X_i, Y_i)和(X_j, Y_j),Kendall's tau-b 相关系数的计算公式是:

$$\tau_b = \frac{(U-V)}{\sqrt{(U+V+T_X)(U+V+T_Y)}} \tag{6-7}$$

式中,U 是一致对的数量;V 是非一致对的数量;T_X 和 T_Y 分别是变量 X 和 Y 的平均一致对数目,即相同的排名对数,也就是在同一个变量中有相同值的数据点数。

4）相关系数的显著性检验

相关系数 r 是总体相关系数真值 ρ 的样本统计量。因此,相关系数 r 只是总体相关系数 ρ 的在一定样本分布情况下的估计值,尤其是当计算相关系数的样本容量 n 较小时,相关系数 r 的数值的变异较大。在极端的情况下,比如当 $n=2$ 时,相关系数的绝对值总是等于1。所以,必须对在不同样本容量情况下计算出来的相关系数 r 的统计显著性进行假设检验。

对相关系数的显著性检验通常是检验总体相关系数是否等于零,对于不同的相关系数,统计检验的统计量也不相同,构建的假设检验略有差异,下面分别加以介绍。

(1)Pearson 相关系数假设检验。

Pearson 相关系数 r 的抽样分布,服从自由度为 $n-2$ 的 t 分布,并在样本容量 n 充分大时,逐渐趋于正态分布。因此,一般采用 t 检验统计量对相关系数 r 进行显著性检验,有

$$t = |r| \cdot \sqrt{\frac{n-2}{1-r^2}} \sim t(n-2) \qquad (6\text{-}8)$$

虽然相关系数 r 的取值范围为 $[-1,1]$,但是由式(6-8)可知,该 t 检验统计量是基于相关系数的绝对值计算的一个统计量,从而将显著性检验的对象转化为相关系数的绝对值,其取值范围变换为 $[0,1]$。因此,相关系数显著性检验实质上是对相关系数绝对值是否显著不为零的显著性检验,其原假设就是相关系数绝对值等于零,而备择假设则为相关系数绝对值显著大于零,属于单侧显著性检验。

根据样本容量 $n=12$,A 证券价格与该证券市场价格指数的相关系数 $r=0.87749$。在显著性水平 $\alpha=0.05$ 下,对该相关系数 r 进行显著性检验,并采用式(6-8)对相关系数 r 进行显著性检验。

首先,提出零假设

$$H_0:|\rho|=0; \quad H_1:|\rho|>0$$

其次,计算 t 检验统计值

$$t = |0.87749| \cdot \sqrt{\frac{12-2}{1-0.87749^2}} = 5.7859$$

最后,进行统计判断。

根据显著性水平 $\alpha=0.05$,$n-2=10$,可知 $t_{0.05}(10)=1.8125$。由于 t 检验统计值大于 $t_{0.05}(10)$,所以拒绝原假设 $H_0:|\rho|=0$,认为 A 证券价格与该证券市场价格指数之间存在显著的相关关系。

(2)Spearman 相关系数假设检验。

该检验的原假设也是总体相关系数 $|\rho|=0$。在小样本情况下,Spearman 相关系数 r 就是检验统计量;在大样本情况下,采用正态检验统计量 Z,即

$$Z = r\sqrt{n-1} \qquad (6\text{-}9)$$

式中,Z 统计量服从标准正态分布。SPSS 将自动计算 Spearman 相关系数、Z 检验统计量的观测值和对应的 p 值。

(3)Kendall's tau-b 相关系数假设检验。

该检验的原假设也是总体相关系数 $|\rho|=0$。在小样本情况下,Kendall's tau-b 相关系数 τ_b 就是检验统计量;在大样本情况下,采用正态检验统计量,即

$$Z = r \sqrt{\frac{9n(n-1)}{2(2n+5)}}$$
(6-10)

式中,Z 统计量近似服从正态分布。SPSS 将自动计算 Kendall's tau-b 相关系数、Z 检验统计量和对应的 p 值。

以上三种相关系数的显著性检验,都可以通过将 SPSS 计算出的显著性概率 p 值和显著性水平进行比较来完成。

任务二 Pearson 相关和偏相关

 导入案例

党的二十大报告指出,科技是第一生产力、人才是第一资源、创新是第一动力[①]。为了提高学生的创新能力,鼓励更多学生参加社会民生热点调查,走统计技能成才、统计技能报国之路,培养更多高技能统计人才,某校统计教研室积极开展技能文化节活动,组织了统计调查比赛校内选拔赛。研究者随机选择了 30 个学生,分别用团队意识测验和调查能力测验进行调查,并统计了每个学生的竞赛得分,数据如表6-2所示。根据这一结果,能否说竞赛得分与调查能力之间,以及竞赛得分与团队意识之间存在相关关系?

表 6-2　30 个学生在竞赛得分、团队意识和调查能力上的测试结果

编号	竞赛得分	团队意识	调查能力	编号	竞赛得分	团队意识	调查能力
1	1380	6.2	73	16	1770	8.9	84
2	1710	7.7	89	17	1440	8.3	82
3	1810	8.7	91	18	1830	9.3	96
4	1650	8.2	88	19	980	7.1	73
5	1430	7.7	77	20	1890	9.1	92
6	2040	9.8	97	21	1450	7.9	89
7	1730	6.5	85	22	1370	6.9	71
8	1790	9.4	92	23	1590	9.1	84
9	1720	9.2	95	24	1320	6.4	75
10	2130	9.4	97	25	1450	7.5	77
11	1230	7.1	75	26	1550	7.9	77
12	1820	9.1	97	27	1690	8.7	84
13	1870	8.3	88	28	1350	6.8	85
14	1700	9.8	99	29	1850	9.5	97
15	1670	8.2	82	30	1300	6.7	66

①习近平.高举中国特色社会主义伟大旗帜 为全面建设社会主义现代化国家而团结奋斗:在中国共产党第二十次全国代表大会上的报告[N].人民日报,2022-10-26(01).

子任务一　Pearson 相关

6-1 SPSS 26 的
Pearson 相关分析

1. 正态分布验证

从研究过程看,每个学生的测试成绩互相独立,我们需要检验三个变量
是否满足正态分布的假设。

【第 1 步】数据组织

根据表 6-2 生成 SPSS 文件,新建三个变量"竞赛得分""团队意识""调查能力",将建
立的数据文件存入 SPSS 文件"data6.2. sav"。

【第 2 步】正态分布验证

(1)在 SPSS 26 的菜单栏中依次选择"分析"→"描述统计"→"探索",打开"探索"对
话框,按图 6-2 进行设置。

(2)单击"图",在弹出的"探索:图"对话框中勾选"茎叶图""含检验的正态图",如图
6-3 所示。

图 6-2　"探索"对话框设置　　　　　图 6-3　正态性检验设置

(3)主要结果分析。

单击"继续",返回"探索"对话框,单击"确定"按钮,完成 SPSS 26 的正态性检验分析。
输出结果如表 6-3 所示。

表 6-3　正态性检验结果

	柯尔莫戈洛夫-斯米诺夫[a]			夏皮洛-威尔克		
	D 统计量	自由度	显著性	W 统计量	自由度	显著性
团队意识	0.132	30	0.190	0.942	30	0.105
调查能力	0.116	30	0.200[*]	0.953	30	0.197
竞赛得分	0.118	30	0.200[*]	0.975	30	0.673
a. 里利氏显著性修正						

注:[*]表示真显著性的下限。

D 统计量是柯尔莫戈洛夫-斯米诺夫(K-S)检验的统计量,它表示样本的经验累积分布函数与理论分布(如正态分布)之间的最大差异。D 值范围为 0 到 1,D 值接近 0 表示数据与理论分布接近,接近 1 则表示差异较大。

W 统计量是夏皮洛-威尔克(S-W)检验的统计量,用来衡量样本数据与正态分布之间的差异。W 值接近 1 表示数据服从正态分布,而 W 值较小则表示数据偏离正态分布。

当 K-S 检验(D 检验)和 S-W 检验(W 检验)p 值大于 0.05 时,表示数据与正态分布之间的差异较小,不能拒绝零假设,因此数据与正态分布一致。p 值小于或等于 0.05 时,表示数据与正态分布之间的差异较大,拒绝零假设,因此数据不符合正态分布。

由表 6-3 可知,竞赛得分、团队意识、调查能力三个变量的 D 值较小,W 值接近于 1,同时各个变量的 D 值和 W 值对应的 p 值均大于 0.05,表示差异较小,数据与正态分布拟合较好,可以进行 Pearson 相关分析。

说明:如果 D 检验和 W 检验的结果存在矛盾,按照"大 D 小 W"原则进行选择,即样本量大时选 D 检验,样本量小时选 W 检验。一般数量大于等于 30 的样本,称为大样本。

2. 绘制散点图,分析是否存在相关关系

(1)单击"图形"→"旧对话框"→"散点图/点图",打开"散点图/点图"对话框,如图 6-4 所示。

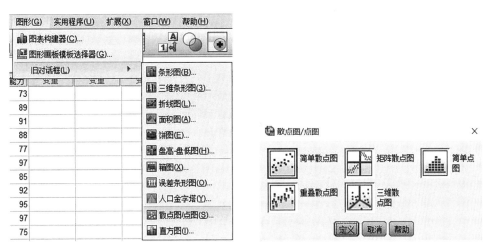

图 6-4 打开"散点图/点图"对话框

(2)选择"简单散点图",单击"定义"按钮,打开"简单散点图"对话框并进行设置,如图 6-5 所示。

(3)单击"确定",分别绘制竞赛得分和团队意识、竞赛得分和调查能力相关关系的散点图,如图 6-6 和图 6-7 所示。

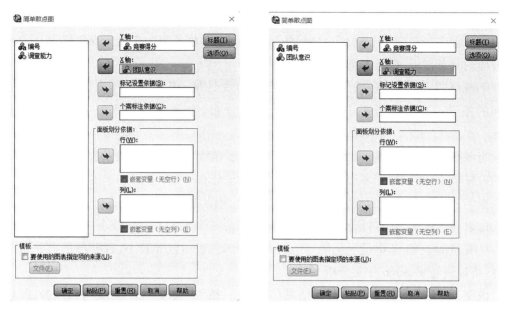

图6-5　简单散点图设置

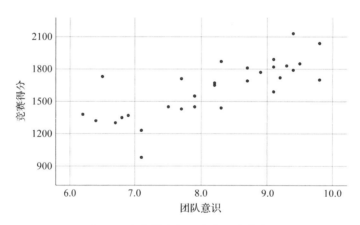

图6-6　竞赛得分和团队意识的散点图

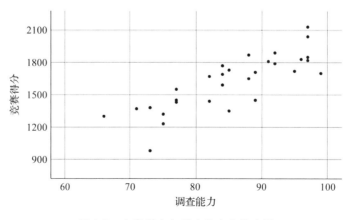

图6-7　竞赛得分和调查能力的散点图

由图 6-6 和图 6-7 可知,两组变量均存在正相关关系,可以计算 Pearson 相关系数。

3. Pearson 相关分析

(1)回到 SPSS 26 主界面,单击"分析"→"相关"→"双变量",打开"双变量相关性"对话框并进行设置,如图 6-8 所示。

(2)单击"选项"按钮,在弹出的"双变量相关性:选项"对话框中勾选"平均值和标准差""叉积偏差和协方差",如图 6-9 所示。

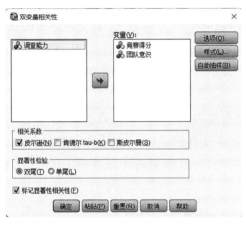

图 6-8　"双变量相关性"对话框设置　　　图 6-9　"双变量相关性:选项"对话框设置

(2)单击"继续",返回"双变量相关性"对话框,单击"确定"按钮,完成 SPSS 26 的 Pearson 相关分析。

(3)主要结果分析。

Pearson 相关分析的运行结果如表 6-4 和表 6-5 所示。

表 6-4 为描述性统计结果,列出了描述性统计量平均值、标准差和个案数。

表 6-4　描述性统计结果

	平均值	标准偏差	个案数
竞赛得分	1617.00	257.322	30
团队意识	8.180	1.0978	30

表 6-5 为相关分析的主要结果,包括平方和与叉积、协方差、Pearson 相关系数和显著性概率 p 值。

表 6-5　双变量相关性检验结果(竞赛得分与团队意识)

		竞赛得分	团队意识
竞赛得分	皮尔逊相关性	1	0.766**
	显著性(双尾)		0.000
	平方和与叉积	1920230.000	6272.200
	协方差	66214.828	216.283
	个案数	30	30

续　表

		竞赛得分	团队意识
团队意识	皮尔逊相关性	0.766**	1
	显著性（双尾）	0.000	
	平方和与叉积	6272.200	53.035
	协方差	216.283	1.829
	个案数	30	30

注：**表示在0.01级别（双尾），相关性显著。

以上结果显示，竞赛得分与团队意识的 Pearson 相关系数 $r=0.766$，$p=0.000<0.05$，说明竞赛得分与团队意识之间的线性相关关系是真实存在的，而且呈现出显著相关的特征。相关系数 r 用于判定相关强度的大小，p 值用于验证相关系数 r 存在的真实性。

执行相同操作，还可以得到竞赛得分与调查能力的 Pearson 相关系数 $r=0.822$，$p=0.000<0.05$，可以拒绝零假设（假设这两个变量没有相关性），说明竞赛得分与调查能力两个变量之间的线性相关关系也是真实存在的，而且也呈现出显著相关的特点，如表 6-6 所示。

表 6-6　双变量相关性检验结果（竞赛得分与调查能力）

		竞赛得分	调查能力
竞赛得分	皮尔逊相关性	1	0.822**
	显著性（双尾）		0.000
	平方和与叉积	1920230.000	56191.000
	协方差	66214.828	1937.621
	个案数	30	30
调查能力	皮尔逊相关性	0.822**	1
	显著性（双尾）	0.000	
	平方和与叉积	56191.000	2433.367
	协方差	1937.621	83.909
	个案数	30	30

注：**表示在0.01级别（双尾），相关性显著。

如果 p 值大于 0.05，虽然 $r=0.822$ 表示竞赛得分与调查能力之间存在较强的线性相关性，但在统计上这种相关性不显著。这意味着，尽管 r 值较高，但 p 值大于 0.05 表明这种相关性可能仅仅是样本误差或其他因素引起的，没有足够的统计证据证明在总体中这两个变量之间的线性相关性是真实存在的。

子任务二　Pearson 偏相关

1. 基本概念

偏相关是用来衡量在控制了其他潜在干扰变量后，两个变量之间的线

6-2 SPSS 26 的 Pearson 偏相关分析

性关系。在现实生活中,很多变量之间的关系可能受到其他因素的影响,偏相关分析的目的就是排除这些影响,得出更加准确的相关性。简单来说,偏相关分析帮助我们识别在控制了某些混杂变量后,两个变量之间的"净"相关性。

Pearson 偏相关是偏相关分析的一种特定实现方法,它基于 Pearson 相关系数,用于计算这两个变量在控制其他变量后的线性关系。与标准的 Pearson 相关系数不同,Pearson 偏相关系数不仅考虑了两个变量之间的关系,还在分析时控制了其他变量的影响。它通过去除控制变量的影响,求得两个主要变量的残差,然后计算这些残差之间的相关性。

2. 统计原理

控制变量为 z,变量 x、y 之间的偏相关系数定义为

$$r_{xy,z} = \frac{r_{xy} - r_{xz}r_{yz}}{\sqrt{(1 - r_{xz}^2)(1 - r_{yz}^2)}} \tag{6-11}$$

式中,$r_{xy,z}$ 是在控制变量 z 的条件下,x、y 之间的偏相关系数;r_{xy} 是变量 x、y 之间的简单相关系数;r_{yz} 是变量 y、z 之间的简单相关系数。

当控制两个变量 z_1 和 z_2 时,变量 x、y 之间的偏相关系数计算公式为

$$r_{xy,z} = \frac{r_{xy,z_1} - r_{xz_1,z_2}r_{yz_2,z_1}}{\sqrt{(1 - r_{xz_1,z_2}^2)(1 - r_{yz_2,z_1}^2)}} \tag{6-12}$$

在利用样本研究总体的特性时,由于存在抽样误差,控制了样本中其他变量的影响,有时可能在样本中两个变量间偏相关系数不为 0,但不能认为总体中这两个变量间的偏相关系数不为 0。因此必须进行检验,检验公式为

$$t = r\frac{\sqrt{n-k-2}}{\sqrt{1-r^2}} \tag{6-13}$$

式中,n 为观测量数目;k 为控制变量的数目;$n-k-2$ 是自由度。

3. 分析步骤

偏相关分析可分为两步,首先根据公式计算偏相关系数,然后对样本所属的两个总体间是否存在显著性相关进行推断。具体步骤如下:

(1)提出原假设 H_0:即两个总体间的偏相关系数与零无显著性差异。

(2)选择检验统计量:偏相关分析选择的是 t 统计量。

(3)计算 t 值和对应的 p 值:根据式(6-13)计算检验统计量 t 值,同时计算显著性概率 p 值。

(4)决策:如果显著性概率 p 值小于给定的显著性水平 α,则应拒绝原假设,认为两个总体间偏相关系数与零有显著性差异;反之,如果检验统计量的显著性概率 p 值大于显著性水平 α,则不能拒绝原假设,可以认为两个总体间的偏相关系数与零无显著性差异,即两个样本间的偏相关性不显著。

4. SPSS 26 的 Pearson 偏相关分析

【第 1 步】分析

以本任务导入案例的数据为例。通过前面的相关分析可知,竞赛得分与调查能力和团队意识均有相关关系,分析时应对竞赛得分与两个因素分别求偏相关系数,如在求竞赛得分与团队意识间的相关系数时控制调查能力的影响。然后比较相关系数,按两个因素对竞赛得分影响程度的大小排序,需进行偏相关分析。

【第 2 步】数据组织

同"子任务一 Pearson 相关"的数据组织,这里不再赘述。

【第 3 步】进行 Pearson 偏相关分析

在 SPSS 26 的菜单栏中依次选择"分析"→"相关"→"偏相关",打开"偏相关性"对话框,指定分析变量和控制变量。分析竞赛得分和团队意识间的偏相关系数,要将调查能力设为控制变量。使用系统默认的"双尾"检验,勾选"显示实际显著性水平",如图6-10所示。

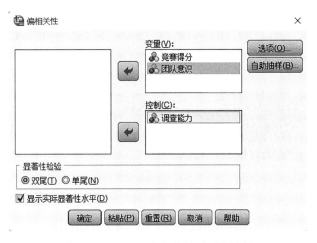

图 6-10　Pearson 偏相关性对话框设置

【第 4 步】主要结果分析

运行结果如表6-7所示,从中可以看出,调查能力为控制变量,竞赛得分和团队意识的偏相关系数为0.263,双尾检测的显著性概率为0.168,大于显著性水平0.05。故应接受原假设,说明竞赛得分和团队意识之间的线性相关关系不显著。

表6-7　双变量偏相关性检验结果

控制变量			竞赛得分	团队意识
调查能力	竞赛得分	相关性	1.000	0.263
		显著性(双尾)	0.000	0.168
		自由度		27
	团队意识	相关性	0.263	1.000
		显著性(双尾)	0.168	0.000
		自由度	27	

任务三　Spearman 相关和偏相关

 导入案例

为深入学习宣传习近平新时代中国特色社会主义思想和党的二十大精神,围绕建设"大思政"格局,推进三全育人工作,某校搭建校企合作统计调查实践平台,鼓励学生积极参与社会民生热点的调查活动,提高社会服务能力。学生参加调查实践活动时的沟通交流能力和调查对象的反馈情况如表6-8所示。试计算沟通交流能力与调查对象的反馈之间的相关性。

表6-8　学生的沟通交流能力和调查对象的反馈

序号	沟通交流能力	调查对象的反馈	序号	沟通交流能力	调查对象的反馈
1	优秀	优秀	11	良好	良好
2	良好	良好	12	及格	及格
3	优秀	优秀	13	中等	中等
4	中等	良好	14	优秀	优秀
5	及格	中等	15	优秀	优秀
6	优秀	优秀	16	良好	优秀
7	良好	中等	17	良好	良好
8	中等	中等	18	中等	中等
9	及格	中等	19	及格	及格
10	良好	良好	20	中等	良好

子任务一　Spearman 相关

1. Spearman 相关的适用范围

Pearson 相关系数仅适用于二元正态分布或近似正态分布的情况,如果数据达不到要求,可采用 Spearman 相关系数来描述两个变量间关联的程度和方向。Spearman 相关系数又称秩相关系数,其利用两个变量的秩次大小作线性相关分析,不要求原始变量的分布类型必须是正态分布。

Spearman 相关用于两种情况:一是 Pearson 相关要求的两个变量不符合正态分布(即两个变量都不符合或其中一个不符合正态分布);二是至少有一个变量为等级变量。

2. SPSS 26 的 Spearman 相关分析

【第1步】分析

导入案例要求计算沟通交流能力与调查对象的反馈之间的相关性,然而这两个变量

6-3　SPSS 26 的 Spearman 相关分析

均为定序变量,因此,采用 Spearman 相关更为合适。

【第 2 步】数据组织

分别定义变量"序号"(用字符型变量表示)、"沟通交流能力"和"调查对象的反馈",按照"1 = 优秀、2 = 良好、3 = 中等、4 = 及格"定义,将数据转换并录入。考虑数据可读性,可在变量视图中,为两个变量设置值标签,完成后保存到"data6.3.1.sav"文件中。

【第 3 步】Spearman 相关分析对话框设置

在 SPSS 26 的菜单栏中依次选择"分析"→"相关"→"双变量",打开"双变量相关性"对话框,将"沟通交流能力"和"调查对象的反馈"移入"变量"框中,勾选"斯皮尔曼",如图 6-11 所示。

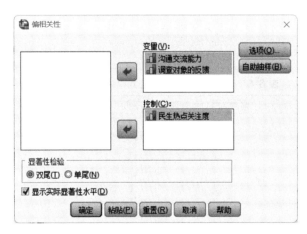

图 6-11 "双变量相关性"对话框设置

图 6-11 中的"肯德尔 tau-b"属于非参数相关,仅用于两个变量均为等级资料时,其适用范围不如 Spearman 相关广泛。

【第 4 步】主要结果分析

单击"确定"按钮,完成 SPSS 26 的 Spearman 相关分析,结果如表 6-9 所示。沟通交流能力和调查对象的反馈的等级相关系数 $r = 0.881, p = 0.000 < 0.05$,说明学生的沟通交流能力和调查对象的反馈之间真实存在强相关关系。

表 6-9 斯皮尔曼相关分析结果

			沟通交流能力	调查对象的反馈
斯皮尔曼 Rho	沟通交流能力	相关系数	1.000	0.881 **
		显著性(双尾)		0.000
		N	20	20
	调查对象的反馈	相关系数	0.881 **	1.000
		显著性(双尾)	0.000	
		N	20	20

注: **表示在 0.01 级别(双尾),相关性显著。

子任务二　Spearman 偏相关

前面介绍 Pearson 相关时,提到会存在第三个变量的影响,为了消除影响,采用了偏相关。本节将介绍如何进行 Spearman 偏相关分析。

假设,本任务导入案例中的沟通交流能力和调查对象的反馈可能会受到民生热点关注度这一因素的影响。为了探讨这两者之间的净相关性,即在控制了民生热点关注度对其可能影响后的线性关系,我们将进行偏相关分析。原始数据如表 6-10 所示。

6-4 SPSS 26 的 Spearman 偏相关分析

表 6-10　学生的沟通交流能力和调查对象的反馈

序号	沟通交流能力	调查对象的反馈	民生热点关注度	序号	沟通交流能力	调查对象的反馈	民生热点关注度
1	优秀	优秀	优秀	11	良好	良好	良好
2	良好	良好	优秀	12	及格	及格	中等
3	优秀	优秀	优秀	13	中等	中等	良好
4	中等	良好	良好	14	优秀	优秀	优秀
5	及格	中等	中等	15	优秀	优秀	优秀
6	优秀	优秀	优秀	16	良好	优秀	优秀
7	良好	中等	良好	17	良好	良好	良好
8	中等	中等	及格	18	中等	中等	中等
9	及格	中等	中等	19	及格	及格	及格
10	良好	良好	良好	20	中等	良好	良好

1. SPSS 26 的 Spearman 偏相关分析

【第 1 步】分析

以沟通交流能力与调查对象的反馈为等级资料,应该采用 Spearman 相关。经计算,在本例已知变量中,民生热点关注度与沟通交流能力和调查对象的反馈均有相关关系,为了研究净相关性,应该去除民生热点关注度对两者的影响,因此,采用 Spearman 偏相关较合适。

【第 2 步】数据组织

在"data6.3.1. sav"文件的基础上增加一个变量"民生热点关注度",按照"1 = 优秀、2 = 良好、3 = 中等、4 = 及格"设置值标签,完成后保存到"data6.3.2. sav"文件中。

【第 3 步】Spearman 偏相关分析对话框设置

在 SPSS 26 的菜单栏中依次选择"分析"→"相关"→"偏相关",打开"偏相关性"对话框,将"沟通交流能力"和"调查对象的反馈"移入"变量"框中,将"民生热点关注度"移入"控制"框中,如图 6-12 所示。

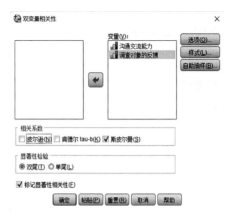

图 6-12 Spearman 偏相关分析对话框设置

【第 4 步】主要结果分析

单击"确定"按钮,完成 SPSS 26 的 Spearman 偏相关分析,结果如表 6-11 所示。控制民生热点关注度之后的沟通交流能力和调查对象的反馈的等级相关系数 $r = 0.531$, $p = 0.019 < 0.05$。

表 6-11 Spearman 偏相关分析结果

控制变量			沟通交流能力	调查对象的反馈
民生热点关注度	沟通交流能力	相关性	1.000	0.531
		显著性(双尾)		0.019
		自由度	0	17
	调查对象的反馈	相关性	0.531	1.000
		显著性(双尾)	0.019	
		自由度	17	0

以下作几点说明:

(1)虽然案例中控制与未控制的 Spearman 相关系数相差不大,但实际应用中可能会发生未控制时 $p < 0.05$,控制后 $p > 0.05$ 的情况,因此,控制有时候是必要的。

(2)偏相关分析并不限于控制单一变量。在进行 Pearson 偏相关分析时,可以同时控制多个可能影响因变量的变量,只需将这些变量一并放入"控制"列表中,SPSS 即可同时进行控制分析,剔除这些变量的干扰效应。

任务四 距离分析

 导入案例

【案例 1】党的二十大报告指出,深入推进能源革命,加强煤炭清洁高效利用,加快规划

建设新型能源体系,积极参与应对气候变化全球治理①。某公司积极响应号召,计划投资光伏发电项目,搜集了 2023 年我国不同区域的四个城市每个月的日照时长数据,如表 6-12 所示。请分析各城市日照时长是否相似。

表6-12 2023 年四个城市各月份的日照时长　　　　　　　单位:时

月份	武汉	济南	石家庄	南京
1	186	197	213	194
2	186	203	201	192
3	194	202	200	196
4	190	207	203	193
5	205	195	194	196
6	209	207	207	192
7	191	205	225	197
8	198	218	222	196
9	198	217	215	209
10	191	206	218	210
11	200	205	200	194
12	204	218	197	204

【案例 2】2020 年 11 月,国务院办公厅印发《新能源汽车产业发展规划(2021—2035年)》,要求深入实施发展新能源汽车国家战略,推动我国新能源汽车产业高质量可持续发展,加快建设汽车强国。某汽车检测站选取了市场上热销的四款新能源汽车,在相同的外界条件下,从基础性能、充电时长、智能化、续航里程等多个维度考察车辆表现。试根据测量数据,用距离分析法分析四款新能源汽车的相似性。具体数据如表 6-13 所示。

表6-13 四款新能源汽车的测评数据

序号	基础性能	充电时长/时	智能化	续航里程/公里
1	61	9	89	460
2	82	12	93	550
3	68	5	75	400
4	71	11	86	510

子任务一　基本概念和统计原理

1.基本概念

距离分析是一种衡量观测量(或变量)之间相似性或不相似性的方法,通常是计算

---

①习近平.高举中国特色社会主义伟大旗帜　为全面建设社会主义现代化国家而团结奋斗:在中国共产党第二十次全国代表大会上的报告[N].人民日报,2022-10-26(01).

一对观测值或一对变量之间的广义距离。通过这种方法,可以评估两个观测值或变量的相似度或差异度,并在此基础上进一步分析复杂的数据集。比如,我们可以通过续航里程、基础性能、充电时长等指标,计算几种新能源汽车的相似性。通过对这些汽车的相似性进行统计分析,能够了解不同类型的新能源汽车之间的相似性和差异性。此外,基于相似性的测量,还可以采用分层聚类分析或多维定标分析等方法,探究数据的深层结构。

在距离分析中,距离可以分为两种类型:个案(观测记录)之间的距离和变量之间的距离。个案之间的距离反映了不同观测记录之间的相似性或差异性;变量之间的距离则关注不同变量或特征之间的关系。

2. 统计原理

距离测量分为非相似性测量和相似性测量两种。

1)非相似性测量

(1)对定距数据的非相似性(距离)测量可以使用的统计量有欧氏距离(Euclidean distane)、平方欧氏距离(squared Euclidean distance)、切比雪夫距离(Chebychev distance)、块距离(block distance)、闵可夫斯基距离(Minkowski distance)等。计算公式如表6-14所示。

表6-14 测量定距数据距离的统计量公式

统计量	公式
欧式距离	$d(x,y) = \left[\sum_{i=1}^{n} (x_i - y_i)^2 \right]^{\frac{1}{2}}$
平方欧氏距离	$d(x,y) = \sum_{i=1}^{n} (x_i - y_i)^2$
切比雪夫距离	$d(x,y) = \max_i |x_i - y_i|$
块(绝对值)距离	$d(x,y) = \sum_{i=1}^{n} |x_i - y_i|$
闵可夫斯基距离	$d(x,y) = \left| \sum_{i=1}^{n} |x_i - y_i|^m \right|^{\frac{1}{m}}$,$m$为待定参数

(2)对定序数据主要使用卡方测量(Chi-square measure)和Phi平方测量(Phi-square measure)。计算公式如表6-15所示。

表6-15 测量定序数据距离的统计量公式

统计量	公式
卡方测量	$d_{\text{Chi}}(x,y) = \sqrt{\sum_{i=1}^{n} \frac{(x_i - E(x_i))^2}{E(x_i)} + \sum_{i=1}^{n} \frac{(y_i - E(y_i))^2}{E(y_i)}}$
Phi平方测量	$d_{\text{Chi}}(x,y) = \frac{d_{\text{Chi}}(x,y)}{\sqrt{n}}$

（3）对二元变量（只有两种取值的变量）之间的距离描述，可使用欧氏距离、平方欧氏距离、大小差、模式差、形状差、方差等距离统计量。对二元变量作距离测量时，首先建立如表 6-16 所示的列联表。

表 6-16　二元变量列联表

1 ＼ 2	Present	Absent
Present	a	b
Absent	c	d

其中，Present 表示该变量具有某些特征；Absent 表示该变量不具有某些特征；a、b、c、d 分别表示满足条件的变量对个数。在 SPSS 中，默认变量取值 1 代表 Present，取值 0 代表 Absent，该取值可以通过"二元"下拉列表下方的"存在"框和"不存在"框调整。"二元"下拉列表中主要有 6 项指标，它们的计算公式如表 6-17 所示。

表 6-17　测定二元变量距离的统计量公式

统计量	公式
欧氏距离	$d(x,y) = \sqrt{b+c}$
平方欧氏距离	$d(x,y) = (b+c)$
大小差	$d(x,y) = \dfrac{(b-c)^2}{(a+b+c+d)^2}$
模式差	$d(x,y) = \dfrac{bc}{(a+b+c+d)^2}$
方差	$d(x,y) = \dfrac{b+c}{4(a+b+c+d)}$
形状差	$d(x,y) = \dfrac{(a+b+c+d)(b+c)-(b-c)^2}{(a+b+c+d)^2}$

2. 相似性测量

对两个变量之间可以定义相似性测量统计量，用来对两变量之间的相似性进行数量化描述。

（1）对于定距数据主要使用 Pearson 相关系数和夹角余弦（cosine）距离。

（2）对于二元数据主要使用拉塞尔-拉奥（Russell-Rao）相似性、简单匹配（simple matching）系数、杰卡德（Jaccard）相似性指数、哈曼（Hamann）指数等，有 20 余种。

3. 标准化处理和转换

在 SPSS 中，不论是相似性测量还是非相似性测量，都可以对变量或个案数据进行某种标准化处理，并对结果进行转换。SPSS 26 提供的可以选择的标准化方法和转换方法如下。

1）标准化方法

（1）无：不作数据转换，此项为系统默认选项。

（2）Z得分:进行标准Z分值转换。

（3）范围 −1 到 1:将数据标准化到 −1 ~ 1,方法是将原来的取值减去最小值除以全距（最大值和最小值之差）,如果全距为 0,则所有数据变为 0.5。

（4）最大量级为 1:将数据标准化后使其均值为 1,方法是将原来的值除以最大值。如果最大值为 0,则值保持不变。

（5）平均值为 1:将数据标准化后使其均值为 1,方法是将原来的值除以均值。如果均值为 0,则所有数值加 1。

（6）标注差为 1:将数据标准化后使其标准差为 1,方法是将原来的值除以标准差。如果标准差为 0,则值保持不变。

选择了对数据进行标准化后,还应选择对变量标准化还是对个案标准化。

2）距离分析结果转换方法

对距离分析的结果进行转换,SPSS 26 提供了三种转换方法,每种方法转换之后给出转换结果。还可以同时使用多种方法,得到多种转换结果。

（1）绝对值:对结果取绝对值。如果仅仅对距离相关分析的数值大小感兴趣,则可以选择这种方法。

（2）变化量符号:改变结果的正负号。

（3）重新标度到 0 ~ 1 范围:将结果作 0 ~ 1 之间的标准化转换。

📊 子任务二　SPSS 26 的距离分析的非相似性测量

6-5 SPSS 26 的距离分析的非相似性测量

【第 1 步】分析

导入案例 1 的表 6-12 中的数据是 2023 年四个城市各月份的日照时长,案例要求分析四个城市的日照时长是否相似,我们可以使用距离分析法,既可以计算它们之间的相似性,也可以计算它们之间的不相似性。

【第 2 步】数据组织

分别定义变量"月份"（用字符型变量表示）、"武汉"、"济南"、"石家庄"、"南京",输入数据并保存到"data6.4. sav"文件中。

【第 3 步】距离分析主对话框设置

（1）在 SPSS 26 的菜单栏中依次选择"分析"→"相关"→"距离",打开"距离"对话框,将"武汉""济南""石家庄""南京"四个变量移入"变量"框中进行相似性测量计算。

（2）在"计算距离"区域内选中"变量间",以进行变量间的距离分析。

（3）在"测量"区域内选中"非相似性",以求解非相似性测量。

以上设置如图 6-13 所示。

图 6-13　"距离"对话框设置

【第 4 步】非相似性测量方法设置

由于非相似性测量与相似性测量的方法不同,因此单击"测量"按钮设置测量方法时,系统会弹出不同的对话框。第 2 步中设置的测量标准是非相似性,单击"测量"按钮则打开如图 6-14 所示的"距离:非相似性测量"对话框。在本例中,"测量"区域内选择"区间"类型,"测量"统计量选择"欧氏距离",以计算变量之间的非相似性,如图 6-14所示。

图 6-14　"距离:非相似性测量"对话框

【第 5 步】主要结果分析

单击"继续",返回"距离"对话框,单击"确定"按钮,完成 SPSS 26 的距离分析。

（1）数据摘要。

表 6-18 显示的是变量的个案数及其缺失值情况。

表 6-18　距离非相似性测量个案处理摘要

有效		缺失		总计	
个案数	百分比	个案数	百分比	个案数	百分比
12	100.0%	0	0.0%	12	100.0%

（2）距离分析结果。

距离分析的结果如表 6-19 所示,这是一个非相似性对称矩阵,各数值为欧氏距离。两个变量的欧氏距离越大,说明其差别越大,反之越小。从表中可以看出,武汉和石家庄的日照时长相差最大,武汉和南京的日照时长相差最小。

表 6-19　距离非相似性测量结果

	武汉	济南	石家庄	南京
武汉	0.000	47.645	63.898	32.265
济南	47.645	0.000	36.208	39.154
石家庄	63.898	36.208	0.000	49.315
南京	32.265	39.154	49.315	0.000

📊 子任务三　SPSS 26 的距离分析的相似性测量

6-6 SPSS 26 的距离分析的相似性测量

以导入案例 2 中的数据为例介绍 SPSS 26 距离分析的相似性测量的操作过程。

【第 1 步】分析

这是分析个案间是否相似的问题,可使用距离分析法,通过计算相似性测量指标可以判断四款车型是否相似。

【第 2 步】数据组织

建立 5 个变量,分别为"序号""基础性能""充电时长""智能化""续航里程",录入表 6-13 中的数据并保存到"data6.5.sav"文件中。

【第 3 步】距离分析主对话框设置

在 SPSS 26 的菜单栏中依次选择"分析"→"相关"→"距离",打开"距离"对话框,将"基础性能""充电时长""智能化""续航里程"四个变量移入"变量"框中进行个案间的相似性分析,如图 6-15 所示。

【第 4 步】相似性测量方法设置

单击"测量"按钮,弹出"距离:相似性测量"对话框,如图 6-16 所示。

图 6-15 "距离"对话框设置

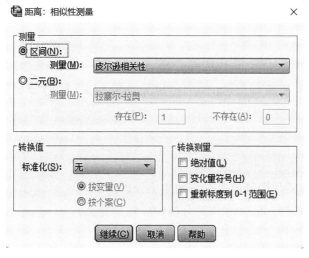

图 6-16 相似性测量标准设置

本案例要分析的变量均为连续型变量,因此在"测量"区域内选择"区间"中的"皮尔逊相关性"计算个案之间的相似性。由于不对变量进行标准化处理,也不对结果进行转换,所以在"转换值"和"转换测量"区域内不作任何设置。

【第 5 步】主要结果分析

单击"继续",返回"距离"对话框,单击"确定"按钮,完成 SPSS 26 的距离分析。

(1)数据摘要。

表 6-20 显示的是变量的个案数及其缺失值情况,可以看出,四个个案数据都有效。

表6-20 距离相似性测量个案处理摘要

有效		缺失		总计	
个案数	百分比	个案数	百分比	个案数	百分比
4	100.0%	0	0.0%	4	100.0%

（2）距离分析结果。

距离分析的结果如表6-21所示。从表中可以看出，四款新能源汽车的相似性非常高，相似性取值分别为0.999和1，其中第1款车和第4款车，以及第2款车和第4款车最相似。

表6-21 距离相似性测量结果

	1:1	2:2	3:3	4:4
1:1	1.000	0.999	0.999	1.000
2:2	0.999	1.000	0.999	1.000
3:3	0.999	0.999	1.000	0.999
4:4	1.000	1.000	0.999	1.000

 知识总结

本项目主要介绍了SPSS 26的相关分析，包括相关分析的概念、类型、相关关系的度量，以及Pearson相关和偏相关、Spearman相关和偏相关、距离分析等常用的相关分析方法。

课后作业

1. 在SPSS 26中用什么菜单实现线性相关分析？

2. 在SPSS 26中进行Pearson相关分析的步骤是什么？

3. Pearson相关和Spearman相关的不同点是什么？

4. 在什么情况下应使用偏相关分析？

5. Pearson偏相关和Spearman偏相关有什么不同？

6. 计算本项目任务三中导入案例的Kendall's tau-b系数，并分析其相关性。

7. 什么是相关分析的显著性检验，其零假设是什么？

项目六数据

项目七 线性回归

学习目标

知识目标

1. 掌握线性回归分析的主要目标。
2. 了解计算结果之间的数量关系。
3. 了解回归方程的最小二乘估计的基本设计思路。
4. 掌握一元线性回归模型的原理。
5. 掌握多元线性回归模型的原理。

技能目标

1. 会进行一元线性回归分析的基本操作。
2. 会进行多元线性回归分析的基本操作。
3. 能写出回归方程,能读懂回归分析结果。
4. 具有运用线性统计模型方法分析实际问题的能力。

素养(思政)目标

1. 培养创新意识和专业自信。
2. 培养用统计理论解决现实问题的能力,提升职业认同感。
3. 思政目标:增强家国情怀,提升民族自豪感,能感受到社会主义制度的优越性。

项目导图

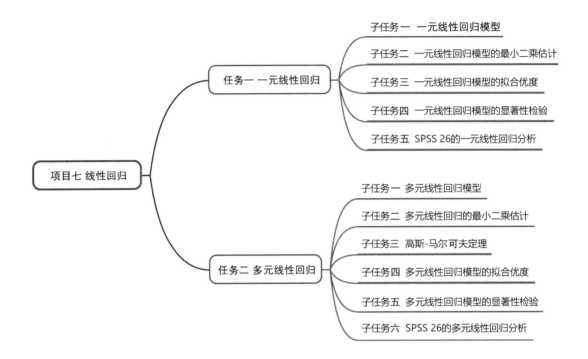

项目七 线性回归

任务一 一元线性回归
- 子任务一 一元线性回归模型
- 子任务二 一元线性回归模型的最小二乘估计
- 子任务三 一元线性回归模型的拟合优度
- 子任务四 一元线性回归模型的显著性检验
- 子任务五 SPSS 26的一元线性回归分析

任务二 多元线性回归
- 子任务一 多元线性回归模型
- 子任务二 多元线性回归的最小二乘估计
- 子任务三 高斯-马尔可夫定理
- 子任务四 多元线性回归模型的拟合优度
- 子任务五 多元线性回归模型的显著性检验
- 子任务六 SPSS 26的多元线性回归分析

项目七课件

任务一 一元线性回归

 导入案例

过去二十多年,我国经济发展很快,人民群众的生活也有了很大改善。从国家统计局公布的资料来看,2001 年,我国城镇居民人均可支配收入为 6859 元,2024 年,我国城镇居民人均可支配收入增长到 54188 元,增长了将近 7 倍;城镇居民人均消费支出从 5309 元增长到 34577 元,支出增长了近 5.5 倍,如表 7-1 所示。以人均消费支出为因变量 y,人均可支配收入为自变量 x,构造一元线性回归模型,并采用普通最小二乘估计方法进行估计。

表 7-1　2001—2024 年我国城镇居民人均可支配收入和人均消费支出变化　　单位:元

年份	人均可支配收入	人均消费支出	年份	人均可支配收入	人均消费支出
2001	6860	5309	2013	26467	18023
2002	7703	6030	2014	28844	19968
2003	8472	6511	2015	31195	21392
2004	9422	7182	2016	33616	23079
2005	10493	7943	2017	36396	24445
2006	11759	8697	2018	39251	26112
2007	13603	9997	2019	42359	28063
2008	17068	11243	2020	43834	27007
2009	16901	12265	2021	47412	30307
2010	18779	13471	2022	49283	30391
2011	21427	15161	2023	51821	32994
2012	24127	16674	2024	54188	34557

数据来源:国家统计局网站(https://data.stats.gov.cn/)。

子任务一 一元线性回归模型

1. 一元线性回归的基本概念

一元线性回归是一种基本的回归分析方法,用于描述一个被解释变量和一个解释变量之间的线性关系。作为回归分析的基础工具,一元线性回归通过简单的方式量化这种关系,帮助我们理解变量之间的基本联系,并为更复杂的回归分析方法奠定基础。

2. 回归与相关的区别

虽然相关分析和回归分析都是以相关关系为研究对象的,但由于两者研究相关关系内容的侧重点和反映相关关系特征的角度不同,两者之间存在区别。

第一,两者描述的方式不同。

相关分析主要采用相关系数 r 来度量变量之间的相关关系。通过相关系数 r 数值的大小来度量相关关系的强弱。回归分析采用拟合回归模型来反映变量之间相关关系的具体形式。回归模型的一般形式为

$$y = f(x) + \varepsilon \qquad (7\text{-}1)$$

式中, ε 是回归模型的随机误差项。

第二,两者变量的地位不同。

相关分析中变量的地位是对等的、可以相互置换的,变量 x 与变量 y 的相关系数 r 等价于变量 y 与变量 x 的相关系数 r。回归分析中变量的地位是不对等的、不能相互置换的,回归模型式(7-1)等号右边的变量 x 是解释等号左边的变量 y 取值的因素,因此称为自变量;等号左边的变量 y 是被自变量所解释的因素,所以称为因变量。即自变量是在回归分析中解释因变量的一个或一组变量,因此也被称为解释变量,一般用 x 表示;因变量是在回归分析中被解释的变量,因此也被称为被解释变量,一般用 y 表示。

第三,两者描述的内容不同。

相关分析通过相关系数 r 所描述的是变量之间相关关系的方向和强弱。回归分析借助回归模型不仅描述变量之间相关关系的方向和强弱,还刻画变量之间相关关系的具体形式,回归模型可以用于预测和控制。

第四,两者变量的性质不同。

相关分析中的变量都是随机变量。在回归分析中,因变量 y 是随机变量;自变量 x 可以是随机变量,也可以是非随机的确定性变量。当自变量 x 为随机变量时,不满足普通最小二乘估计回归模型的要求,需要采用工具变量方法或者最大似然方法来进行估计。因此,在采用普通最小二乘估计方法时,总是规定自变量 x 为非随机的确定性变量。

3. 一元线性回归的理论模型

从回归模型一般形式[式(7-1)]出发,一元线性回归模型可以表述为

$$y = \beta_0 + \beta_1 x + \varepsilon \qquad (7\text{-}2)$$

在一元线性回归模型中,因变量 y 的取值由两个部分构成。一部分是 $\beta_0 + \beta_1 x$,反映了自变量 x 的变动所引起的因变量 y 的线性变化;另一部分为剩余变动 ε,反映了不能为自变量 x 和因变量 y 之间的线性关系所解释的其他剩余的变异。

回归系数是回归模型中描述由自变量 x 的变动引起的线性变化的参数。回归系数是回归模型中未知的参数,需要通过样本数据取得它的统计估计值。

在理论上,回归分析总是假定一元线性回归模型,即式(7-2)具有统计显著性, $\beta_0 + \beta_1 x$ 有效地解释了因变量 y 的变动,剩余变动 ε 为不可观测的随机误差,这时 $\varepsilon \sim N(0, \sigma^2)$。因此,称式(7-2)为一元线性回归理论模型。

关于随机误差 ε,线性回归理论模型具有以下三项假定:

第一项假定为 0 均值。随机误差 ε 的数学期望为 0。

第二项假定为方差齐性。对于所有的自变量 x，随机误差 ε 的方差相同，均为 σ^2。

第三项假定为独立性。各项随机误差 ε 之间、各项随机误差 ε 与对应的自变量 x 之间均不相关，即有

$$E(\varepsilon_i \varepsilon_j) = 0, \quad i,j = 1,2,\cdots,n, i \neq j$$

$$E(\varepsilon_i x_i) = 0, \quad i = 1,2,\cdots,n$$

4. 一元线性回归的回归模型

由回归理论模型对随机误差 ε 的三项假定可知，变量 y 的数学期望为自变量 x 的线性函数。

回归模型是指从式(7-2)的一元线性回归理论模型出发，根据随机误差 ε 均值为 0 的第一项假定，所得到的反映因变量 y 的数学期望依赖自变量 x 取值的均值模型。

均值模型作为回归模型的一般形式，是建立在随机误差 ε 平方和最小化的基础之上的。由项目三有关均值的第二个数学性质可知，各个变量值与其均值的离差平方和最小。在总体数据分布服从正态分布的前提下，均值模型是回归模型的最优方式。而在经济管理分析中，一般总是假定总体数据分布趋于正态分布，所以采用均值模型作为回归模型的一般形式。

当总体数据分布不服从正态分布，尤其出现显著偏态时，中位数模型将优于均值模型。此时，回归模型的形式不再是均值模型，而是中位数模型。

在均值模型前提下，一元线性回归模型为

$$E(y) = \beta_0 + \beta_1 x \tag{7-3}$$

一元线性回归模型在直角坐标系中为一条直线，所以也称为直线回归模型。β_0 是这一直线回归模型的截距，为自变量 x 为 0 时，因变量 y 的取值；β_1 是这一直线回归模型的斜率，反映了因变量 y 依自变量 x 变动的相对速度。

5. 估计的一元线性回归模型

根据一元线性回归的均值模型假定和项目三有关均值的第二个数学性质，采用最小二乘估计所得到的估计的一元线性回归模型，即为均值模型。

由式(7-3)的回归模型可知，当 β_0、β_1 确定之后，可以利用式(7-3)计算出因变量 y 在给定自变量 x 数值时的数学期望。因此，可以采用最小二乘估计方法得出回归模型中有关参数的估计值，即根据样本推断出回归模型中 β_0、β_1 的估计量 $\hat{\beta}_0$、$\hat{\beta}_1$，这样就可得到由样本推断出来的估计的回归模型。

估计的回归模型是指由样本数据的估计量构成的回归模型。估计的一元线性回归模型为

$$\hat{y} = \hat{\beta}_0 + \hat{\beta}_1 x \tag{7-4}$$

当估计的一元线性回归模型[式(7-4)]中的自变量 x 确定为某一具体数值 x_0 时，因

变量$\hat{y}$的对应取值$\hat{y}_0$也就随之确定,即有$\hat{y}_0 = \hat{\beta}_0 + \hat{\beta}_1 x_0$。

子任务二 一元线性回归模型的最小二乘估计

最小二乘估计是指估计量$\hat{\beta}_i$使因变量的观察值y_i与其估计值$\hat{y}_i$的离差平方和最小的方法。这里介绍的是普通最小二乘估计。

根据回归模型和最小二乘估计定义,在一元线性回归中有

$$\sum_{i=1}^{n}(y_i - \hat{y}_i)^2 = \sum_{i=1}^{n}(y_i - \hat{\beta}_0 - \hat{\beta}_1 x_i)^2 = \sum_{i=1}^{n}\varepsilon_i^2 = \min \tag{7-5}$$

若令$\sum_{i=1}^{n}(y_i - \hat{y}_i)^2 = Q$,由于$Q$为关于估计量$\hat{\beta}_0$、$\hat{\beta}_1$的非负二次函数,则必然存在最小值。并且估计量$\hat{\beta}_0$、$\hat{\beta}_1$满足:

$$\begin{cases} \dfrac{\partial Q}{\partial \hat{\beta}_0} = -2\sum_{i=1}^{n}(y_i - \hat{\beta}_0 - \hat{\beta}_1 x_i) = 0 \\ \dfrac{\partial Q}{\partial \hat{\beta}_1} = -2\sum_{i=1}^{n}(y_i - \hat{\beta}_0 - \hat{\beta}_1 x_i)x_i = 0 \end{cases} \tag{7-6}$$

整理式(7-6),得到求解估计量$\hat{\beta}_0$、$\hat{\beta}_1$的方程组,即

$$\begin{cases} n\hat{\beta}_0 + \hat{\beta}_1\sum_{i=1}^{n}x_i = \sum_{i=1}^{n}y_i \\ \hat{\beta}_0\sum_{i=1}^{n}x_i + \hat{\beta}_1\sum_{i=1}^{n}x_i^2 = \sum_{i=1}^{n}x_i y_i \end{cases}$$

解出估计量$\hat{\beta}_0$、$\hat{\beta}_1$,并采用离差平方和的形式写为

$$\begin{cases} \hat{\beta}_1 = \dfrac{L_{xy}}{L_{xx}} \\ \hat{\beta}_0 = \bar{y} - \hat{\beta}_1 \bar{x} \end{cases} \tag{7-7}$$

由式(7-7)计算的估计量$\hat{\beta}_0$、$\hat{\beta}_1$就是回归模型的参数β_0和β_1的普通最小二乘估计的估计量,所得到的就是基于均值模型的回归模型,即式(7-3)的回归模型的普通最小二乘估计模型。

根据表7-1的数据,以人均消费支出为因变量y,人均可支配收入为自变量x,构造一元线性回归模型,并采用普通最小二乘估计方法进行估计。

运用式(7-7)计算出估计量$\hat{\beta}_0$、$\hat{\beta}_1$,完成回归模型的普通最小二乘估计。得到估计量$\hat{\beta}_0 = 1695.396$、$\hat{\beta}_1 = 0.608$,进而得到基于普通最小二乘估计的回归模型$\hat{y} = 1695.396 + 0.608x$。

子任务三 一元线性回归模型的拟合优度

当观察值y_i全都落在回归直线上时,估计的回归模型是对样本数据的完全拟合,这时利用自变量x来估计因变量y是不存在误差的。观察值y_i与回归直线的距离越近,表明

拟合的精度越高,估计的误差越小。所以,将回归直线与观察值 y_i 的距离作为评价回归模型拟合精度的指标,称为拟合优度。

1. 判定系数

在回归分析中,将因变量 y 的观察值 y_i 之间的变异称为 y 的总离差,其反映了因变量 y 的观察值 y_i 与其均值的离差 $y_i - \bar{y}$ 的距离;并将总的离差分解为自变量 x 能够解释的部分 $\bar{y} - \beta_0 - \beta_1 x = \bar{y} - \hat{y}_i$ 和自变量 x 不能解释的部分 $\varepsilon_i = y_i - \hat{y}_i$。

为了避免离差正负相抵,采用离差平方和的形式来度量因变量 y 的总离差,并对其进行分解分析。将因变量 y 的 n 个观察值 y_i 与其均值 $\bar{y}$ 的离差平方和称为因变量 y 的总离差平方和,记为 SS_T,实际上这一总离差平方和就是变量 y 的离差平方和 L_{yy}。有

$$SS_T = \sum_{i=1}^{n} (y_i - \bar{y})^2 = L_{yy} \tag{7-8}$$

可将 SS_T 分解为两个部分

$$SS_T = \sum_{i=1}^{n} (y_i - \bar{y})^2 = \sum [(y_i - \hat{y}_i) + (\hat{y}_i - \bar{y})]^2 = \sum_{i=1}^{n} (y_i - \hat{y}_i)^2 + \sum_{i=1}^{n} (\hat{y}_i - \bar{y})^2$$

$$\tag{7-9}$$

式中,等号右边的估计值 $\hat{y}_i$ 与观察值的均值 $\bar{y}$ 的离差平方和,称为回归离差平方和,记为 SS_R。SS_R 反映了在观察值的总变异中,估计的回归模型所解释的这部分变异的总和。有

$$SS_R = \sum_{i=1}^{n} (\hat{y}_i - \bar{y})^2 \tag{7-10}$$

式中,等号右边观察值 y_i 与其估计值 $\hat{y}_i$ 的离差平方和,称为剩余离差平方和,或残差离差平方和,记为 SS_E。SS_E 反映了在观察值的总变异中,估计的回归模型未能解释的这部分变异的总和。有

$$SS_E = \sum_{i=1}^{n} (y_i - \hat{y}_i)^2 \tag{7-11}$$

从而,可将式(7-11)记为

$$SS_T = SS_R + SS_E \tag{7-12}$$

从图7-1可以看出,回归直线拟合程度取决于 SS_R 与 SS_E 的比较,当 SS_R 的数值越显著大于 SS_E 时,说明各观察值 y_i 与回归直线的离差之和越小,回归直线对于因变量 y 的解释能力越强。而 SS_R 与 SS_E 又是对总离差平方和 SS_T 的完备的分割,两者存在此消彼长的数量关系。因此将 SS_R 与 SS_T 之比 SS_R/SS_T 作为度量回归模型拟合优度的指标,并称之为判定系数。

判定系数是指回归离差平方和占总离差平方和的比重,记为 r^2。有

$$r^2 = \frac{SS_R}{SS_T} \tag{7-13}$$

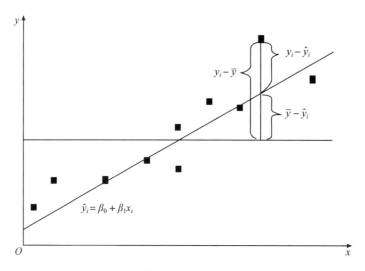

图 7-1　拟合直线

由于 $SS_R = \sum_{i=1}^{n} (\hat{y}_i - \bar{y})^2 = \hat{\beta}_1^2 L_{xx} = \dfrac{L_{xy}^2}{L_{xx}}$，所以

$$r^2 = \frac{SS_R}{SS_T} = \frac{L_{xy}^2}{L_{xx}L_{yy}} \tag{7-14}$$

由式(7-14)可知,判定系数就是相关系数的平方。判定系数 r^2 的取值在 0 到 1 之间,当判定系数 r^2 的取值趋近 1 时,表示 SS_R 占 SS_T 的绝大比重,回归直线的拟合程度很高;当判定系数 r^2 的取值趋近 0 时,表示 SS_R 仅占 SS_T 的极小比重,回归直线的拟合程度很低。由式(7-14)有

$$SS_R = r^2 SS_T = r^2 L_{yy} \tag{7-15}$$

$$SS_E = (1 - r^2) SS_T = (1 - r^2) L_{yy} \tag{7-16}$$

式(7-15)和式(7-16)直观地表明,判定系数 r^2 是一个重要的数量界限,它将因变量 y 的离差平方和分为能够由自变量 x 解释的部分 SS_R 和不能由自变量 x 解释的部分 SS_E。判定系数 r^2 就是在因变量 y 的总离差平方和 SS_T 中自变量 x 所解释的部分 SS_R 所占的份额。

根据表 7-1 的数据,计算人均消费支出与人均可支配收入的判定系数 r^2。

运用式(7-14),可以计算出人均消费支出与人均可支配收入的判定系数 $r^2 = 0.996$。说明在本例中估计的回归模型 $\hat{y} = 1695.396 + 0.608x$,其自变量 x 对因变量 y 变异的解释能力约为99.6%,或者说人均消费支出的变动中约有99.6%的部分可以由人均可支配收入与人均消费支出的线性关系来解释。

2. 估计量 $\hat{y}_i$ 的标准差

剩余离差平方和 SS_E 为估计值 $\hat{y}_i$ 与观察值 y_i 的离差平方和,其自由度为 $n-2$, SS_E 除以自由度 $n-2$ 为剩余均方 MS_E,剩余均方 MS_E 的平方根即为估计量 $\hat{y}_i$ 的标准差,也称为标准误差,一般用 s_y 表示。有

$$s_y = \sqrt{\frac{\sum_{i=1}^{n}(y_i - \hat{y}_i)^2}{n-2}} = \sqrt{\frac{SS_E}{n-2}} = \sqrt{MS_E} \tag{7-17}$$

估计量$\hat{y}_i$的标准差s_y作为回归模型拟合优度的指标,从回归直线与观察值y_i的离差平方和SS_E,以及与样本容量相联系的自由度两个角度,来综合反映回归模型的解释能力。

采用表7-1的数据,计算估计量$\hat{y}_i$的标准差s_y,可分析本例中估计的回归模型的解释能力。

运用式(7-17),可以计算得本例的回归模型$\hat{y} = 1695.396 + 0.608x$的估计量$\hat{y}_i$的标准差为$s_y = 259.014$。

子任务四 一元线性回归模型的显著性检验

采用普通最小二乘估计方法估计的回归模型,是依据样本数据拟合的一条具有因变量的观察值y_i与其估计值$\hat{y}_i$的离差平方和最小的性质的直线。然而,样本容量大小、因变量y和自变量x的抽样分布,都会对回归模型中估计量与总体参数真值之间的误差生产影响,仅凭回归模型拟合优度的有关测度,不能判断因变量y与自变量x之间是否真的存在这种线性关系,还需要对估计的回归模型进行假设检验。

一元线性回归模型的显著性检验的原假设为参数β_1的真值为0,即

$$H_0 : \beta_1 = 0 \tag{7-18}$$

若原假设$H_0 : \beta_1 = 0$成立,即有$\beta_1 = 0$和$y = \beta_0 + \varepsilon$,将因变量$y$的变异归结于剩余因素$\varepsilon$,则表明自变量$x$与因变量$y$不具有显著的线性关系,一元线性方程对于因变量$y$没有显著的解释能力。这时,估计的回归模型不具备任何实际意义,不能用于预测和控制。若原假设$H_0 : \beta_1 = 0$不成立,即有$\beta_1 \neq 0$,则说明因变量y的变异显著地来源于自变量x,这时估计的回归模型才具有实际意义。所以,需要构造一个用于检验一元回归模型参数β_1的真值是否为0的检验统计量。

在一元线性回归分析中,因变量y的总离差平方和SS_T的自由度为$n-1$,回归离差平方和SS_R的自由度为1,剩余离差平方和SS_E的自由度为$n-2$。由离差平方和与对应的自由度可以得出相应均方,并且回归均方与剩余均方分别服从自由度为1和自由度为$n-2$的卡方分布,由回归均方与剩余均方的比值构造的检验统计量服从第一自由度为1和第二自由度为$n-2$的F分布。即

$$F = \frac{SS_R/1}{SS_E/(n-2)} = \frac{MS_R}{MS_E} \sim F(1, n-2) \tag{7-19}$$

利用判定系数r^2与SS_T(即L_{yy})、SS_R和SS_E的数量关系,可将式(7-19)写为便于计算的形式,即

$$F = \frac{SS_R/1}{SS_E/(n-2)} = \frac{L_{yy}r^2(n-2)}{L_{yy}(1-r^2)} = \frac{r^2}{1-r^2}(n-2) \tag{7-20}$$

同样,可以采用方差分析表来反映在一元线性回归分析的显著性检验中,对变量的离

差平方和的分析过程和有关数据。

根据表 7-1 的数据,在显著性水平 $\alpha = 0.05$ 下,对估计的回归模型 $\hat{y} = 1695.396 + 0.608x$ 进行显著性检验。

运用式(7-20),采用 F 检验统计量进行显著性检验。

第一,确定原假设。

$H_0: \beta_1 = 0$(假设人均可支配收入与人均消费支出不具有显著的线性关系)

第二,计算 F 检验统计值。

由 $r^2 = 0.996$,有

$$F = \frac{r^2}{1-r^2}(n-2) = \frac{0.996 \times 22}{1-0.996} = 5327.470$$

第三,进行统计判断。

在显著性水平 $\alpha = 0.05$ 下,第一自由度为 1 和第二自由度为 $n-2=22$ 的 F 检验临界值为 $F_{0.05}(1,22) = 4.302$。本例的 F 检验统计值 5327.470 明显大于 F 检验临界值 4.302,所以拒绝 $H_0: \beta_1 = 0$,认为人均可支配收入与人均消费支出具有显著的线性关系,估计的回归模型 $\hat{y} = 1695.396 + 0.608x$ 具有显著的解释能力。由表 7-2 可以清楚地知道一元线性回归方差分析的基本要素和计算过程。

表 7-2 一元线性回归方差分析表

模型		平方和	自由度	均方	F	显著性
1	回归	2039482334	1	2039482334	5327.470	0.000[a]
	残差	8422123.761	22	382823.807		
	总计	2047904458	23			
a. 预测变量:(常量),人均可支配收入						
因变量:人均消费性支出						

子任务五   SPSS 26 的一元线性回归分析

7-1 SPSS 26 的一元线性回归分析

仍然使用表 7-1 的数据介绍 SPSS 26 的一元线性回归分析。

【第 1 步】分析

显然,人均消费支出是受人均可支配收入影响的,从经验上看,两者呈线性关系,这是一个因变量和一个自变量之间的关系,故考虑用一元线性回归进行分析。

【第 2 步】数据组织

定义 3 个变量,分别是"year"(年份)、"y"(人均消费支出)、"x"(人均可支配收入),输入数据并保存到"data7.1. sav"文件中。

【第 3 步】作散点图,观察两个变量的相关性。

(1)选择散点图类型。

依次选择菜单"图形"→"旧对话框"→"散点图/点图",打开"散点图/点图"对话框,选择"简单散点图",如图 7-2 所示。

（2）散点图设置。

单击"定义"，打开"简单散点图"对话框，将"人均可支配收入"移入"X 轴"框中，将"人均消费支出"移入"Y 轴"框中，绘制散点图，如图 7-3 所示。

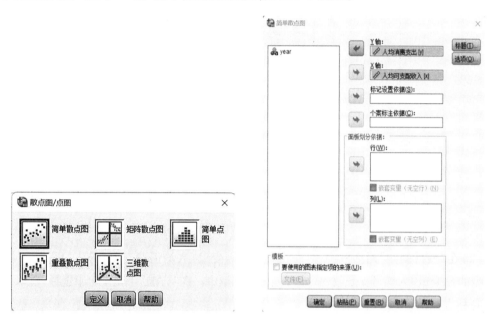

图 7-2 选择简单散点图   图 7-3 "简单散点图"对话框设置

（3）散点图分析。

单击"确定"按钮，得到如图 7-4 所示的散点图。可以看出两个变量具有较强的线性关系，可以用一元线性回归来拟合这两个变量。

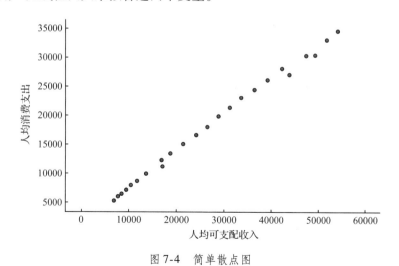

图 7-4 简单散点图

【第 4 步】一元线性回归分析设置

（1）依次选择菜单"分析"→"回归"→"线性"，打开"线性回归"对话框，如图 7-5 所示。

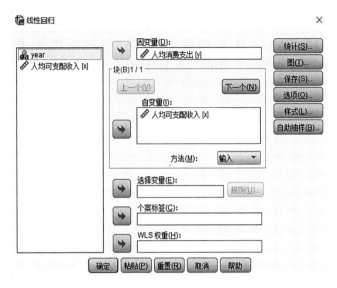

图 7-5 "线性回归"对话框

(2) 在"线性回归"对话框中,首先将模型的因变量"人均消费支出"导入"因变量"框中,将模型的自变量"人均可支配收入"导入"自变量"框中。在"方法"下拉菜单中选择"输入"法。

各种方法的区别如下:

①输入法:将全部备选的自变量,不论其显著程度如何,都纳入回归模型。

②步进法:将自变量纳入模型的同时,对自变量进行检验,删除不符合要求的自变量。

③排除法:一般结合"块"一起使用,将不纳入模型的变量放入某个单独的"块"。后续分析软件会给出删除与未删除该变量的两个模型,以便比较。

④后退法:先将所有自变量纳入模型,然后把无意义的自变量删除。

⑤前进法:先选择最重要的自变量,将其纳入模型;再从剩下的自变量中筛选出次重要的自变量,将其纳入模型,如此反复。

一般而言,若多个自变量间不存在简单线性相关关系,则进步法、前进法与后退法结果一致;若有一定的简单线性相关性,则前进法侧重筛选对 Y 较重要的变量,后退法侧重引入模型联合作用较强的变量,进步法介于两者之间。

【第 4 步】主要结果分析

单击"线性回归"对话框的"确定"按钮,完成 SPSS 26 的一元线性回归分析。SPSS 26 输出"输入/移去的变量""模型摘要""方差分析""回归系数"四张表格,分别解释如下。

(1) 输入/移去的变量表。

表 7-3 为输入/移去的变量表,反映的是在拟合回归模型过程中逐步进入模型或从模型中被删除的变量。这个表格的主要用途是采用逐步回归方法拟合回归模型场合,当采用向前逐步回归方法时,自变量按照显著程度,逐个进入回归模型;而当采用向后逐步回归方法时,自变量按照不显著的程度,从回归模型之中被逐一删除。在一元线性回归模型中,只存在一个自变量,不用逐步回归方法,"输入/移去的变量"表也就没有实际意义。

表 7-3 输入/移去的变量表(一元线性回归)

模型	输入的变量	除去的变量	方法
1	人均可支配收入[a]	.	输入
a. 已输入所请求的所有变量			
因变量:人均消费支出			

注:. 表示在一元线性回归中只有一个自变量,没有变量被排除。

(2)模型摘要表。

表 7-4 为模型摘要表,反映的是对回归模型的拟合优度。"模型"指的是 SPSS 26 采用迭代方法拟合回归模型的序号,"1"表示第一个模型。在本例中,只进行了一次拟合,所以"模型"这一栏下只有一个模型"1"。"R"为采用式(6-2)计算的相关系数;R^2 为相关系数的平方,即采用式(7-14)计算的判定系数;"调整的 R^2"为采用任务二子任务四中的式(7-29)计算的修正的多重判定系数。调整的 R^2 是用于多元回归模型拟合优度分析的指标,将在"任务二 多元线性回归"中介绍,在本例的一元线性回归中不用分析;"标准估算的错误"为采用式(7-17)计算估计量 $\hat{y}_i$ 的标准差,一般也称为"标准误"。以上信息反映了因变量和自变量之间的线性相关强度。从表中数据可以看出,$R = 0.998$,说明自变量与因变量之间的相关性很强。$R^2 = 0.996$,说明自变量 x 可以解释因变量 y 的 99.6% 的差异性。

表 7-4 模型摘要表(一元线性回归)

模型	R	R^2	调整的 R^2	标准估算的错误
1	0.998[a]	0.996	0.996	618.728
a. 自变量:人均消费支出				
预测变量:(常量),人均可支配收入				

(3)方差分析表。

表 7-5 为方差分析表,其显示了因变量的方差来源、方差平方和、自由度、均方、F 检验值和显著性水平。方差来源有回归、残差。各项指标设置与一般的方差分析表没有大的差异,其中,"平方和"为离差平方和,"F"为 F 检验值,"显著性"为 F 检验值的伴随概率。

从表中可以看出,F 检验值为 5327.470,F 检验值的伴随概率为 0.000,则该模型整体上具有非常高的统计显著性,拒绝原假设"所有回归系数等于0"时犯第 I 类错误的概率非常小,从而可以拒绝原假设,说明因变量和自变量的线性关系是非常显著的,可以建立线性模型。

表 7-5 方差分析表(一元线性回归)

模型		平方和	自由度	均方	F	显著性
1	回归	2039482334	1	2039482334	5237.470	0.000[a]
	残差	8422123.761	22	382823.807		
	总计	2047904458	23			
a. 预测变量:(常量),人均可支配收入						
因变量:人均消费性支出						

（4）回归系数表。

表7-6为回归系数表，反映的是拟合回归模型所估计的相关参数及其显著性检验。其中，"（常量）"为回归模型的回归常数；"人均可支配收入"是自变量；"未标准化系数"的"B"指的是回归模型关于回归常数和回归系数的估计量，可表述为标准化系数的估计值；"未标准化系数"的"标准误差"为回归常数和回归系数的标准误，可表述为标准化系数的标准误；"标准化系数"为回归系数的标准化处理后的服从标准正态分布的数值，其主要用于回归系数之间的直接比较，适用于多元回归分析的场合；"t"为 t 检验值；"显著性"为 t 检验值的伴随概率。

从表中可以看出，回归模型的常数项为 1695.396，自变量"人均可支配收入"的回归系数为 0.608。因此，可以得出回归方程：人均消费支出 = 1695.396 + 0.608 × 人均可支配收入。回归系数的显著性水平为 0.000，明显小于 0.05，故应拒绝 t 检验的原假设，这也说明了回归系数的显著性，表明建立线性模型是恰当的。

表7-6　回归系数表（一元线性回归）

模型		未标准化系数		标准化系数	t	显著性
		B	标准误差	Beta		
1	（常量）	1695.396	259.014		6.546	0.000
	人均可支配收入	0.608	0.008	0.998	72.990	0.000
因变量：人均消费支出						

任务二　多元线性回归

导入案例

在任务一的导入案例的基础上，我们引入城镇居民消费水平和全国人均 GDP 作为第二个和第三个自变量，旨在研究城镇居民人均可支配收入、城镇居民消费水平和全国人均 GDP 对城镇居民人均消费支出的共同影响。以城镇居民人均消费支出为因变量 y，城镇居民人均可支配收入为自变量 x_1，全国人均 GDP 为 x_2，城镇居民消费水平为 x_3，构造多元线性回归模型，并采用普通最小二乘估计方法进行估计。由于截至笔者编写本书时，2024 年城镇居民消费水平的数据尚未公布，故本案例所用数据的年份范围为 2001 年至 2023 年。具体如表7-7 所示。

表7-7　我国城镇居民收入与消费情况　　　　　　　　　　　　　　　　　　单位：元

年份	城镇居民人均可支配收入	城镇居民人均消费支出	全国人均GDP	城镇居民消费水平	年份	城镇居民人均可支配收入	城镇居民人均消费支出	全国人均GDP	城镇居民消费水平
2001	6860	5309	8818	7409	2003	8472	6511	10818	8166
2002	7703	6030	9631	7826	2004	9422	7182	12671	8942

续 表

年份	城镇居民人均可支配收入	城镇居民人均消费支出	全国人均GDP	城镇居民消费水平	年份	城镇居民人均可支配收入	城镇居民人均消费支出	全国人均GDP	城镇居民消费水平
2003	8472	6511	10818	8166	2014	28844	19968	47802	25264
2004	9422	7182	12671	8942	2015	31195	21392	50912	27039
2005	10493	7943	14567	9900	2016	33616	23079	54849	29324
2006	11759	8697	16977	10820	2017	36396	24445	60691	31454
2007	13603	9997	20805	12582	2018	39251	26112	66726	33700
2008	17068	11243	24483	14147	2019	42359	28063	71453	35841
2009	16901	12265	26631	15161	2020	43834	27007	73338	34823
2010	18779	13471	31341	17119	2021	47412	30307	83111	39205
2011	21427	15161	36855	19853	2022	49283	30391	87385	40066
2012	24127	16674	40431	21563	2023	51821	32994	91746	43979
2013	26467	18023	44281	23386					

数据来源：国家统计局网站（https：//data.stats.gov.cn/）。

子任务一 多元线性回归模型

多元线性回归是指自变量为两个或两个以上的回归分析。多元线性回归模型是描述因变量 y 依 p 项自变量 $x_1,x_2,\cdots,x_p$ 和误差项 ε 取值的方程。

不难将一元线性回归模型的有关概念和方法推广到一般的线性回归模型。设线性回归模型的一般形式为

$$y = \beta_0 + \beta_1 x_1 + \beta_2 x_2 + \cdots + \beta_p x_p \tag{7-21}$$

由式（7-21）可知，多元线性回归模型有 $p+1$ 项回归系数 $\beta_0,\beta_1,\beta_2,\cdots,\beta_p$；$y$ 依然是因变量，自变量 $x_1,x_2,\cdots,x_p$ 有 p 项。当自变量项数 $p=1$ 时，为一元线性回归模型；当自变量项数 $p\geqslant 2$ 时，为多元线性回归模型。ε 为随机误差项，并有 $\varepsilon \sim N(0,\sigma^2)$。

若有 n 组样本数据，每组包含因变量 y 和 p 项自变量 $x_1,x_2,\cdots,x_p$，则可用矩阵形式表示该多元线性回归模型。设：

$$\boldsymbol{Y} = \boldsymbol{X}\boldsymbol{\beta} + \boldsymbol{\varepsilon} \tag{7-22}$$

其中

$$\boldsymbol{Y} = \begin{pmatrix} y_1 \\ y_2 \\ \vdots \\ y_n \end{pmatrix}, \boldsymbol{X} = \begin{pmatrix} 1 & x_{11} x_{12} & \cdots & x_{ip} \\ 1 & x_{21} x_{22} & \cdots & x_{2p} \\ \vdots & \vdots & & \vdots \\ 1 & x_{n2} x_{n3} & \cdots & x_{np} \end{pmatrix}, \boldsymbol{\beta} = \begin{pmatrix} \beta_1 \\ \beta_2 \\ \vdots \\ \beta_n \end{pmatrix}, \boldsymbol{\varepsilon} = \begin{pmatrix} \varepsilon_1 \\ \varepsilon_2 \\ \vdots \\ \varepsilon_n \end{pmatrix}$$

子任务二 多元线性回归的最小二乘估计

由式（7-22）回归模型 $\boldsymbol{Y} = \boldsymbol{X}\boldsymbol{\beta} + \boldsymbol{\varepsilon}$ 可知，若有关回归系数 $\boldsymbol{\beta}$ 的估计量 $\hat{\boldsymbol{\beta}}$ 已得，则有

$$\hat{Y} = X\hat{\beta} \tag{7-23}$$

根据最小二乘估计的基本定义,令估计值$\hat{y}$与观测值y在所有点上的残差$e_i = y_i - \hat{y}_i$的平方和Q最小,即

$$Q = \sum_{i=1}^{n} e_i^2 = e'e = (Y - X\hat{\beta})'(Y - X\hat{\beta}) = \min \tag{7-24}$$

由式(7-24),有

$$Q = (Y - X\hat{\beta})'(Y - X\hat{\beta}) = Y'Y - \hat{\beta}'X'Y - Y'X\hat{\beta} + \hat{\beta}'X'X\hat{\beta} = Y'Y - 2\hat{\beta}'X'Y + \hat{\beta}'X'X\hat{\beta} \tag{7-25}$$

对式(7-25)的$\hat{\beta}$求偏导,并令其为0,有

$$\frac{\partial Q}{\partial \hat{\beta}} = -2X'Y + 2X'X\hat{\beta} = 0 \tag{7-26}$$

解得

$$\hat{\beta} = (X'X)^{-1}(X'Y) \tag{7-27}$$

式(7-27)即为求解估计量$\hat{\beta}$的方程。

子任务三　高斯-马尔可夫定理

高斯-马尔可夫定理(Gauss-Markov theory)表明,在满足误差项零均值、同方差性(即误差项方差相同)和互不相关等假设的情况下,普通最小二乘估计的估计量是所有线性无偏估计量中方差最小的。因此,普通最小二乘估计的估计量是最小方差的线性无偏估计量。

高斯-马尔可夫定理对普通最小二乘估计共有5个假设,一般又称这5个假设为普通最小二乘估计的高斯-马尔可夫条件。其中,对普通最小二乘估计的随机误差ε有3个假设:

(1)随机误差ε的数学期望为0。ε为不可观测的随机误差,其数学期望为0。若不满足这一点,则为有偏估计。

(2)随机误差ε的方差齐性。对于所有的自变量X,随机误差ε的方差相同,均为σ^2。若不满足这一点,则会导致异方差问题。

(3)随机误差ε的独立性。各项随机误差ε之间,以及各项随机误差ε与对应的自变量X之间均不相关,即有$E(\varepsilon_i \varepsilon_j) = 0, i, j = 1, 2, \cdots, n, i \neq j$和$E(\varepsilon_i x_i) = 0, i = 1, 2, \cdots, n$。若不满足这一点,则会导致序列相关问题。

其中,对普通最小二乘估计的自变量X有2个假设:

(1)自变量X相互线性无关。若各项自变量X之间存在显著的线性相关关系,则会导致多重共线性问题。

(2)自变量X为非随机变量。若自变量X为随机变量,则会导致上面第3项中的随机误差ε与对应的自变量X之间均不相关的假定不成立。

高斯-马尔可夫定理采用普通最小二乘估计回归模型的基本假定,因此是有效使用普通最小二乘估计方法进行回归估计的前提。

在现实的经济管理问题研究中,回归模型往往不能满足高斯-马尔可夫定理的要求,

因而会产生异方差、序列相关和多重共线性等问题,需要对估计的回归模型进行诊断分析,并进行修正,这些都需要以高斯-马尔可夫定理为依据。

子任务四　多元线性回归模型的拟合优度

1. 多重判定系数

多重判定系数是指在多元线性回归分析中,回归离差平方和占总离差平方和的比重,一般也称为复判定系数,或简称为判定系数,并且也记为 r^2。有

$$r^2 = \frac{SS_R}{SS_T} \tag{7-28}$$

多重判定系数的算术平方根为多重相关系数,一般也称为复相关系数。

对于多元线性回归来说,自变量的数目有多有少,自变量的增加有助于减小剩余离差平方和 SS_E,相应地增大回归离差平方和 SS_R,从而提高多重判定系数 r^2 的数值水平。甚至,当增加一个在统计上并不显著的自变量时,也会引起判定系数 r^2 数值水平提高。为了避免自变量的增加使得判定系数 r^2 数值上升,导致高估多元线性回归模型拟合优度,提出了修正的多重判定系数。

2. 修正的多重判定系数

修正的多重判定系数是指运用自变量项数 p 和样本容量 n 进行修正了的多重判定系数,一般也简称为修正的判定系数,用 r_a^2 表示,有

$$r_a^2 = 1 - (1 - r^2)\frac{n-1}{n-p-1} \tag{7-29}$$

修正的多重判定系数 r_a^2 的数值小于修正以前的多重判定系数 r^2。由于修正的多重判定系数 r_a^2 考虑了自变量项数 p 和样本容量 n,在多元线性回归分析中,一般以修正的多重判定系数 r_a^2 来评价所估计的多元线性回归模型的拟合优度。

3. 估计量 $\hat{y}_i$ 的标准差

与一元线性回归分析一样,多元线性回归分析也将估计量 $\hat{y}_i$ 的标准差 s_y 作为度量估计的多元线性回归模型拟合优度的重要测度,并且多元线性回归分析中的估计量 $\hat{y}_i$ 的标准差 s_y 也是剩余均方 MS_E 的平方根。不同的是,在一元线性回归分析中,估计量 $\hat{y}_i$ 的标准差 s_y 的自由度为 $n-2$;在多元线性回归分析中,估计量 $\hat{y}_i$ 的标准差 s_y 的自由度为 $n-p-1$。在一元线性回归分析中,$p=1$,因此其自由度为 $n-2$。多元线性回归的公式是计算估计量 $\hat{y}_i$ 的标准差 s_y 的一般形式:

$$s_y = \sqrt{\frac{\sum_{i=1}^{n}(y_i - \hat{y}_i)^2}{n-p-1}} = \sqrt{\frac{SS_E}{n-p-1}} = \sqrt{MS_E} \tag{7-30}$$

子任务五　多元线性回归模型的显著性检验

在多元线性回归分析中,仍然需要首先对回归模型进行显著性检验。在多元线性回

归中,回归模型显著并不意味每个自变量 x_i 对因变量 y 都显著,因而还需要对每个自变量 x_i 进行显著性检验,剔除其中不显著的自变量 x_i,使估计的多元线性回归模型更加简洁和合理。因此,多元线性回归的显著性检验包括对回归模型的显著性检验和对自变量 x_i 的显著性检验的两个方面。

1. 对多元线性回归模型的显著性检验

对多元线性回归模型的显著性检验是从整个方程的角度,检验作为一个整体的全部 p 项自变量 $x_1, x_2, \cdots, x_p$ 是否对因变量 y 存在显著性影响。为此原假设为所有 p 项回归系数 β_i 的真值为 0,即

$$H_0: \beta_1 = \beta_2 = \cdots = \beta_p = 0 \qquad (7\text{-}31)$$

当原假设 $H_0: \beta_1 = \beta_2 = \cdots = \beta_p = 0$ 成立时,即表明 p 项自变量 $x_1, x_2, \cdots, x_p$ 与因变量 y 之间不存在显著的线性关系,不宜采用多元线性回归模型来反映自变量 $x_1, x_2, \cdots, x_p$ 与因变量 y 之间的相关关系。由原假设 $H_0: \beta_1 = \beta_2 = \cdots = \beta_p = 0$ 也可以看出,当 p 项回归系数 β_i 不全为零时,即可得出原假设不成立,p 项自变量 $x_1, x_2, \cdots, x_p$ 与因变量 y 之间存在显著线性关系的判断。所以这是从全部 p 项回归系数 β_i 出发,对整个回归模型的显著性假设检验。

在多元线性回归分析中,因变量 y 的总离差平方和 $\mathrm{SS_T}$ 的自由度仍为 $n-1$,回归离差平方和的均方 $\mathrm{MS_R}$ 服从自由度为 p 的卡方分布,剩余离差平方和的均方 $\mathrm{MS_E}$ 服从自由度为 $n-p-1$ 的卡方分布。由回归均方与剩余均方的比值构造的检验统计量服从第一自由度为 p 和第二自由度为 $n-p-1$ 的 F 分布,即

$$F = \frac{\mathrm{SS_R}/p}{\mathrm{SS_E}/(n-p-1)} = \frac{\mathrm{MS_R}}{\mathrm{MS_E}} \sim F(p, n-p-1) \qquad (7\text{-}32)$$

同样,也可以采用方差分析表来反映多元线性回归分析过程中,对变量离差平方和的分解及其检验统计量的计算。

2. 对自变量 x_i 的显著性检验

当多元线性回归模型中某一个自变量 x_i 与因变量 y 不显著时,就意味该自变量 x_i 的回归系数真值 β_i 为 0。所以,检验自变量 x_i 是否显著,即为检验其回归系数真值 β_i 为 0 的原假设是否为真,有

$$H_0: \beta_i = 0 \quad i = 1, 2, \cdots, p \qquad (7\text{-}33)$$

其检验统计量为

$$t = \frac{|\hat{\beta}_i| / \sqrt{c_{ii}}}{\sqrt{\mathrm{SS_E}/(n-p-1)}} = \frac{|\hat{\beta}_i| / \sqrt{c_{ii}}}{\sqrt{\mathrm{MS_E}}} \sim t(n-p-1) \qquad (7\text{-}34)$$

式中,c_{ii} 为矩阵 $(\boldsymbol{X}'\boldsymbol{X})^{-1}$ 中主对角线上的第 i 个元素。

在假设检验中应将不显著的自变量 x_i 从多元线性回归模型中剔除,然后再次运用最小二乘估计方法来建立估计的回归模型。当出现多个自变量 x_i 不显著的现象时,不能一次将所有不显著的自变量 x_i 全部剔除,而需要从 t 检验统计量数值最小的,即最不显著的自变量

x_i 开始,每次只剔除一个最不显著的自变量 x_i,重新建立回归模型,再对回归模型及其自变量 x_i 进行显著性检验,逐步对自变量 x_i 进行筛选和剔除,以简化和完善多元线性回归模型。

📊 子任务六 SPSS 26 的多元线性回归分析

以表 7-7 中的城镇居民人均消费支出为因变量,城镇居民人均可支配收入、全国人均 GDP 和城镇居民消费水平为自变量,构建多元线性回归模型,并以此为例来介绍 SPSS 26 的多元线性回归分析及其显著性假设检验。采用表 7-7 中的数据估计其相关系数,拟合多元线性方程,并进行相关的显著性检验。

7-2 SPSS 26 的多元线性回归分析

【第 1 步】分析

根据经验,城镇居民人均消费支出受城镇居民人均可支配收入、全国人均 GDP 以及城镇居民消费水平等因素的影响。因此,城镇居民人均消费支出是因变量,而城镇居民人均可支配收入、全国人均 GDP 和城镇居民消费水平为自变量。为揭示这些因素对消费支出的共同影响,可以采用多元线性回归模型进行分析。

【第 2 步】数据组织

定义 5 个变量,分别是"year"(年份)、"y"(城镇居民人均消费支出)、"x_1"(城镇居民人均可支配收入)、"x_2"(全国人均 GDP)、"x_3"(城镇居民消费水平),输入数据并保存到"data7.2.sav"文件中。

【第 3 步】估计相关系数,进行显著性检验

(1)打开对话框。在 SPSS 26 的主菜单栏中选择"分析"→"相关"→"双变量",打开"双变量相关性"对话框。

(2)进行有关设置。在"双变量相关性"对话框中,将"城镇居民人均可支配收入""全国人均 GDP""城镇居民消费水平""城镇居民人均消费支出"四个变量导入"变量"框中。在"相关系数"区域中选择"皮尔逊",在"显著性检验"区域中选择"双尾",勾选"标记显著性相关性",如图 7-6 所示。

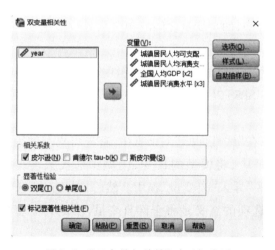

图 7-6 "双变量相关性"对话框设置

（3）相关性分析。单击"确定"按钮,SPSS 26 通过输出相关性表格,给出相关的分析结果,如表 7-8 所示。

表 7-8　四个变量之间的相关系数及其显著性检验

		城镇居民人均可支配收入	城镇居民人均消费支出	全国人均 GDP	城镇居民消费水平
城镇居民人均可支配收入	皮尔逊相关性	1	0.998**	0.999**	0.998**
	Sig.（双尾）		0.000	0.000	0.000
	个案数	23	23	23	23
城镇居民人均消费支出	皮尔逊相关性	0.998**	1	0.996**	0.999**
	Sig.（双尾）	0.000		0.000	0.000
	个案数	23	23	23	23
全国人均 GDP	皮尔逊相关性	0.999**	0.996**	1	0.998**
	Sig.（双尾）	0.000	0.000		0.000
	个案数	23	23	23	23
城镇居民消费水平	皮尔逊相关性	0.998**	0.999**	0.998**	1
	Sig.（双尾）	0.000	0.000	0.000	
	个案数	23	23	23	23

注：**表示在 0.01 级别（双尾）,相关性显著。

表 7-8 为一般的相关系数分析表的规范格式。由于相关系数中的变量关系是相互对称的,X 对 Y 的相关系数与 Y 对 X 的相关系数的意义和数值是完全一致的,因此在相关系数矩阵中,形成了依主对角线相对称的上下两个三角阵,其对应元素上的数值相同。在实际应用时,相关系数一般采用上三角或下三角的数值形式给出,避免不必要的繁杂。同时,在采用数值右上角星号来标示显著性时,一般不再采用相关系数的 t 检验值,或者 t 检验值的伴随概率的形式来说明相关系数的显著性。相关系数数值右上角星号为" ** "时,表示该相关系数在 1% 上显著,即 t 检验值的伴随概率小于 1%。

由表 7-8 中的数据可知,四个变量之间的相关系数数值水平均呈正向强相关,并且均具有很高的统计显著性。

【第 4 步】拟合多元线性回归模型,进行显著性检验

（1）打开对话框。在 SPSS 26 的主菜单栏中选择"分析"→"回归"→"线性",打开"线性回归"对话框。

（2）进行有关设置。在"线性回归"对话框中,首先将模型的因变量"城镇居民人均消费支出"导入"因变量"框中,将模型的自变量"城镇居民人均可支配收入""全国人均 GDP""城镇居民消费水平"导入"自变量"框中。然后,在"方法"下拉菜单中选择"输入",如图 7-7 所示。"输入"选项的意义是将全部自变量,不论其显著程度如何,都纳入回归模型。

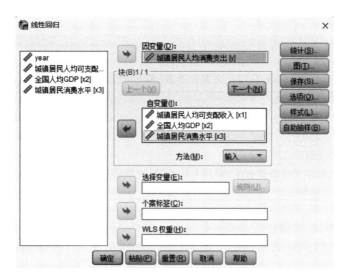

图 7-7　"线性回归"对话框设置

【第 5 步】主要结果分析

单击"线性回归"对话框的"确定"按钮,完成 SPSS 26 的多元线性回归分析。SPSS 26 输出"输入/移去的变量""模型摘要""方差分析""回归系数"四张表格,解释如下。

（1）输入/移去的变量表。

表 7-9 为输入/移去的变量表,反映的是在拟合回归模型过程中逐步进入模型或从模型中被删除的变量。

表 7-9　输入/移去的变量表（多元线性回归）

模型	输入的变量	除去的变量	方法
1	城镇居民人均预期收入,城镇居民人均可支配收入[a]	.	输入
a.已输入所请求的所有变量 因变量:人均消费支出			

注:. 表示在多元线性回归中只有一个自变量,没有变量被排除。

（2）模型摘要表。

SPSS 26 输出的模型摘要表反映的是对回归模型的拟合优度,如表 7-10 所示。

表 7-10　模型摘要表（多元线性回归）

模型	R	R^2	调整后 R^2	标准估算的错误
1	1.000[a]	0.999	0.999	270.784
a.预测变量:(常量),城镇居民消费水平,全国人均 GDP,城镇居民人均可支配收入				

由表 7-10 可知,本案例中的多元线性回归模型的调整的 R^2 数值为 0.999,表明该模型具有较高的拟合优度。这一数值高于表 7-4 中的 R^2 的值 0.996,表明在线性回归模型中增加了两个自变量"全国人均 GDP"和"城镇居民消费水平"后,提高了模型的拟合优度。

（3）方差分析表。

SPSS 26 输出的方差分析表反映的是对回归模型的方差分析，如表 7-11 所示。

表 7-11　方差分析表（多元线性回归）

模型		平方和	自由度	均方	F	显著性
1	回归	1767358426.119	3	589119475.373	8034.451	0.000[a]
	残差	1393159.270	19	73324.172		
	总计	1768751585.389	22			
a. 预测变量：（常量），城镇居民消费水平，全国人均 GDP，城镇居民人均可支配收入 因变量：城镇居民人均消费支出						

由表 7-11 可知，F 检验值为 8034.451，低于表 7-5 中一元线性回归模型的 F 检验值 5237.470，说明线性回归模型中增加了两个自变量"全国人均 GDP"和"城镇居民消费水平"后，提高了模型整体的显著性。

（4）回归系数表。

SPSS 26 输出的回归系数表反映的是拟合回归模型所估计的相关参数及其显著性检验结果，如表 7-12 所示。

表 7-12　回归系数表（多元线性回归）

模型		未标准化系数		标准化系数	t	显著性
		B	标准错误	Beta		
1	（常量）	−573.647	310.980		−1.845	0.081
	城镇居民人均可支配收入	0.281	0.092	0.460	3.041	0.007
	全国人均 GDP	−0.184	0.047	−0.549	−3.915	0.001
	城镇居民消费水平	0.829	0.085	1.088	9.722	0.000
因变量：人均消费支出						

由表 7-12 可知，本例多元线性回归模型的回归常数为 −573.647，"城镇居民人均可支配收入"的回归系数为 0.281，"全国人均 GDP"的回归系数为 −0.184，"城镇居民消费水平"的回归系数为 0.829。三个自变量的回归系数的 t 检验值伴随概率均小于 5%，表明这些回归系数具有统计显著性。

知识总结

本项目主要介绍了线性回归的概念和常用的线性回归方法：一元线性回归和多元线性回归。针对每一种回归方法，详细介绍了回归模型、最小二乘估计原理、拟合优度、显著性检验等知识点。

课后作业

1. 什么是回归分析？

2. 回归分析与相关分析的区别和联系是什么？

3. 什么是回归分析的显著性检验，其零假设是什么？

4. 什么是线性回归模型的拟合优度，如何进行线性回归模型的显著性检验？

5. 使用任务二中导入案例的数据，分别构建一元线性回归模型，分析全国人均 GDP 与城镇居民人均消费支出，城镇居民消费水平与城镇居民人均消费支出，以及城镇居民人均可支配收入与城镇居民人均消费支出之间的关系。

6. 使用任务二中导入案例的数据，构建多元线性回归模型，分析城镇居民人均可支配收入与城镇居民人均消费支出之间的关系。

7. 使用与专业相关的经济数据或财务数据，采用多元线性回归方法，进行经济管理方面的分析研究。

项目七数据

🎯 学习目标

知识目标

1. 了解二项分类 Logistic 回归的原理。

2. 了解有序 Logistic 回归的原理。

3. 了解多项分类 Logistic 回归的原理。

技能目标

1. 会进行二项分类 Logistic 回归的基本操作并分析输出结果。

2. 会进行有序 Logistic 回归的基本操作并分析输出结果。

3. 会进行多项分类 Logistic 回归的基本操作并分析输出结果。

素养(思政)目标

1. 培养学生的创新意识,加强价值引领。

2. 鼓励学生勇于担起时代责任。

3. 思政目标:培养具有社会责任感、实践能力、创新精神的专业人才。

项目导图

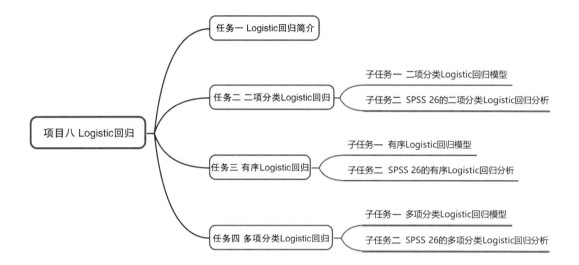

项目八课件

任务一　Logistic 回归简介

在项目七中介绍的线性回归，要求因变量为连续型变量，且要符合正态性和方差齐性等条件。然而，在实际分析过程中，有一些变量是分类变量，那么这样的资料就不能使用线性回归模型进行分析，遇到这种情况，我们一般采用逻辑回归(Logistic 回归)对数据进行分析。

Logistic 回归模型是一个典型的非线性二元识别模型，它具有许多线性概率模型不具备的优良特性，克服了线性概率模型的限制条件，拥有很好的适用性，因此得到了广泛的推广应用。

Logistic 回归模型建立在 Logistic 函数基础之上，Logistic 函数在 0.5 处有拐点，该拐点是天然的判别临界点；Logistic 函数拥有 1 和 0 两个渐近线，使得其取值范围天然地落在 $[0,1]$ 区间，与概率取值的公理要求完全吻合；Logistic 函数曲线在拐点附近非常陡峭，在趋于极大值 1 和极小值 0 的两个渐近线附近非常平坦，这使得 Logistic 回归模型具有良好并且稳健的二元辨识属性。

作为非线性回归模型的 Logistic 回归模型，无须满足高斯-马尔可夫定理的基本假定条件，可以在不同的数据分布条件下，获得具有理想拟合优度的回归模型。

与同样是非线性二元识别模型的 Probit 回归模型相比较，Logistic 回归模型不需要满足正态分布假定，并且具有相对舒展的尾部分布特征，使得 Logistic 回归模型具备更高的适用性和稳健性。

在线性回归中，估计回归模型参数的方法一般为普通最小二乘估计与最大似然估计。与普通最小二乘估计相比，最大似然估计适用于线性回归模型，也适用于非线性的回归模型，由于 Logistic 回归模型是一种非线性回归模型，因而将最大似然估计作为模型的估计方法，并且通过概似值进行整体检验。概数的对数值是个负数，所以通常先取概似值的自然对数，再乘以 -2，以便进行统计量检验。概似值的统计量在 SPSS 输出表格中的"-2 对数概似"栏中给出。此数值越小，表示回归方程式的概似值越接近 1，回归模型的适配度越高；此数值越大，表示回归方程式的概似值越小，回归模型的适配度越低。

任务二　二项分类 Logistic 回归

导入案例

在现实生活中，健康研究常面临如何评估和预测个体行为的挑战。吸烟作为一种常见且有害健康的行为,受到多种因素的影响,包括年龄、体重、运动习惯、教育水平和饮酒行为等。那么,如何通过这些因素预测一个人是否会吸烟呢? 在本任务中,我们将使用 Logistic 回归方法,分析这些因素对个体吸烟可能性的影响。表 8-1 为 100 个样本数据,包括 Age(年龄)、BMI(体重指数)、Exercise(是否经常运动)、Education(受教育水平)、Drinking(饮酒习惯)等数据。"Age"和"BMI"为连续变量,其他均为分类变量。

表 8-1　个体吸烟行为相关因素数据

Age	BMI	Exercise (1 = yes, 0 = no)	Education(1 = Below High School, 2 = High School, 3 = College or Above)	Drinking (1 = yes, 0 = no)	Smoking (1 = yes, 0 = no)
58	24	0	2	1	1
48	24	0	2	1	1
34	29	1	2	1	0
27	22	1	3	0	0
40	28	0	3	1	1
58	26	0	2	0	1
38	22	1	2	0	0
42	25	0	3	1	0
30	28	0	1	0	1
30	27	1	2	0	0
43	29	1	1	1	1
55	26	1	1	1	1
59	35	0	3	1	1
43	22	1	3	1	1
22	24	0	2	1	0
41	25	0	2	0	1
21	21	1	1	0	0
43	28	1	1	1	1
49	28	1	1	1	1
57	25	1	2	1	1
21	23	1	3	1	0
40	21	0	2	0	0
52	23	0	1	1	1
31	27	0	3	0	1
41	24	0	3	1	1
44	24	1	2	1	1
46	27	0	2	1	1
47	28	1	2	0	1
35	26	1	1	0	1
34	26	1	2	0	0
22	29	1	3	1	1
56	26	1	1	1	1
26	24	0	1	0	0
40	27	0	1	0	1

续　表

Age	BMI	Exercise (1 = yes,0 = no)	Education(1 = Below High School, 2 = High School,3 = College or Above)	Drinking (1 = yes,0 = no)	Smoking (1 = yes,0 = no)
28	24	1	1	1	0
58	24	0	3	0	1
37	29	0	3	1	1
23	24	1	2	1	0
44	17	0	1	0	1
33	26	1	2	0	1
28	24	1	2	1	0
45	24	1	1	0	1
21	26	0	2	0	0
39	25	0	2	1	1
47	26	1	2	1	1
26	19	0	2	1	0
27	22	1	1	1	1
54	29	1	2	0	1
33	25	1	2	0	0
36	20	0	2	1	1
55	22	0	3	1	1
59	22	1	2	1	1
23	25	0	1	1	1
21	24	0	1	0	1
25	23	1	2	1	0
23	25	1	1	0	0
48	26	1	2	1	1
37	24	1	3	0	0
45	23	0	2	0	1
53	24	1	2	0	1
29	26	1	2	1	0
55	25	0	2	1	1
33	27	1	2	1	1
50	22	1	3	1	1
34	23	1	2	0	0
27	27	1	3	0	0
33	23	1	3	1	0
42	29	0	1	0	1
59	29	0	1	1	1
40	29	1	1	0	1
35	22	1	1	1	1
37	25	1	1	0	1
43	24	1	2	1	1
45	28	1	1	1	1
44	30	1	2	1	1
48	28	1	3	0	1
34	25	1	1	1	0

续　表

Age	BMI	Exercise (1 = yes,0 = no)	Education(1 = Below High School, 2 = High School,3 = College or Above)	Drinking (1 = yes,0 = no)	Smoking (1 = yes,0 = no)
20	24	1	3	1	0
44	27	1	1	1	1
26	21	1	1	1	0
28	27	0	2	1	0
43	22	0	2	1	1
20	27	0	3	1	0
27	25	1	3	1	0
43	24	0	3	1	1
30	22	0	1	0	1
36	24	1	1	0	0
27	27	0	3	1	1
54	28	1	3	1	1
54	27	0	3	1	1
52	29	0	2	1	1
24	33	1	2	0	0
58	24	0	3	0	1
47	24	0	2	1	1
26	21	1	3	0	0
28	29	1	3	1	0
27	29	0	2	0	0
31	22	1	3	1	0
53	27	0	3	1	1
52	29	0	1	1	1

子任务一　二项分类 Logistic 回归模型

1.基本概念

二项分类 Logistic 回归是指因变量为二分类变量时的回归分析,此二分类变量的编码不是 0 就是 1。例如,探讨某种疾病危险因素,可以选择两组人群,一组是患病组,另一组是非患病组,两组人群肯定有不同的体征和生活方式等。这里的因变量是否患病,即"是"或"否",为二分类变量。

2.统计原理

在 Logistic 回归模型中,设因变量为 Y,自变量为 $X_1,X_2,\cdots,X_n$。Y 服从二项分布,取值为 0 和 1,$Y=1$ 表示事件发生,$Y=0$ 表示事件未发生,$P(Y=1)$ 表示事件发生的概率。

1)三种常用的自变量所对应的 Logistic 回归模型

①概率表达式。

$$P(Y=1)=\frac{\exp(\beta_0+\beta_1X_1+\cdots+\beta_nX_n)}{1+\exp(\beta_0+\beta_1X_1+\cdots+\beta_nX_n)} \tag{8-1}$$

这是 Logistic 回归的标准概率形式,表示事件发生的概率。

②Logistic 函数表达式。

$$P(Y=1) = \frac{1}{1 + \exp(-\beta_0 + \beta_1 X_1 + \cdots + \beta_n X_n)} \tag{8-2}$$

这也是 Logistic 回归的常用表示形式,描述了概率与自变量之间的非线性关系。

③ $$\text{logit}(P(Y=1)) = \ln \frac{P(Y=1)}{1 - P(Y=1)} = \beta_0 + \beta_1 X_1 + \beta_2 X_2 + \cdots + \beta_n X_n \tag{8-3}$$

这里的 $\text{logit}(P(Y=1))$ 是对数优势比,表示的是事件发生的概率与事件不发生的概率之间的对数比值。该表达式将因变量的概率转换为线性关系,从而使其符合线性回归模型的要求。

2)优势比

在 Logistic 回归中,事件发生的概率为 P,事件不发生的概率为 $1-P$,两者的比值称为优势比(OR)。优势比表示的是事件发生与不发生的概率比,公式如下:

$$\text{OR} = \frac{P}{1-P} \tag{8-4}$$

由于 $0 < P < 1$,所以 OR 值总是为正,取值范围是 $(0, +\infty)$。

通过对优势比取对数,可得到对数优势比,它是 Logistic 回归模型的核心部分:

$$\text{logit}(P(Y=1)) = \ln \frac{P}{1-P} \tag{8-5}$$

这一表达式即为式(8-3),它是 Logistic 回归模型的目标函数,表示的是事件发生概率的对数比。Logistic 回归模型通过最大似然函数来估计回归系数,从而确定各个自变量对因变量的影响。

与线性回归不同的是,Logistic 回归通过 logit 函数转换概率值,避免了线性回归在二分类问题中可能出现的预测值超出 $[0,1]$ 范围的问题。

3)标准化 Logistic 回归系数

由于不同的变量其度量衡单位可能不同,不能直接采用偏回归系数的绝对值来比较各自变量的相对作用大小,因而需要使用标准化偏回归系数。标准化偏回归系数只是用来比较不同自变量对模型的贡献大小的,一般不用来构建回归模型,而构建回归模型仍需要采用一般的回归系数 β_n。

📊 子任务二 SPSS 26 的二项分类 Logistic 回归分析

【第1步】分析

将二分类变量"Smoking"作为因变量,将"Age""BMI""Exercise""Education""Drinking"作为自变量,建立"Smoking"与自变量之间的 Logistic 回归模型。

【第2步】打开对话框

在 SPSS 26 的主菜单栏中选择"分析"→"回归"→"二元 Logistic",打开"Logistic 回

8-1 SPSS 26 的二项分类 Logistic 回归分析

归"对话框。

【第 3 步】设置变量

在"Logistic 回归"对话框中,首先将虚拟变量"Smoking"导入"因变量"框,将"Age" "BMI""Exercise""Education""Drinking"导入"块"框。

(1)设置逐步回归方法。在"Logistic 回归"对话框的"方法"下拉菜单中选择"向后: 有条件",如图 8-1 所示,即采取向后逐步回归方法估计 Logistic 模型。

图 8-1　"Logistic 回归"对话框设置

在 SPSS 26 的"Logistic 回归"对话框中,回归"方法"的选项一共有以下 7 种。

①"输入":将导入"协变量"框中的所有变量,均作为解释变量,不进行任何筛选,仅计算和输出一个 Logistic 回归模型。

②"向前:有条件":为一种向前逐步回归方法,将基于条件参数估计的似然比统计估计量显著性检验,作为选择显著变量并将其纳入 Logistic 回归模型的标准。

③"向前:LR":亦为一种向前逐步回归方法,将基于最大局部似然估计量的显著性检验,作为选择显著变量并将其纳入 Logistic 回归模型的标准。

④"向前:瓦尔德":亦为一种向前逐步回归方法,将基于瓦尔德(Wald)统计估计量的显著性检验,作为选择显著变量并将其纳入 Logistic 回归模型的标准。

⑤"向后:有条件":是一种向后逐步回归方法,基于条件参数估计,采用似然比统计量的显著性检验作为标准,逐步剔除不显著的变量,最终确定 Logistic 回归模型。

⑥"向后:LR":也是一种向后逐步回归方法,将基于最大局部似然估计量的显著性检验,作为筛选不显著变量并将其从 Logistic 回归模型中剔除的标准。

⑦"向后:瓦尔德":也是一种向后逐步回归方法,将基于瓦尔德统计估计量的显著性检验,作为筛选不显著变量并将其从 Logistic 回归模型中剔除的标准。

在拟合 Logistic 回归模型时,作为逐步回归中导入或剔除变量标准的不同检验量的检验结果往往存在较大区别,需要进行试算分析之后,再行采用。在本例中,经过试算比较选定了"向后:有条件"方法,其基本过程是从包含所有变量的模型开始,采用最大似然估计对回归模型中的变量进行显著性检验,逐步剔除不显著的变量,直到所有保留下来的变量都符合显著性标准(通常是0.05)。

(2)设定选择自变量并将其纳入回归模型的标准。单击"Logistic 回归"对话框的"选项"按钮,打开"Logistic 回归:选项"对话框,如图8-2所示。首先,在"步进概率"区域的"进入"数值框中填入0.05;在"除去"数值框中填入0.10。其次,在"显示"区域选择"在最后一个步骤",这样 SPSS 26 输出的表格就只包括第一个回归模型和最后一个回归模型的数值,将中间过程的各个回归模型的数值都省略了,使得输出结果更简洁。最后,单击"继续"按钮,返回"Logistic 回归"对话框。

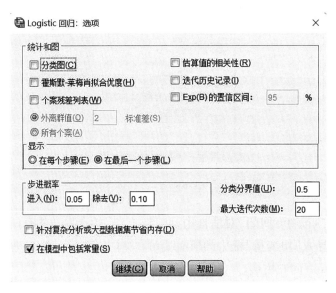

图 8-2　"Logistic 回归"的选项设置

(3)保存预测概率值。单击"Logistic 回归"对话框的"保存"按钮,在"Logistic 回归:保存"对话框的"预测值"区域中勾选"概率"选项,单击"继续",如图8-3所示。这样,SPSS 会计算每个样本单位是否吸烟的概率,并将这些概率值作为一个新的变量"PRE_1",储存在 SPSS 26 中的数值视图中。按照 Logistic 模型的要求,可以将0.5作为辨识吸烟和不吸烟的临界值,将其"PRE_1"的概率值大于0.5的个体识别为有吸烟习惯,将其"PRE_1"的概率值小于等于0.5的个体识别为无吸烟习惯。

【第4步】结果分析

单击"Logistic 回归"对话框的"确定"按钮,完成基于向后

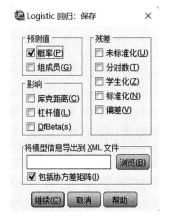

图 8-3　"Logistic 回归"的
概率值保存设置

逐步回归的二元 Logistic 回归分析,拟合 Logistic 回归模型。

1) 拟合优度分析表

表 8-2 是由 SPSS 26 输出的模型汇总表中的指标和数据整理而来。本例在第 2 步,模型已经达到了终止标准,只有第 1 步和第 2 步的回归结果被输出。因此,表 8-2 至表 8-4 中仅包含第 1 步和第 2 步的回归数据。

表 8-2　基于向后逐步回归的 Logistic 模型拟合优度分析表

步骤	−2 对数似然	考克斯-斯奈尔 R^2	内戈尔科 R^2
1	59.561	0.509	0.698
2	61.884	0.497	0.682
a. 由于参数估计值的变化不足 0.001,因此估算在第 11 次迭代时终止			

对表格中的各项参数解释如下:

(1) −2 对数似然:表示模型拟合的优度,数值越小表示模型的拟合效果越好。在第 1 步和第 2 步之间,虽然对数似然值略增加(从 59.561 到 61.884),但这种变化不足以影响模型的有效性,表明模型的改进趋于平稳。

(2) 考克斯-斯奈尔 R^2:这是一种衡量 Logistic 回归模型拟合优度的指标。其数值范围从 0 到 1,接近 1 表示模型拟合效果较好,接近 0 则表示模型解释能力较弱。在本例中,第 1 步和第 2 步之间考克斯-斯奈尔 R^2 的变化较小(从 0.509 降至 0.497),这表明模型的解释能力在这两步之间没有显著变化。

(3) 内戈尔科 R^2:这是另一种拟合优度的度量指标,数值也介于 0 和 1 之间。它与考克斯-斯奈尔 R^2 类似,但计算方式有所不同。该指标用于衡量模型对因变量的解释程度。第 1 步和第 2 步之间内戈尔科 R^2 的变化较小(从 0.698 降至 0.682),这表明尽管模型有所调整,但拟合效果仍然保持在一个较高的水平。

2) "识别效率"分析表

表 8-3 是由 SPSS 26 输出的分类表。

表 8-3　基于向后逐步回归的 Logistic 模型识别效率分析表

实测			预测		
			Smoking		正确百分比
			no	yes	
步骤 1	Smoking	no	29	7	80.6
		yes	6	58	90.6
	总体百分比				87
步骤 2	Smoking	no	28	8	77.8
		yes	7	57	89.1
	总体百分比				85
分界值为 0.500					

在表 8-3 中,基于向后逐步回归的 Logistic 模型的"识别效率"分析表展示了不同步骤中模型的分类结果。在步骤 1 中,模型的分类正确率为"no"类别 80.6%,"yes"类别 87%,整体 90.6%。而在步骤 2 中,分类正确率为"no"类别 77.8%,"yes"类别 89.1%,整体 85%。尽管从步骤 1 到步骤 2,模型的识别效率有所下降,但仍保持较高的预测准确率。与表 8-2 的结果一致,表明本案例中 Logistic 回归模型在向后逐步回归过程中具有较高的稳定性和识别效率。

3)Logistic 模型参数估计及显著性检验表

表 8-4 展示了 SPSS 26 输出的逐步向后回归的 Logistic 模型的参数估计及其显著性检验结果。

表 8-4　逐步向后回归的 Logistic 模型参数估计及显著性检验表

		B	标准误差	瓦尔德	自由度	显著性	Exp(B)
步骤 1[a]	Age	0.233	0.049	22.734	1	0.000	1.262
	BMI	0.235	0.129	3.293	1	0.070	1.264
	Exercise	−1.808	0.715	6.387	1	0.011	0.164
	Education	−1.114	0.495	5.063	1	0.024	0.328
	Drinking	1.04	0.701	2.201	1	0.138	2.829
	常量	−10.777	3.737	8.315	1	0.004	0.000
步骤 2[a]	Age	0.228	0.047	23.338	1	0.000	1.256
	BMI	0.202	0.124	2.652	1	0.103	1.224
	Exercise	−1.744	0.700	6.207	1	0.013	0.175
	Drinking	−0.928	0.466	3.962	1	0.047	0.395
	常量	−9.651	3.567	7.322	1	0.007	0.000
a. 在步骤 1 输入的变量:Age,BMI,Exercise,Education,Drinking							

由表 8-4 可知,在步骤 1 的逐步向后回归中,所有自变量(Age、BMI、Exercise、Education、Drinking)都被输入模型。从统计结果来看,有三个变量对是否吸烟的影响在统计学上是显著的:Age(p 值为 0.000)、Exercise(p 值为 0.011)和 Education(p 值为 0.024)。而 BMI(p 值为 0.070)和 Drinking(p 值为 0.138)的 p 值大于 0.05,表明它们对吸烟行为的影响在统计上并不显著。因此,无法在步骤 1 的模型中证实这些变量对是否吸烟有显著影响。

在步骤 2 的逐步向后回归分析中,模型进一步优化,删除了 Drinking 变量,表明它对是否吸烟的影响不显著。最终,模型保留了 Age、BMI、Exercise 和 Education 这四个变量。尽管 BMI 的 p 值未达到统计显著性(大于 0.05),但它的回归系数和 Exp(B)值较大,表明它可能对是否吸烟的预测有较强的影响,因此被保留在模型中,作为潜在的影响因素。Exp(B)值表示自变量对吸烟概率的影响倍数,例如 Age 的 Exp(B)值为 1.256,意味着每增加一单位的年龄,吸烟的概率会增加 1.256 倍。通过 Exp(B)值,我们可以量化各变量对吸烟行为的实际影响,以更好地理解模型的预测能力。

在表 8-4 中,相关的检验统计量未表现出显著性,说明在 Logistic 回归中并非所有显著性检验都有效。例如,瓦尔德统计量在本例中无效,存在明显的第 Ⅱ 类错误(错误地未剔除无效变量)。所以,本例选择基于最大似然估计的"向后:有条件"方法,作为剔除变量的标准,进行 Logistic 模型的逐步回归拟合。

任务三　有序 Logistic 回归

导入案例

近年来,随着高等教育质量评估体系的不断完善,学生学习满意度已成为评估教学质量的重要维度。某高校教学评估中心通过随机抽样调查 100 名本科生,系统采集了包括学业负担(1 = 非常轻 ~ 5 = 非常重)、学习兴趣(1 = 毫无兴趣 ~ 5 = 非常感兴趣)、教学质量(1 = 非常差 ~ 5 = 非常好)以及出勤率(60% ~ 100%)在内的关键变量(扫描本项目最后的二维码可获取数据),并采用五级利克特量表(1 = 非常不满意 ~ 5 = 非常满意)对学生的学习满意度进行测量。试分析影响大学生学习满意度的主要因素。

 子任务一　有序 Logistic 回归模型

1. 基本概念

在前面介绍的 Logistic 回归中的因变量为二分类变量,如吸烟和不吸烟、近视和不近视等因变量都是二元对立的,可以构建二元 Logistic 回归模型。但若变量水平数大于 2 并且为有序变量,如期末成绩评定为不及格、及格、中等、良好、优秀五个等级,人民的生活水平划分为贫困、温饱、小康、富裕四个等级,则需要采用有序 Logistic 回归模型进行分析。

有序 Logistic 回归是一种用于处理有序分类变量的统计分析方法。它是逻辑回归的扩展形式,适用于因变量有多个有序类别的情况。有序 Logistic 回归的目标是建立一个模型,以预测有序分类变量的类别。这些类别通常具有一定的顺序关系,例如"非常不满意""不满意""一般满意""非常满意"。有序逻辑回归使用了一个潜在的连续变量,该变量的值与每个类别之间的阈值相关联。模型通过估计这些阈值,来确定潜在变量的范围,从而将观测值映射到相应的类别。

2. 统计原理

当因变量为具有有序等级的多分类变量时,可采用有序 Logistic 回归模型进行分析。该方法基于"因变量等级的累积概率"进行建模,对每一个等级及以下的概率与高于该等级的概率之比取对数,从而构建多个累计对数模型。以因变量 Y 具有三个等级(1、2、3)为例,分别表示"非常不满意""一般""非常满意",其概率为 $P(Y=1)=p_1$、$P(Y=2)=p_2$、$P(Y=3)=p_3$。则有序 Logistic 模型可构建两个累计对数函数,模型如下:

$$\ln\left(\frac{P(Y\leqslant 1)}{P(Y>1)}\right)=\ln\left(\frac{p_1}{p_2+p_3}\right)=\theta_1-(\beta_1 X_1+\beta_2 X_2+\cdots+\beta_n X_n) \quad (8\text{-}6)$$

$$\ln\left(\frac{P(Y\leqslant 2)}{P(Y>2)}\right)=\ln\left(\frac{p_1+p_2}{p_3}\right)=\theta_2-(\beta_1 X_1+\beta_2 X_2+\cdots+\beta_n X_n) \quad (8\text{-}7)$$

以上两个模型分别将因变量划分为"1级及以下和高于1级""2级及以下和高于2级"的两类,通过Logit变换预测累积概率。与二分类Logistic回归模型相似,模型中的θ_j是第j个等级的阈值常数项,不参与对自变量的解释。回归系数β_k表示在控制其他变量不变的条件下,自变量X_k每增加一个单位,因变量提高一个及以上等级的对数优势。

📊 子任务二　SPSS 26 的有序 Logistic 回归分析

8-2 SPSS 26 的有序分类 Logistic 回归分析

【第1步】分析

学生的学习满意度为有序多分类变量,要分析学习满意度受哪几个因素的影响,应建立因变量"学习满意度"与各个自变量之间的有序Logistic回归模型。

【第2步】数据组织

定义"学生ID""学业负担""学习兴趣""教学质量""出勤率""学习满意度"6个变量,输入数据,并保存为"data8.2"文件。

【第3步】打开对话框

在SPSS 26的主菜单栏中选择"分析"→"回归"→"有序",打开"有序回归"对话框。

【第4步】设置变量

(1)在"有序回归"对话框中,首先将因变量"学习满意度"导入"因变量"框中,将"学业负担""学习兴趣""教学质量""出勤率"导入"协变量"框中,如图8-4所示。

(2)"有序回归:选项"对话框设置。

在"有序回归"对话框中单击"选项"按钮,打开"有序回归:选项"对话框,在"置信区间"内填入95,如图8-5所示,单击"继续"返回"有序回归"对话框。

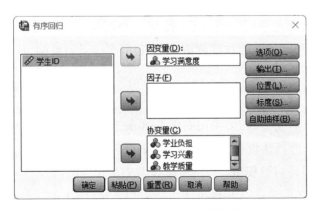

图 8-4　"有序回归"对话框设置

图 8-5　"有序回归:选项"对话框设置

①"迭代"选项：用于设置最大似然估计模型迭代的收敛标准。

②"置信区间"框：用于设置参数置信区间的置信度范围，默认为95。

③"Delta"框：对频数为0的单元格进行校正。

④"奇异性容差"下拉列表框：用于设置奇异值标准。

⑤"联接"下拉列表框：用于选择模型的关联函数，默认为分对数函数。

（3）"有序回归：输出"对话框设置。

在"有序回归"对话框中单击"输出"按钮，打开"有序回归：输出"对话框，勾选"拟合优度统计""摘要统计""参数估算值""平行线检验"，如图8-6所示，单击"继续"返回"有序回归"对话框。

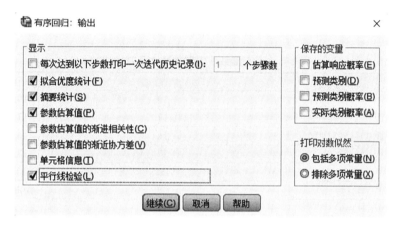

图8-6 "有序回归：输出"对话框

①"显示"区域的复选框。

"每次达到以下步数打印一次迭代历史记录"：用于设置迭代步数，输出迭代信息。

"拟合优度统计"：输出模型拟合优度检验结果。

"摘要统计"：输出考克斯-斯奈尔、内戈尔科、麦克法登伪决定系数。

"参数估算值"：输出参数估计值、标准误和置信区间。

"参数估算值的渐近相关性"：输出参数的相关矩阵。

"参数估算值的渐近协方差"：输出参数的协方差矩阵。

"单元格信息"：输出每个单元格的实际频数、模型估计得到的期望频数和Pearsan残差等信息。

"平行线检验"：检验比例优势模型的假定条件是否成立。

②"保存的变量"区域的复选框。

"估算响应概率"：保存每个样本属于各个类别的预测概率，有助于用户全面了解模型的判断倾向。

"预测类别"：保存模型预测的类别，即哪个类别的概率最高，模型就判断为哪个。

"预测类别概率":保存模型所选"预测类别"的概率值,用来判断模型预测的可信度。

"实际类别概率":保存模型对"实际所属类别"的预测概率,可用于评估模型是否真正理解了数据。

③"打印对数似然"区域的单选按钮。

"包含多项常量":输出包含常数项的似然对数值。

"排除多项常量":输出不包含常数项的似然对数值。

【第5步】有序 Logistic 回归结果分析

在"有序回归"对话框中单击"确定"按钮,完成有序 Logistic 回归分析,结果如表8-5至表8-9所示。

(1)表8-5是因变量每一类别的频数及其构成比。可以看出学习满意度共分五类,各类的占比相似。

表8-5　因变量每一类别的频数及其构成比

		个案数	边际百分比
学习满意度	1	10	10.0
	2	17	17.0
	3	26	26.0
	4	27	27.0
	5	20	20.0
有效		100	100.0
缺失		0	
总计		100	

(2)表8-6是模型的似然比检验结果。卡方值为311.428,自由度为4,显著性为 $0.000 < 0.05$,表明最终模型相较于仅含截距项的模型有显著改进。

表8-6　模型似然比检验结果

模型	−2 对数似然	卡方	自由度	显著性
仅截距	311.428			
最终	0.000	311.428	4	0.000
关联函数:分对数				

(3)表8-7是模型的拟合优度检验结果,皮尔逊检验的卡方值为71.27,偏差检验的卡方值为49.389,自由度均为392,对应的显著性 p 值为1,说明模型拟合优度良好,预测值与观测值之间无显著差异。

表8-7　模型的拟合优度检验结果

	卡方	自由度	显著性
皮尔逊	71.27	392	1
偏差	49.389	392	1
关联函数:分对数			

（4）表8-8 是模型的伪决定系数。三项伪决定系数指标中,考克斯-斯奈尔为 0.956,内戈尔科和麦克法登均为 1,说明模型的解释力非常强,能够有效反映各影响因素对学生学习满意度的作用。

表8-8 伪决定系数

考克斯-斯奈尔	0.956
内戈尔科	1
麦克法登	1
关联函数:分对数	

（5）表8-9 是最重要的结果,是回归系数的参数估计和假设检验结果。本例因变量有五个水平,因此得到四个回归方程,见式(8-8)至式(8-12)。

表8-9 回归系数的参数估计和假设检验结果

		估算	标准误差	瓦尔德	自由度	显著性	95% 置信区间	
							下限	上限
阈值	［学习满意度 = 1］	53.520	13.520	15.669	1	0.000	27.020	80.019
	［学习满意度 = 2］	63.447	15.405	16.963	1	0.000	33.254	93.641
	［学习满意度 = 3］	73.876	16.875	19.166	1	0.000	40.802	106.950
	［学习满意度 = 4］	85.053	18.760	20.555	1	0.000	48.284	121.822
位置	学业负担	−0.536	0.397	1.825	1	0.177	−1.313	0.242
	学习兴趣	3.680	0.786	21.928	1	0.000	2.140	5.220
	教学质量	2.583	1.213	4.538	1	0.033	0.206	4.960
	出勤率	0.656	0.194	11.446	1	0.001	0.276	1.036
关联函数:分对数								

为分析学生学习满意度的影响因素,本案例基于表8-9 中的参数估计结果,构建了有序 Logistic 回归模型。模型以学习满意度为因变量(1 = 非常不满意,5 = 非常满意),自变量包括学业负担(X_1)、学习兴趣(X_2)、教学质量(X_3)与出勤率(X_4)。有序 Logistic 模型采用累计对数的建模形式,其通式为:

$$\ln\left(\frac{P(Y \leq j)}{P(Y > j)}\right) = \theta_j - (\beta_1 X_1 + \beta_2 X_2 + \beta_3 X_3 + \beta_4 X_4), \quad j = 1,2,3,4 \tag{8-8}$$

其中,Y 为学习满意度(取值为 1~5);j 为满意度等级的分界点;θ_j 表示第 j 个阈值;X_1 表示学业负担(1 = 非常轻 ~5 = 非常重);X_2 为学习兴趣(1 = 毫无兴趣 ~5 = 非常感兴趣);X_3 为教学质量(1 = 非常差 ~5 = 非常好);X_4 为出勤率(60% ~100%)。

根据模型估计参数,四个累计对数表达式如下:

（1）当学习满意度 ≤1 时:

$$\ln\left(\frac{P(Y \leq 1)}{P(Y > 1)}\right) = 53.520 - (-0.536 X_1 + 3.680 X_2 + 2.583 X_3 + 0.656 X_4) \tag{8-9}$$

（2）当学习满意度 ≤2 时:

$$\ln\left(\frac{P(Y \leq 2)}{P(Y > 2)}\right) = 63.447 - (-0.536 X_1 + 3.680 X_2 + 2.583 X_3 + 0.656 X_4) \tag{8-10}$$

（3）当学习满意度≤3时：

$$\ln\left(\frac{P(Y\leqslant3)}{P(Y>3)}\right)=73.876-(-0.536X_1+3.680X_2+2.583X_3+0.656X_4) \quad (8\text{-}11)$$

（4）当学习满意度≤4时：

$$\ln\left(\frac{P(Y\leqslant4)}{P(Y>4)}\right)=85.053-(-0.536X_1+3.680X_2+2.583X_3+0.656X_4) \quad (8\text{-}12)$$

上述模型可用于预测学生在不同特征组合下的学习满意度等级。其中，学习兴趣、教学质量和出勤率的回归系数均为正，说明这些因素的提升有助于显著提高学生的满意度水平；而学业负担的系数为负，表明其可能降低学生的学习满意度，但在本案例中该结果在统计上不显著。

任务四　多项分类 Logistic 回归

📱 导入案例

某研究人员欲了解不同学校和性别的大学生获取防电信诈骗知识的途径是否不同，对 3 个学校的 483 名大学生进行了调查，结果如表 8-10 所示。变量赋值为：学校（学校 A = 0，学校 B = 1，学校 C = 2）、性别（男 = 0，女 = 1）、获取防电信诈骗知识的途径（传统大众媒介 = 1，网络 = 2，学校宣传 = 3），如表 8-10 所示。请拟合学校和性别对大学生获取防电信诈骗知识途径的多分类 Logistic 回归模型。

表 8-10　大学生获取防电信诈骗知识的途径

学校	性别	获取防电信诈骗知识的途径		
		传统大众媒介	网络	学校宣传
学校 A	男	20	35	26
	女	10	27	57
学校 B	男	42	17	26
	女	16	12	26
学校 C	男	47	22	31
	女	21	17	31

 子任务一　多项分类 Logistic 回归模型

1. 基本概念

当因变量的取值没有明显的顺序时（例如，职业类别如警察、商人、教师、工人、农民、自由职业者，或者生源地如上海、北京、湖北、浙江、江苏）

8-3 SPSS 26 的多项分类 Logistic 回归分析

等,这样的变量类型被称为多项无序分类变量,即名义变量。在名义变量与自变量之间建立的回归模型被称为多项分类 Logistic 回归模型,简称多分类 Logistic 回归模型。

多项分类 Logistic 回归是二项分类 Logistic 回归的扩展,适用于因变量为无序分类的情况,特别是当因变量有多个类别时。其基本思想是选择一个类别作为参考类别,然后将其与其他类别进行比较,从而构建多个二项分类 Logistic 回归模型。

各类 Logistic 回归方法的区别如表 8-11 所示。

表 8-11　各类 Logistic 回归方法的区别

研究方法	自变量(X)	因变量(Y)	研究场景
二项分类 Logistic 回归	定量数据/分类数据	分类数据(2 组)	研究数据之间的影响关系如何
多项分类 Logistic 回归	定量数据/分类数据	分类数据(多组且无序)	研究不同类别之间的影响关系
有序 Logistic 回归	定量数据/分类数据	分类数据(多组且有序)	研究有序类别之间的影响关系

2. 统计原理

对于多分类 Logistic 回归,与有序 Logistic 回归相同,模型会定义因变量的某个水平作为参照水平,其他水平与其进行比较,拟合 $i-1$(i 为因变量个数)个广义 Logistic 回归模型。若因变量 Y 有 k 个取值水平(例如 1、2、3),对应的概率为 p_1、p_2、p_3,满足 $p_1 + p_2 + p_3 = 1$,选择第三类作为参照类别,则需拟合 $k-1=2$ 个模型。对 n 个自变量,模型表达如下:

$$\ln \frac{p_1}{p_3} = \alpha_1 + \beta_{11}X_1 + \beta_{12}X_2 + \cdots + \beta_{1n}X_n \tag{8-13}$$

$$\ln \frac{p_2}{p_3} = \alpha_2 + \beta_{21}X_1 + \beta_{22}X_2 + \cdots + \beta_{2n}X_n \tag{8-14}$$

与前面的有序 Logistic 回归有所不同的是,每一个自变量有 $n-1$ 个参数。系数 β_{in} 表示在其他自变量固定不变的情况下,某一自变量 x_n 改变一个单位时,类别 i 相对于参照类别的对数优势比的变化量。

📊 子任务二　SPSS 26 的多项分类 Logistic 回归分析

【第 1 步】分析

导入案例有两个自变量——学校和性别,一个因变量——获取防电信诈骗知识的途径。其中"学校"变量有 3 个水平(1、2、3),"性别"有两个水平(1、2),"获取防电信诈骗知识的途径"有 3 个水平(1、2、3),因变量多组且无序,因此构建多项分类 Logistic 回归模型进行分析。

【第 2 步】数据组织

定义"学校""性别""获取途径""频数"4 个变量,并为每个变量设置"值标签",如图 8-7 所示。输入数据,如图 8-8 所示,并保存为"data8.3.sav"文件。

图 8-7　为变量设置值标签

	🔧学校	🔧性别	🔧获取途径	📏频数
1	1	0	1	20
2	1	0	2	35
3	1	0	3	26
4	1	1	1	10
5	1	1	2	27
6	1	1	3	57
7	2	0	1	42
8	2	0	2	17
9	2	0	3	26
10	2	1	1	16
11	2	1	2	12
12	2	1	3	26
13	3	0	1	47
14	3	0	2	22
15	3	0	3	31
16	3	1	1	21
17	3	1	2	17
18	3	1	3	31

图 8-8　数据输入

【第 3 步】个案加权

在 SPSS 26 的主菜单栏中选择"数据"→"个案加权",打开"个案加权"对话框。单击"个案加权依据"选项,将"频数"变量放入"频率变量"框中,单击"确定"按钮,如图 8-9 所示。

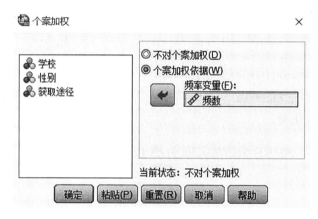

图 8-9　个案加权

【第 4 步】设置变量

在 SPSS 26 的主菜单栏中选择"分析"→"回归"→"多元 Logistic",打开"多元 Logistic 回归"对话框。

(1)在"多元 Logistic 回归"对话框中,首先将因变量"获取途径"导入"因变量"框,将"学校""性别"两个分类自变量导入"协变量"框,如图 8-10 所示。

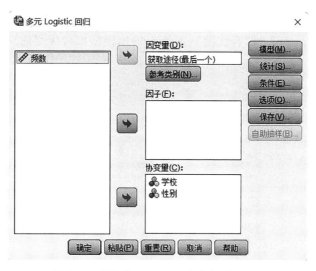

图 8-10 "多元 Logistic 回归"对话框设置

（2）模型设置。若不考虑因素之间的交互作用，只考虑主效应，则选择主效应模型；若考虑因素之间的交互作用，则选择全因子模型；若因素较多，采用逐步回归，则可以选择定制/步进模型。本案例选择主效应模型，统计设置如图 8-11 所示。

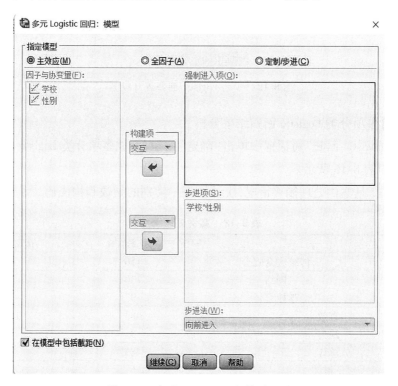

图 8-11 多元 Logistic 回归模型设置

（3）在"多元 Logistic 回归"对话框中，单击"统计"按钮，在默认项目的基础上勾选"单元格概率"，系统将输出观察频数和预测频数；勾选"分类表"，系统将输出观察频数和预测频数的交叉分类结果；勾选"拟合优度"，系统将输出模型拟合优度信息。如图8-12所示，单击"继续"按钮，返回"多元Logistic回归"对话框。

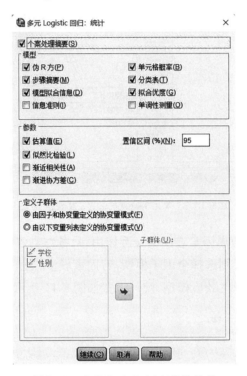

图 8-12　多元 Logistic 回归统计设置

【第5步】多项分类 Logistic 回归结果分析

在"多元 Logistic 回归"对话框中单击"确定"按钮，完成多项分类 Logistic 回归分析，结果如表8-12至表8-16所示。

（1）表8-12是案例处理摘要情况，统计了每一类别的频数和构成比。

表 8-12　案例处理摘要

		个案数	边际百分比
获取途径	传统大众媒介	156	32.3
	网络	130	26.9
	学校宣传	197	40.8
有效		483	100.0
缺失		0	
总计		483	
子群体		6	

（2）表8-13为似然比检验结果。卡方值是 46.800，$p < 0.05$，说明构建的统计模型有统计学意义。

表 8-13　似然比检验结果

模型	模型拟合条件	似然比检验		
	−2 对数似然	卡方	自由度	显著性
仅截距	111.698			
最终	64.897	46.800	4	0.000

（3）表 8-14 为伪 R^2 检验结果。三个伪 R^2 的值均比较小，伪 R^2 取值范围为 0～1，越接近 1 模型预测效果越好。

表 8-14　伪 R^2 检验结果

考克斯-斯奈尔	0.092
内戈尔科	0.104
麦克法登	0.045

（4）表 8-15 为模型系数检验结果。其中的截距项无意义，自变量"学校"和"性别"的 p 值均小于 0.05，说明两个自变量均有统计学意义。

表 8-15　模型系数检验结果

效应	模型拟合条件	似然比检验		
	简化模型的 −2 对数似然	卡方	自由度	显著性
截距	72.244	7.347	2	0.025
学校	83.944	19.046	2	0.000
性别	89.656	24.759	2	0.000
因为省略此效应并不会增加自由度，所以此简化模型相当于最终模型				

注：卡方统计是最终模型与简化模型之间的 −2 对数似然之差。简化模型是通过在最终模型中省略某个效应而形成的。原假设是，该效应的所有参数均为 0。

（5）表 8-16 为参数估算结果。由表可以得到两个 Logistic 回归方程：

$$\ln\left(p_{\frac{传统大众媒介}{学校宣传}}\right) = -0.704 + 0.460 \times 学校 - 1.103 \times 性别 \tag{8-15}$$

$$\ln\left(p_{\frac{网络宣传}{学校宣传}}\right) = 0.140 - 0.132 \times 学校 - 0.615 \times 性别 \tag{8-16}$$

表 8-16　参数估算结果

获取途径[a]		B	标准误差	瓦尔德	自由度	显著性	Exp(B)	Exp(B)的95%置信区间	
								下限	上限
传统大众媒介	截距	−0.704	0.322	4.781	1	0.029			
	学校	0.460	0.135	11.583	1	0.001	1.583	1.215	2.063
	性别	−1.103	0.229	23.140	1	0.000	0.332	0.212	0.520
网络宣传	截距	0.140	0.310	0.206	1	0.650			
	学校	−0.132	0.138	0.923	1	0.337	0.876	0.669	1.148
	性别	−0.615	0.230	7.164	1	0.007	0.541	0.345	0.848
a. 参考类别为：学校宣传									

　　虽然 Logistic 回归方程提供了因变量和自变量之间的数学关系(即回归系数 B),但是它的实际意义并不如 Exp(B)更具解释性。例如,在传统大众媒介模型[式(8-10)]中,学校的 Exp(B)值为 1.583,意味着当学校的因素增加 1 个单位(例如从 0 变为 1)时,选择"传统大众媒介"相对于"学校宣传"的可能性增加 1.583 倍。也就是说,如果学校参与了宣传,相比于不参与宣传的情况,选择"传统大众媒介"的可能性增加 1.583 倍。而性别的 Exp(B)值为 0.332,表明女性相对于男性,选择"传统大众媒介"的可能性为男性的 0.332,即女性更倾向于选择"学校宣传"而非"传统大众媒介"。在网络模型中,学校的 Exp(B)值为 0.876,表明学校因素的增加会降低选择"网络"相对于"学校宣传"的可能性,意味着学校因素不利于选择"网络"。性别的 Exp(B)值为 0.541,表示女性相对于男性,选择"网络"的可能性为男性的 0.541,进一步表明女性更倾向于选择"学校宣传"而非"网络"。

知识总结

　　本项目主要介绍了三种常用的 Logistic 回归分析方法,包括二项分类 Logistic 回归、有序 Logistic 回归和多项分类 Logistic 回归,详细介绍了每一种回归分析方法的基本概念和统计原理,并结合具体案例,介绍 Logistic 回归分析的过程和结果。

课后作业

　　1. 什么是 Logistic 回归?

　　2. 线性回归与 Logistic 回归的区别是什么?

　　3. 二项分类 Logistic 回归要求的因变量和自变量的数据类型是什么?

　　4. 二项分类 Logistic 回归与多项分类 Logistic 回归的区别是什么?

　　5. 自行选择数据,独立完成 SPSS 26 的二项分类 Logistic 回归分析。

　　6. 自行选择数据,独立完成 SPSS 26 的多项分类 Logistic 回归分析。

　　7. 自行选择数据,独立完成 SPSS 26 的有序 Logistic 回归分析。

项目八数据

学习目标

知识目标

1. 掌握主成分分析的主要目标和原理。
2. 掌握因子分析的主要目标和原理。

技能目标

1. 会进行主成分分析的基本操作并分析输出结果。
2. 会进行因子分析的基本操作并分析输出结果。

素养(思政)目标

1. 培养数据洞察能力,能用主成分分析与因子分析方法透视社会现象本质。
2. 强化科学思维,确保数据分析过程严谨,结果公正可信。
3. 思政目标:弘扬求真务实精神,鼓励学生在数据探索中践行社会主义核心价值观。

项目导图

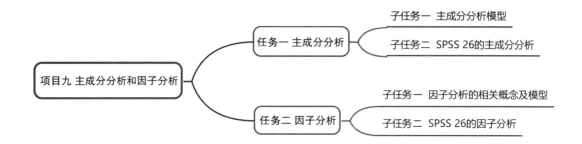

项目九课件

任务一　主成分分析

 导入案例

为深入了解我国的市政建设状况,本研究选取了2022年全国31个省、自治区、直辖市[①]的6个指标进行统计分析,这6个指标分别是:x_1——道路长度(万公里)、x_2——道路面积(万平方米)、x_3——城市桥梁(座)、x_4——城市排水管道长度(万公里)、x_5——城市污水日处理能力(万立方米)和x_6——城市道路照明灯(盏)。具体数据如表9-1所示。请分析各省、自治区、直辖市的市政建设情况。

表9-1　2022年各省、自治区、直辖市的市政设施指标

地区	x_1	x_2	x_3	x_4	x_5	x_6
北京	0.87	29951	2485	2.01	733.5	0.32
天津	0.97	34302	3952	2.39	348.7	0.43
河北	1.98	15283	3020	2.35	715.2	1.12
山西	1.02	52868	4654	1.46	371	0.56
内蒙古	1.13	29158	813	1.55	246.2	0.66
辽宁	2.49	63681	4049	2.56	1122.9	1.39
吉林	1.15	18249	4568	1.41	459.2	0.62
黑龙江	1.44	64345	1090	1.31	474.8	0.79
上海	0.60	49155	2399	2.23	896.8	0.71
江苏	5.42	51651	4581	9.41	1881.6	3.92
浙江	3.29	41652	1001	6.44	1359.1	1.98
安徽	2.04	81052	1717	3.79	851	1.26
福建	1.68	41715	4477	2.37	604	1.05
江西	1.48	56986	4147	2.31	460.9	1.02
山东	5.38	46779	4519	7.46	1498.8	2.27
河南	1.95	33496	2280	3.45	1045.3	1.16
湖北	2.40	12774	4521	3.93	1030.6	1.05
湖南	1.89	19981	1317	2.64	874.5	0.96
广东	5.87	21345	1431	14.02	2971.3	3.85
广西	1.58	34994	998	2.25	874.9	0.82
海南	0.52	87874	544	0.76	138.1	0.18
重庆	1.25	29951	3882	2.55	463.9	0.92
四川	2.93	20978	3431	4.95	1040.9	2.13
贵州	1.41	54745	694	1.50	409.3	0.86

[①]因数据可得性问题,这里不包括香港、澳门、台湾。

地区	x_1	x_2	x_3	x_4	x_5	x_6
云南	0.94	50746	5276	1.95	387.8	0.82
西藏	0.11	11906	522	0.10	33.2	0.04
陕西	1.10	29195	1706	1.48	573.1	0.79
甘肃	0.72	28526	3838	0.90	221	0.46
青海	0.17	68649	2604	0.38	62.9	0.15
宁夏	0.30	99778	3933	0.25	139.8	0.28
新疆	1.12	10662	2591	1.19	315.2	0.94

数据来源：国家统计局网站(https://data.stats.gov.cn/)。

子任务一　主成分分析模型

1. 基本概念

主成分分析是一种常用的统计方法，主要用于降维和数据分析。其基本思想是通过正交变换将原始数据的相关变量转换为一组新的、互不相关的变量，称为主成分。这些主成分是原始变量的线性组合，并且按照方差的大小排序，前几个主成分能够解释数据中主要的变异性。主成分分析广泛应用于消除多重共线性、数据降维、特征提取和模式识别等方面。

2. 统计原理

主成分分析法最早由皮尔逊于1901年提出，并在1933年由亨利·霍特林进一步完善。主成分分析通过正交旋转，从原始数据中概括出少数互不相关的主成分，实现对高维数据的降维。主成分分析通过正交旋转，使得各个主成分之间彼此互不相关，从而消除原始数据之间的多重共线性。

目前，基于主成分分析主要应用在以下几个方面。

首先，用于降维分析。利用主成分分析的正交旋转，通过在多维空间中以方差最大化衡量数轴的逐一选择，可得到一组方差水平渐次下降的线性组合变量，通过排在前列的少数新的变量可反映原数据变异的大部分份额，从而实现对高维数据的降维。主成分分析在降维的变量转换过程中，采用了映射的原理，使用较少的变量来代替原有的较多的变量。

其次，用于综合评价。主成分分析中各项主成分的方差数值在总方差中的比重，称为方差贡献率，可作为各项主成分的客观权数。结合利用主成分分析过程中对数据的标准化处理，可以得到消除了原有数据水平高低、离散程度大小不同的不可比性，计算出主成分总分，一般称为总主成分得分，可作为多指标评价体系的综合评分，进行多指标评价体系的综合评价。

第三，用于消除多重共线性。由于正交旋转之后得到的主成分之间具有线性无关属性，所以可以采用主成分分析。通过主成分的正交旋转消除指标体系中各项指标之间的多重共线性，可得到一组新的变量——主成分及其得分，这一组新变量之间的相关系数为0。

设选取的样本数目为n，主成分分析方法就是寻找由p个线性组合组成的新的变量，

即 p 个主成分 $F_1, F_2, \cdots, F_p$,其数学表达式为:

$$\begin{cases} F_1 = u_{11}x_1 + u_{12}x_2 + \cdots + u_{1p}x_p \\ F_2 = u_{21}x_1 + u_{22}x_2 + \cdots + u_{2p}x_p \\ \qquad\qquad\qquad\vdots \\ F_p = u_{p1}x_1 + u_{p2}x_2 + \cdots + u_{pp}x_p \end{cases} \quad (k = 1, 2, \cdots, p) \qquad (9\text{-}1)$$

其中,由 $u_{ij}(i, j = 1, 2, \cdots, p)$ 组成的矩阵 $U(U'U = I)$ 是具有正交性质的主成分权数矩阵,由此决定的新的综合变量 $F_1, F_2, \cdots, F_p$ 分别被称为原变量的第一个,第二个,$\cdots$,第 p 个主成分。F_1 在总方差中所占比重最大,$F_2, \cdots, F_{p-1}, F_p$ 的方差依次递减。

假如希望构造少数几个这样的综合指标,这少数几个综合指标应该在一定程度上反映原始观测指标的变动,并且这几个新的综合指标之间是不相关的。其中,反映原始观测指标的变动程度最大的新的综合指标最重要,称为原始观测指标的第一主成分,一般记为 F_1;而反映原始观测指标的变动程度次之的新的综合指标,称为原始观测指标的第二主成分,一般记为 F_2;反映原始观测指标变动程度第三的新的综合指标,称为第三主成分,一般记为 F_3;依此类推,即按所反映的原始观测指标变动的大小顺序排列,第 k 个新的综合指标称为原始观测指标的第 k 个主成分。

可以用原始数据和主成分正交旋转的特征根值来计算主成分权数和主成分权数矩阵 U。

$$u_{ij} = \frac{C_{ij}}{\sqrt{\lambda_j}} \qquad (9\text{-}2)$$

式中,u_{ij} 为主成分权数矩阵 U 中第 i 行第 j 列的主成分权数,主成分权数的列数 j 的最大取值为原始数据,也就是主成分的项数 p,当在实际使用主成分分析进行降维分析时,有 $j < p$。C_{ij} 是第 i 行第 j 列未经旋转的因子载荷,可以通过 SPSS 26 的"因子分析"得到,λ_j 为第 j 项特征根值。

从主成分分析的基本思想和计算过程可以看出,主成分分析把 p 个随机变量的总方差分解为 p 个不相关的随机变量的方差。各个主成分的方差,即相应的特征根,表明了该主成分的方差大小。方差的值越大,表明该主成分对原始变量信息的综合能力越强。

在实际应用中,通常第一主成分并不足以代表全部原始变量的变动,所以要选取前几个方差较大的主成分。按照方差从大到小的顺序排列,前几个主成分的方差之和与总方差的比值,称为主成分的累计贡献率。在研究实际问题时,一般要求累计贡献率不小于 80%。由于主成分的方差一般下降较快,所以为数不多的主成分足以反映全部原始变量的基本变化,从而达到降维的作用。

在使用主成分分析研究经济管理问题时,要为每个主成分赋予经济管理属性,这个过程叫做主成分命名。通过因子分析中的命名方法,我们先查看旋转后的因子载荷矩阵,然后选择每个原始变量在各个主成分中的最大负荷值,依据这个值确定主成分的经济管理属性,从而为每个主成分命名。

在主成分分析中,为了确保主成分分析的正确性,需要计算主成分权数矩阵的转置矩

阵 U' 与其主成分权数矩阵 U 的积。假如该积矩阵为单位矩阵,则表明具有正交性,符合主成分分析的要求。

在主成分权数矩阵 U 通过了正交性检验之后,便可以按照式(9-1),一般采用均值乘法,用原始数据矩阵 X 乘以主成分权数矩阵 U,计算出主成分得分矩阵 F,得到各项主成分得分数值。

接下来,对主成分的线性无关属性进行检验,进一步检验主成分分析的正确性。通过计算各主成分得分之间的相关系数,检验主成分是否满足线性无关要求。只有当主成分得分之间的相关系数均为0,即具有线性无关的属性时,方满足主成分分析的要求。

最后,将各主成分的方差贡献率作为权数,建立得分权数矩阵 W,对各主成分得分进行加权,通过主成分得分矩阵 F 乘以得分权数矩阵 W 得出总主成分得分,记为 FF。进而按照研究目的,采用总主成分得分和各项主成分得分进行综合比较、分项排序等经济管理方面的分析。

子任务二 SPSS 26 的主成分分析

9-1 SPSS 26 的主成分分析

【第1步】分析

从数据来看,一共有6个因素,但有些因素存在相关性,因此可以采用主成分分析方法简化市政建设指标数据,提取关键因素,为各省、自治区、直辖市的市政建设状况的比较与政策决策提供数据支持。

【第2步】数据组织

定义"地区""x_1""x_2""x_3""x_4""x_5""x_6"七个变量,输入数据,并保存为"data.10.1.sav"文件。

【第3步】原始数据的标准化处理

在 SPSS 26 的主菜单栏中选择"分析"→"描述统计"→"描述",打开"描述"对话框,在"描述"对话框中将6个变量 x_1、x_2、x_3、x_4、x_5、x_6 导入"变量"框中,在"描述"对话框的左下方勾选"将标准化值另存为变量",如图9-1所示。然后,单击"确定"按钮,完成对原始数据的标准化处理。这时,在 SPSS 26 的数据视图中多了6个新的变量"Zx1""Zx2""Zx3""Zx4""Zx5""Zx6",标准化处理之后的数据服从均值为0、方差为1的标准正态分布。

【第4步】进行主成分计算的设置

(1)在 SPSS 26 的主菜单栏中选择"分析"→"降维"→"因子",打开"因子分析"对话框。在使用 SPSS 26 进行主成分分析时必须知道,主成分分析是因子分析的一种,SPSS 26 并未给出直接计算主成分的程序,只给出了开展一般因子分析的程序,因此只能借用其因子分析的部分运算结果,并结合 Excel 来完成主成分的计算。这也是需要对所进行的主成分分析中间结果进行相关检验的原因。在"因子分析"对话框中,将标准化变量"Zx1""Zx2""Zx3""Zx4""Zx5""Zx6"导入"变量"框中,如图9-2所示。

图 9-1　原始数据的标准化处理　　　　图 9-2　主成分计算的变量设置

（2）在"因子分析"对话框中，单击"提取"按钮，打开"因子分析：提取"对话框。在对话框中的"提取"区域中选中"基于特征值"，并且将"特征值大于"后的数值框设置为"1"，如图 9-3 所示。因为特征根值大于 1 只是确定主成分项数的标准之一。若特征根值大于 1 的主成分累积方差贡献率小于 80%，则需要将特征根值小于 1 的主成分保留下来，以计算出使得主成分累积方差贡献率大于 80% 的相关主成分数据。单击"继续"，返回"因子分析"对话框。

（3）在"因子分析"对话框中，单击"旋转"按钮，打开"因子分析：旋转"对话框。选中"最大方差法"，如图 9-4 所示，即在多维空间中，按照变异最大化的原则，进行正交旋转。单击"继续"，返回"因子分析"对话框。

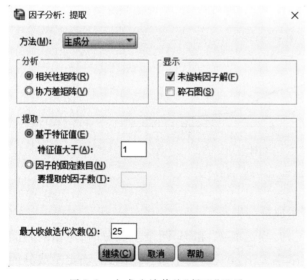

图 9-3　主成分计算的"提取"设置

图 9-4　主成分计算的"旋转"设置

【第 5 步】因子分析结果

在"因子分析"对话框中，单击"确定"按钮，完成因子分析运算，得到进行主成分分析所需的中间数据。

（1）特征值和方差贡献率。表9-2中，"总计"为各因子对应的特征根，"方差百分比"为各因子的方差贡献率，"累积百分比"为累积方差贡献率。可以看出，前两个主成分已经解释了总方差的80.358%。

表9-2　特征值和方差贡献率

成分	初始特征值			提取载荷平方和			旋转载荷平方和		
	总计	方差百分比	累积百分比	总计	方差百分比	累积百分比	总计	方差百分比	累积百分比
1	3.672	61.206	61.206	3.672	61.206	61.206	3.642	60.706	60.706
2	1.149	19.153	80.358	1.149	19.153	80.358	1.179	19.652	80.358
3	0.854	14.233	94.591						
4	0.215	3.585	98.176						
5	0.073	1.220	99.396						
6	0.036	0.604	100.000						
提取方法：主成分分析法									

（2）主成分碎石图。

图9-5是主成分碎石图，结合特征根曲线的拐点和特征根值，可以看出，前三个主成分的折线较陡，而后面就逐渐趋于平缓。该图从另外一个角度说明了取前两个主成分为宜。

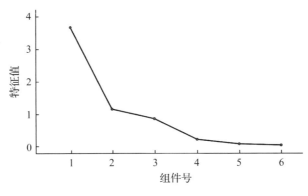

图9-5　主成分碎石图

【第6步】利用因子分析的结果进行主成分分析

（1）确定主成分的个数。由表9-2可知，当选取 F_1 和 F_2 两个主成分时，可以同时满足特征根值大于1和主成分累积方差贡献率大于80%这两个条件。因此，确定主成分的个数为两个，即 F_1 和 F_2 两个主成分。

（2）进行因子命名。根据旋转之后的因子载荷矩阵中的数据进行判断和命名。

表9-3由SPSS 26给出的"成分矩阵"中的相关数据整理而得。

表9-3　成分矩阵

	F_1	F_2
$Z_{\text{score}}(x_1)$	0.968	0.024
$Z_{\text{score}}(x_2)$	-0.132	0.753
$Z_{\text{score}}(x_3)$	0.119	-0.755
$Z_{\text{score}}(x_4)$	0.977	0.048
$Z_{\text{score}}(x_5)$	0.964	0.052
$Z_{\text{score}}(x_6)$	0.905	0.077
提取方法:主成分分析法 旋转方法:凯撒正态化最大方差法		

由表9-3可知,第一主成分 F_1 对应的是"道路长度(x_1)""城市排水管道长度(x_4)""城市污水日处理能力(x_5)""城市道路照明灯(盏)(x_6)"四项指标。根据这四项指标的实际意义,可以将 F_1 命名为"管道建设情况"。第二主成分 F_2 对应的是"城市桥梁(x_3)"这一指标,根据指标的实际意义,可以将 F_2 命名为"桥梁建设情况"。

(3)检验主成分权数矩阵的正交性。需要计算主成分权数矩阵的转置矩阵 U' 与其主成分权数矩阵 U 的积。假如该积矩阵为单位矩阵,则表明 U 具有正交性,符合主成分分析的要求。

利用 Excel 的复制粘贴功能,对主成分权数矩阵 U 进行转置。先选中主成分权数矩阵 U 数据所在的单元格,单击鼠标右键,在弹出的快捷菜单中用左键单击"复制";然后选中转置矩阵的区域,再次单击鼠标右键,在弹出的快捷菜单中用左键单击"选择性粘贴";在打开的"选择性粘贴"对话框中的"粘贴"区域中选中"数值",这样就可以将刚刚计算出来的主成分权数矩阵 U 中的数据粘贴至指定单元格中,而不会复制其计算公式。如图9-6所示,在"选择性粘贴"对话框中的"运算"区域中选中"无";在"选择性粘贴"对话框中勾选下方的"转置"。这样就可以得到主成分权数矩阵的转置矩阵 U' 。

在 Excel 的主菜单栏的下方,单击"fx(插入函数)",调出"插入函数"对话框,如图9-7所示,在"或选择类别"下拉框中选择"数学与三角函数",然后在"选择函数"框中选中矩阵乘函数"MMULT",计算主成分权数矩阵转置阵 U' 与主成分权数矩阵 U 的积。

图9-6　运用 Excel 进行矩阵转置

图9-7　运用 Excel 进行矩阵相乘运算

运用 Excel 进行矩阵相乘运算,需要先在 Excel 工作表中的适当位置,用鼠标选中与矩阵积的行与列一致的单元格区域。在本例中,则需要先选定一个 2 行 2 列的单元格区域,然后调用矩阵乘函数"MMULT",再将主成分权数矩阵 U 与其转置阵 U' 依次选中,最后同时按下"Shift"和"Ctrl"键,再按下"Enter"键,完成 Excel 的矩阵相乘运算,得到主成分权数矩阵的转置矩阵 U' 与主成分权数矩阵 U 的积。

(4)计算主成分得分。可以根据式(9-1)计算主成分得分。这里仍然利用 Excel 的矩阵乘函数"MMULT",通过计算原始数据矩阵 X 与主成分权数矩阵 U 的积,即可得到主成分得分矩阵 F。

(5)检验主成分是否线性无关。通过计算各项主成分得分之间的相关系数,来检验主成分是否满足线性无关要求。在本例中,通过由 SPSS 26 的相关分析,得出的相关系数矩阵为单位矩阵,表明该案例的主成分分析具有典型的消除多重共线性的功能。

(6)计算总主成分得分。总主成分得分是主成分分析中的一个最具综合性的指标。总主成分得分的计算以各主成分的方差贡献率为权数,记为得分权数矩阵 W,对各主成分得分 F 进行加权。仍然可以利用 Excel 的矩阵乘函数"MMULT",计算出总主成分得分矩阵 FF。

任务二　因子分析

导入案例

随着数字经济的蓬勃发展,数字创新能力已成为衡量地区科技水平和经济活力的重要指标。本案例收集了 40 个地区(用 M1 至 M40 表示)的数据,涵盖某年度的 15 项数字创新相关指标(以 x_1 至 x_{15} 表示)。请基于提供的数据(扫描本项目最后的二维码可获取数据),运用因子分析方法,对各指标进行降维处理,掌握因子提取与结果解读的基本步骤。

 子任务一　因子分析的相关概念及模型

1. 因子分析的意义

在研究实际问题时往往希望尽可能多地收集相关变量,以期对问题有比较全面、完整的把握和认识。例如,为了评价医院的工作质量,可能会收集诸如门诊人次、出院人数、病床利用率、病床周转次数、平均住院天数、治愈好转率、病死率、诊断符合率、抢救成功率等多项指标。收集这些数据需要投入许多精力,虽然它们能够较为全面、精确地描述事物,但在实际数据建模时,这些变量未必能真正发挥预期的作用,投入和产出并非呈合理的正比关系,反而可能会给统计分析带来许多问题。

（1）计算量的问题。由于收集的变量较多，如果这些变量都参与数据建模，无疑会增加分析过程中的计算工作量。虽然现在的计算技术发展迅猛，但高维变量和海量数据的计算仍是不容忽视的问题。

（2）变量间的相关性问题。诸多变量之间通常会存在一定的相关性。例如，医院的工作质量评价中的治愈好转率、病死率、诊断符合率等之间会存在较高的相关性；学生综合评价研究中的学科基础课成绩与专业课成绩、获得奖学金的次数等之间也会存在较高的相关性。变量间信息的高度重叠和高度相关会给统计方法的应用设置许多障碍。

为解决上述问题，最简单和最直接的解决方案是削减变量个数，但这必然会导致产生信息丢失和信息不全面等问题。为此，人们希望探索一种更有效的解决方法，它既能大幅减少参与数据建模的变量个数，又不会造成信息大量丢失。因子分析正是这样一种能够有效降低变量维数的分析方法，得到广泛应用。

2. 因子分析的概念

因子分析是研究如何以最少的信息丢失将众多原有变量浓缩成少数几个因子，并使因子具有一定命名解释性的多元统计分析方法。因子分析的概念起源于 20 世纪初皮尔逊和斯皮尔曼等关于智力测验的统计分析。目前，因子分析已成功应用于心理学、医学、气象学、地质学、经济学等领域，并促进了理论的丰富和完善。

3. 因子分析的模型

因子分析的核心是用较少的互相独立的因子反映原有变量的绝大部分信息，可以用下面的数据模型来表示：

$$\begin{cases} x_1 = a_{11}F_1 + a_{12}F_2 + \cdots a_{1m}F_m \\ x_2 = a_{21}F_1 + a_{22}F_2 + \cdots a_{2m}F_m \\ \vdots \\ x_p = a_{p1}F_1 + a_{p2}F_2 + \cdots a_{pm}F_m \end{cases} \tag{9-3}$$

式中，$x_1, x_2, \cdots, x_p$ 为 p 个原有变量，是均值为零、标准差为 1 的标准化变量；$F_1, F_2, \cdots, F_m$ 为 m 个因子变量，m 小于 p，表示成矩阵形式为：

$$\boldsymbol{X} = \boldsymbol{AF} + \boldsymbol{\varepsilon} \tag{9-4}$$

式中，$\boldsymbol{F}$ 为因子，由于出现在每个变量的线性表达式中，因此又称为公因子，$f_j(j=1,2,\cdots,k)$ 彼此不相关；$\boldsymbol{A}$ 为因子载荷矩阵，$a_{ij}(i=1,2,\cdots,p;j=1,2,\cdots,k)$ 称为因子载荷，是第 i 个原有变量在第 j 个因子上的载荷；$\boldsymbol{\varepsilon}$ 为特殊因子，表示原有变量不能被因子解释的部分，其均值为 **0**，独立于 $f_j(j=1,2,\cdots,k)$。

下面将对因子分析中的几个重要概念进行解释和说明，理解这些概念有助于理解因子分析的意义。

1）因子载荷

可以证明：在因子不相关的前提下，因子载荷 a_{ij} 是变量 x_i 与因子 f_j 的相关系数，反映

了变量 x_i 与因子 f_j 的相关程度。因子载荷 a_{ij} 的绝对值小于等于1,绝对值越接近1,表明因子 f_j 与变量 x_i 的相关性越强。同时,因子载荷 a_{ij} 的平方也反映了因子 f_j 对解释变量 x_i 的重要作用和程度。

2)变量共同度

变量共同度即变量方差,变量 x_i 的共同度 h_i^2 的数学定义为:

$$h_i^2 = \sum_{j=1}^{k} a_{ij}^2 \tag{9-5}$$

式(9-5)表明,变量 x_i 的共同度是因子载荷矩阵 $\boldsymbol{A}$ 中第 i 行元素的平方和。对于标准化的 x_i(即其方差 $V_{x_i}=1$),由式(9-3)和式(9-5)可以推导出:

$$h_i^2 + \varepsilon_i^2 = 1 \tag{9-6}$$

式中, h_i^2 是共同度, ε_i^2 是特殊因子方差(即无法由因子模型解释的部分)。因此变量 x_i 的方差可以分为两部分:

(1)变量共同度 h_i^2:表示因子解释的部分方差,反映了所有提取因子对变量 x_i 的解释程度。若 h_i^2 接近1,则说明因子全体解释说明了变量 x_i 的大部分方差。

(2)特殊因子 ε_i^2:表示无法由因子解释的方差部分。若 ε_i^2 较小,则说明变量 x_i 的信息丢失较少。

总之,变量 x_i 的共同度刻画了全体因子对变量 x_i 信息解释的程度,是评价变量 x_i 信息丢失程度的重要指标。如果大多数原有变量的共同度均较高(如高于0.8),则说明提取的因子能够反映原有变量的大部分(如80%以上)信息,信息丢失较少,因子分析的效果较好。因此,变量共同度是衡量因子分析效果的重要指标。

3)因子的方差贡献

因子 f_j 的方差贡献的数学定义为:

$$S_j^2 = \sum_{i=1}^{p} a_{ij}^2 \tag{9-7}$$

式(9-7)表明,因子 f_j 的方差贡献是因子载荷矩阵 $\boldsymbol{A}$ 中 j 列元素的平方和。因子 f_j 的方差贡献反映了因子 f_j 对原有变量总方差的解释能力。该值越大,说明相应因子越重要。因此,因子的方差贡献和方差贡献率 S_j^2/p 是衡量因子重要性的关键指标。

子任务二 SPSS 26 的因子分析

【第1步】分析

要对15个数字创新指标进行降维处理,简化变量结构,可用因子分析法进行分析。

9-2 SPSS 26 的因子分析

【第2步】数据组织

建立 $x_1 \sim x_{15}$ 共15个数字变量和一个"地区"字符型变量,将 M1、M2……40个地区作为个案数据输入,并保存为"data10.2.sav"文件。

【第 3 步】因子分析设置

(1) 在 SPSS 26 的主菜单栏中选择"分析"→"降维"→"因子",打开"因子分析"对话框,将 15 个变量 $x_1, x_2, \cdots, x_{15}$ 移入"变量"框中,以对这 15 个变量数据进行因子分析。

(2) 单击"提取"按钮,打开"因子分析:提取"对话框,按图 9-8 设置,单击"继续",返回"因子分析"对话框。

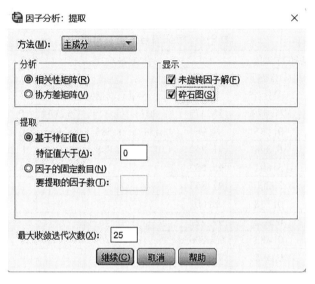

图 9-8　"因子分析:提取"对话框设置

(3) 单击"旋转"按钮,打开"因子分析:旋转"对话框,按图 9-9 设置,单击"继续",返回"因子分析"对话框。

(4) 单击"得分"按钮,打开"因子分析:因子得分"对话框,按图 9-10 设置,单击"继续",返回"因子分析"对话框。

图 9-9　"因子分析:旋转"对话框设置　　图 9-10　"因子分析:因子得分"对话框设置

【第4步】主要结果分析

在"因子分析"对话框中,单击"确定"按钮,完成因子分析运算,得到因子分析的运行结果。

(1)特征值与方差贡献率。

表9-4是特征值与方差贡献率。可以看出前三个公共因子的特征值大于1,同时这三个公共因子的方差贡献率为91.862%,说明提取这三个公共因子可以解释原变量的绝大部分信息。

表9-4　特征值与方差贡献率

成分	初始特征值			提取载荷平方和			旋转载荷平方和		
	总计	方差百分比	累积百分比	总计	方差百分比	累积百分比	总计	方差百分比	累积百分比
1	11.307	75.379	75.379	11.307	75.379	75.379	10.751	71.672	71.672
2	1.438	9.585	84.964	1.438	9.585	84.964	1.828	12.186	83.858
3	1.035	6.898	91.862	1.035	6.898	91.862	1.201	8.004	91.862
4	0.570	3.801	95.663						
5	0.330	2.200	97.863						
6	0.111	0.738	98.601						
7	0.093	0.622	99.222						
8	0.073	0.483	99.706						
9	0.029	0.195	99.901						
10	0.009	0.060	99.961						
11	0.005	0.034	99.994						
12	0.001	0.005	99.999						
13	0.000	0.001	100.000						
14	$2.265E-05$	0.000	100.000						
15	$4.479E-07$	$2.986E-06$	100.000						
提取方法:主成分分析法									

(2)旋转前的因子载荷矩阵。

表9-5是旋转前的因子载荷矩阵。可以看出,所使用的分析方法是主成分分析法,三个主成分被提取。

表9-5　旋转前的因子载荷矩阵

	F_1	F_2	F_3
x_7	0.992		
x_{12}	0.992		
x_4	0.991		
x_1	0.989		
x_{11}	0.986		
x_6	0.979		
x_{14}	0.969		

	F_1	F_2	F_3
x_3	0.957		
x_{13}	0.954		
x_8	0.943		
x_2	0.919		
x_{15}	0.820		
x_9		0.832	
x_{10}		0.71	
x_5			0.894
提取方法:主成分分析法 提取了 3 个主成分			

（3）旋转后的因子载荷矩阵。

表 9-6 是按照前面设定的方差极大法对因子载荷矩阵旋转的结果。在表 9-5 未经旋转的载荷矩阵中,因子变量在许多变量上均有较高的载荷。从旋转后的因子载荷矩阵可以看出,因子 F_1 在 1、2、3、4、6、7、8、11、12、13、14、15 等变量上有较大载荷,因子 F_2 在变量 9 和变量 10 上有较大载荷。

表 9-6　旋转后的因子载荷矩阵

	F_1	F_2	F_3
x_{12}	0.984		
x_1	0.983		
x_{14}	0.980		
x_{11}	0.976		
x_6	0.975		
x_7	0.970		
x_4	0.961		
x_{13}	0.936		
x_3	0.933		
x_2	0.897		
x_8	0.882		
x_{15}	0.837		
x_9		0.891	
x_{10}		0.795	
x_5			0.976
提取方法:主成分分析法 旋转方法:凯撒正态化最大方差法 旋转在 5 次迭代后已收敛			

（4）因子转换矩阵。

表 9-7 为因子分析中经凯撒正交旋转后的成分载荷矩阵,用以展示各变量在提取出的主成分上的载荷情况。结果显示,变量 1 在成分 1 上的载荷最高(0.971),变量 2 在成分 2

上的载荷最高(0.936),变量 3 在成分 3 上的载荷最高(0.957),说明各变量在因子结构中具有良好的区分度与解释力。

表9-7　因子转换矩阵

	F_1	F_2	F_3
F_1	0.971	0.207	0.116
F_2	-0.231	0.936	0.266
F_3	-0.053	-0.285	0.957
提取方法:主成分分析法 旋转方法:凯撒正态化最大方差法			

(5)因子得分及综合因子得分情况。

为了得到综合因子得分,可以根据各因子的旋转载荷平方和中的方差贡献率计算加权平均。首先,在表 9-4 中找到旋转载荷平方和下的方差百分比,这代表每个因子对总方差的解释能力,分别为 71.672%、12.186% 和 8.004%,总贡献率为 91.862%。然后,将每个因子的贡献率除以总贡献率,得到各因子的标准化权重,分别为 0.780、0.133 和 0.087。最后,将各因子的得分按权重加权求和,即可得到综合因子得分函数为:

$$F = 0.780F_1 + 0.133F_2 + 0.087F_3$$

该公式可用于对样本进行综合评价、排序或进一步建模分析。

知识总结

本项目主要介绍了主成分分析和因子分析的主要目的、统计原理和 SPSS 分析方法等。针对每一类方法,选择社会热点作为导入案例,通过案例介绍 SPSS 完整的分析过程。

课后作业

1. 什么是因子分析?

2. 什么是主成分分析?

3. 自行查找数据,完成 SPSS 26 的主成分分析。

4. 自行查找数据,完成 SPSS 26 的因子分析。

项目九数据

参考文献

［1］丁国盛,李涛.SPSS 统计教程——从研究设计到数据分析.北京:机械工业出版社,2005.

［2］杜强,贾丽艳,严先锋.SPSS 统计分析从入门到精通.2 版.北京:人民邮电出版社,2014.

［3］郭怀兰,陈晋.SPSS 简明操作教程.北京:科学出版社,2021.

［4］卢小广,闫杰.统计分析与建模——SPSS 在经济管理中的应用及实例.北京:北京交通大学出版社,2017.

［5］武松,潘发明.SPSS 统计分析大全.北京:清华大学出版社,2014.

［6］武松.SPSS 实战与统计思维.北京:清华大学出版社,2019.

［7］薛薇.SPSS 统计分析方法及应用.5 版.北京:电子工业出版社,2025.

［8］薛薇.统计分析与 SPSS 的应用.北京:中国人民大学出版社,2024.

［9］杨维忠,张甜.SPSS 统计分析入门与应用精解.北京:清华大学出版社,2022.

［10］张文彤.SPSS 统计分析基础教程.4 版.北京:高等教育出版社,2024.